2023 김동현 경찰행정법
실전동형 모의고사 220제

| 편저자 소개 |

김동현

- 행정고등고시 1차 합격
- 지방직(서울시) 7급 공채(행정직) 합격

| 저서 |

『2023 한번에 다회독 세무사 행정소송법 기출문제 총정리』

『2023 김동현 군무원 OX 행정법 기출문제집』

2023 김동현 경찰행정법 실전동형 모의고사 220제

발행일   2023년 2월 2일

지은이   김동현
펴낸이   손형국
펴낸곳   (주)북랩
편집인   선일영   편집   정두철, 배진용, 김현아, 윤용민, 김가람, 김부경
디자인   이현수, 김민하, 김영주, 안유경, 한수희   제작   박기성, 황동현, 구성우, 권태련
마케팅   김회란, 박진관
출판등록   2004. 12. 1(제2012-000051호)
주소   서울특별시 금천구 가산디지털 1로 168, 우림라이온스밸리 B동 B113~114호, C동 B101호
홈페이지   www.book.co.kr
전화번호   (02)2026-5777   팩스   (02)3159-9637

ISBN   979-11-6836-723-4 13350 (종이책)

(주)북랩 성공출판의 파트너

북랩 홈페이지와 패밀리 사이트에서 다양한 출판 솔루션을 만나 보세요!

홈페이지 book.co.kr   •   **블로그** blog.naver.com/essaybook   •   **출판문의** book@book.co.kr

---

작가 연락처 문의 ▸ ask.book.co.kr

작가 연락처는 개인정보이므로 북랩에서 알려드릴 수 없습니다.

2023

편저자와 함께 하는 학습 커뮤니티
https://cafe.naver.com/0lawclass

경찰채용, 경찰간부, 경찰승진 대비

김동현
경찰행정법
실전동형 모의고사
220제

김동현 편저

1. 경찰행정법 범위 논란 종결서
2. 엄선 문제로 구성한 모의고사 220제
3. 최신 제·개정 법령 및 경찰판례 완벽 반영
4. 경찰행정법 기출지문 530제 부록 제공

 북랩

I. 경찰행정법 범위 분석

1. 시험제도 개편 이전의 출제경향

경찰 공채 **시험의 개편 이전(~2021년)의 경찰학에서도** 협의의 **경찰행정법 문제**는 다음과 같은 특징으로 **평균 2문제 내외에서** 출제되어 왔습니다.

① 주로 경찰학에서 중요한 의미를 가지는 **경찰작용(경찰하명·경찰허가 등) 분야**와 **경찰강제(직접강제·즉시강제 등) 분야**에서 출제되어 왔습니다.

② 다만 경찰행정법의 기반이 되는 **행정법서론과 행정입법**은 물론, **정보공개법, 행정절차법, 질서위반행위규제법** 분야 등에서도 상당한 비중으로 출제되었고, **국가배상 분야를 제외**하고 **행정구제법** 단원에서는 **출제되지 않았던 경향**도 나타냅니다.

2. 시험제도 개편 이후의 출제경향

2022년부터 경찰 공채 시험제도가 대폭 개편되었는바, 경찰학 과목에서 경찰행정법이 **35% 내외의 범위(=40문항 중에서 14문제 내외)**로 출제될 것이라는 경찰청의 필기시험(안)이 행정예고됨에 따라, **경찰학의 범위에 대한 논쟁**이 실제 시험('22년 1·2차) 직전까지 계속되어 왔습니다.

이러한 논쟁은 시험제도 개편 이전의 수준 및 비중과 유사할 것이라는 의견과 경행 특채 또는 일반행정직에 가까운 수준 및 비중으로 출제될 것이라는 의견으로 대별되는 듯하나, 실제의 **'22년 1·2차 공채 경찰학 문제를 분석**하면 다음과 같습니다.

① **'22년 1차 기출문제**의 경우, **7문제가 출제**되었습니다.

범위	행정법의 일반원칙, 행정행위(허가, 특허, 인가), 행정절차법, 정보공개법, 질서위반행위규제법, 즉시강제, 행정소송에서 출제되었는바, **경찰행정법 분야 전반에서 골고루 출제됨으로써 시험 개편 이전보다 범위가 현저하게 넓어졌습니다.**
수준	새로이 등장한 문제가 행정기본법, 행정소송법, 리딩케이스를 토대로 구성되었다는 점은 개편 이전과 **수준적 경향도 달리함**을 의미합니다.

② **'22년 2차 기출문제**의 경우, **12문제가 출제**되었습니다.

범위	행정법의 일반원칙, 경찰재량, 법치행정, 행정행위(허가, 특허), 개인정보보호법, 경찰강제(즉시강제, 대집행, 통고처분 등), 행정조사, 국가배상, 행정심판 등에서 출제되었는바, **1차보다 더욱 다양한 분야에서 출제되었습니다.**
수준	판례문제의 비중이 높아졌고 추론능력이 요구되는 문제도 등장하는 등, 1차에 비하여 **문제의 수준 또한 다소 높아졌음**이 확인됩니다.

Ⅱ. 수험대책 및 본서의 소개

1. 수험대책 일반론

① 경찰행정법 전범위에 대한 학습이 필요

경찰행정법 전반에서 출제될 것이라는 점은 분명해졌는바, 가령 5문제가 출제된다 하더라도 **경찰행정법 전범위(행정법서론·행정작용·행정절차·행정구제 등)에서 출제**될 것입니다.

② 적정 난이도 수준에서의 학습 필요

경찰행정법 전범위에서 출제된다 하더라도, **적정 난이도의 수준에서 합격에 필요할 정도로만 학습**함으로써 학습부담과 학습량을 조절하여야 합니다.

만일 수험부담을 이유로 **학습의 범위에서 전적으로 배제하는 것은 상대평가라는 수험현실을 도외시하는 처사**인 것이며, 반면에 경찰행정법을 일반행정직 수험생만큼 **지나치게 깊고 넓게 공부한다면 소탐대실의 결과**로 이어질 가능성이 있기 때문입니다.

2. 본서의 특징

이러한 현실과 필요성을 전제로, 편저자는 고등고시 2차 수험과정에서 연구·축적하였던 행정법학 지식과 7급 행정직 수험과정에서 획득한 객관식 수험요령 등에 기초하여 **경찰 수험생들이 조화로운 학습**을 할 수 있도록 논리칙과 경험칙을 토대로 직관적 판단까지 동원함으로써 **경찰행정법의 적정범위 및 적정수준을 제시**하고자 **모의고사 문제집을 출간**하게 되었습니다.

1. 출제유력 부분 모의고사식 구성

각종 행정법시험(공무원, 변호사시험 등)에서 출제되었던 1만 개 이상의 지문 빅데이터를 기반으로, 상위인지(metacognition)적 관점에서 경찰행정법 기출문제와 비교론적으로 분석·해석·상상한 후, **전통적으로 중요한 법이론, 주요 법조, 리딩케이스 등과 같이 출제가 유력한 내용들을 선별**하여, **22회분의 모의고사**(각 회차별 10문제) 형태로 구성하였습니다.

2. 경찰행정법에 차별화된 문제 구성

경찰활동과 관련된 판례는 빠짐없이 망라하고자 하였고, 행정기본법 등 **최신의 제·개정 법령도 폭넓게 문제화**하였으며, **다양한 유형의 문제를 적정한 난이도에서 구성**함으로써, 기존 경행특채 문제를 이른바 재탕하는 시중의 문제집과는 달리 **경찰행정법에 차별화된 문제를 집중적으로 체감**할 수 있도록 구성하였습니다.

3. 기출지문 권말 부록

이미 출제되어 **기본적인 내용임에도 자칫 놓칠 수 있는 개념들을 보완**할 수 있도록, 경찰학에서 기출된 **경찰행정법 530여 지문을 권말에 수록**해놓았으니, 반드시 2번 이상 회독 후 시험에 응시하시기 바랍니다.

III. 마치면서

본서를 3번 이상 반복하여 회독(응시)하면서 **틀린 지문을 위주로 보완·암기**해나간다면 자동으로 체화되어 모르는 부분이 점차 줄게 될 것이며, 경찰행정법에 대한 두려움과 부담감이 사라진 상태로 수험장에서는 막힘없이 문제를 풀어나갈 수 있게 됨으로써 **경찰학 과목의 고득점 달성**에 큰 기여가 될 것입니다.

본서가 출간되기까지는 많은 분들의 도움이 있었습니다. 본서의 집필에 동기부여와 응원을 해 주신 분들과 세련된 편집과 구성으로 책의 완성도를 높여주신 북랩 관계자분 등 여러분들에게 감사의 말씀을 드립니다.

아무쪼록 본서가 경찰 수험생 여러분의 혼란을 극복하게 하고 수험기간을 단축할 수 있게 하는 좋은 도구가 되기를 바라며, 헌법과 형사법 등 다른 과목에서도 올바른 수험서를 선택하셔서 '경찰공무원 시험 합격'이라는 소기의 목적을 꼭 이루시기를 기원합니다.

2023년 1월
편저자 김동현 드림

참고문헌

홍정선, 「경찰행정법」, 2010

박균성, 「경찰행정법」, 2019

서정범, 「경찰행정법」, 2020

이상규, 「신행정법론」, 1997

김동희, 「행정법1」, 2014

김동희, 「행정법강의」, 2013

김동희, 「행정법 요점정리 및 문제해설」, 2008

김남진, 「행정법1」, 2006

김남진, 「객관식 행정법」, 2006

이병철, 「행정법강의」, 2002

이재화, 「사례연구 행정법연습」, 2003

박윤흔, 「최신행정법강의(상)」, 2004

정하중, 「행정법개론」, 2011

박정훈, 「행정법의 체계와 방법론」, 2005

홍정선, 「행정법특강」, 2010

장태주, 「행정법개론」, 2008

류지태, 「행정법신론」, 2002

박균성, 「행정법론」, 2004

박균성, 「객관식 행정법총론」, 2012

김향기, 「사례연구 행정법연습」, 2002

강경선, 이계수, 「행정법1」, 2004

송희성, 「객관식 행정법」, 2010

서정욱, 「행정법요론」, 2004

목차

머리말   4

참고문헌   7

문제편

제01회 경찰행정법 실전동형 모의고사   12

제02회 경찰행정법 실전동형 모의고사   14

제03회 경찰행정법 실전동형 모의고사   16

제04회 경찰행정법 실전동형 모의고사   18

제05회 경찰행정법 실전동형 모의고사   20

제06회 경찰행정법 실전동형 모의고사   22

제07회 경찰행정법 실전동형 모의고사   24

제08회 경찰행정법 실전동형 모의고사   26

제09회 경찰행정법 실전동형 모의고사   28

제10회 경찰행정법 실전동형 모의고사   30

제11회 경찰행정법 실전동형 모의고사   32

제12회 경찰행정법 실전동형 모의고사   34

제13회 경찰행정법 실전동형 모의고사   36

제14회 경찰행정법 실전동형 모의고사   38

제15회 경찰행정법 실전동형 모의고사   40

제16회 경찰행정법 실전동형 모의고사   42

제17회 경찰행정법 실전동형 모의고사   44

제18회 경찰행정법 실전동형 모의고사   47

제19회 경찰행정법 실전동형 모의고사   50

제20회 경찰행정법 실전동형 모의고사   53

제21회 경찰행정법 실전동형 모의고사   56

제22회 경찰행정법 실전동형 모의고사   58

해설편

제01회 경찰행정법 실전동형 모의고사   62

제02회 경찰행정법 실전동형 모의고사   63

제03회 경찰행정법 실전동형 모의고사   66

제04회 경찰행정법 실전동형 모의고사   68

제05회 경찰행정법 실전동형 모의고사   70

제06회 경찰행정법 실전동형 모의고사   73

제07회 경찰행정법 실전동형 모의고사   75

제08회 경찰행정법 실전동형 모의고사   78

제09회 경찰행정법 실전동형 모의고사   80

제10회 경찰행정법 실전동형 모의고사   83

제11회 경찰행정법 실전동형 모의고사   85

제12회 경찰행정법 실전동형 모의고사   88

제13회 경찰행정법 실전동형 모의고사   90

제14회 경찰행정법 실전동형 모의고사   93

제15회 경찰행정법 실전동형 모의고사   95

제16회 경찰행정법 실전동형 모의고사   98

제17회 경찰행정법 실전동형 모의고사   100

제18회 경찰행정법 실전동형 모의고사   104

제19회 경찰행정법 실전동형 모의고사   107

제20회 경찰행정법 실전동형 모의고사   111

제21회 경찰행정법 실전동형 모의고사   114

제22회 경찰행정법 실전동형 모의고사   117

부록

경찰행정법 기출지문 OX 530제   124

+++

문제편

1. 다음 중 경찰행정법의 성문법원에 해당하는 것은 몇 개인가?

> 헌법, 법률, 조리, 행정관습법, 판례법, 법규명령

① 1개　　② 2개　　③ 3개　　④ 4개

2. 다음 〈보기〉의 실정법에서 반영되어 있는 행정의 법 원칙을 올바르게 나열한 것은?

> • 행정기본법 제9조 "행정청은 합리적 이유 없이 국민을 차별하여서는 아니 된다."
> • 행정기본법 제11조 제1항 "행정청은 법령등에 따른 의무를 성실히 수행하여야 한다."

① 비례의 원칙-권한남용금지의 원칙
② 평등의 원칙-성실의무의 원칙
③ 신뢰보호의 원칙-비례의 원칙
④ 부당결부금지의 원칙 -신뢰보호의 원칙

3. 행정법의 효력발생에 관한 설명으로 옳은 것은?

① 법령 등의 공포 또는 공고일은 그 법령들을 게재한 관보 또는 신문이 발행된 날이다.
② 대통령령 및 총리령은 특별한 규정이 없는 한 공포한 날로부터 30일이 경과함으로서 효력을 발생한다.
③ 국민의 권리 제한 또는 의무 부과와 직접 관련되는 법령은 긴급히 시행하여야 할 특별한 사유가 없는 한, 공포일로부터 적어도 20일이 경과한 날로부터 시행되도록 하여야 한다.
④ 조례와 규칙은 특별한 규정이 없는 한 공포한 날로부터 10일을 경과함으로써 효력을 발생한다.

4. 대집행에 대한 설명으로 가장 적절한 것은? (다툼이 있는 경우 판례에 의함)

① 대집행은 의무의 불이행을 방치하는 것이 심히 공익을 해한다고 인정될 때 할 수 있다.
② 대집행을 하려는 경우 상당한 이행기간을 정하여 미리 문서 또는 구두로 계고하여야 한다.
③ 대집행영장에 의한 통지는 준법률행위적 행정행위로서 행정쟁송의 대상이 될 수 없다.
④ 대집행에 소요된 비용은 국가나 지방자치단체가 이를 부담해야 한다.

5. 경찰작용과 관련한 법치행정에 대한 설명으로 가장 적절하지 않은 것은?

① 법률의 법규창조력은 국민생활을 직접 구속하는 법규는 의회에서 제정한 법률에 의해서만 창설될 수 있음을 의미한다.
② 법률의 우위 원칙은 모든 경찰작용은 법률에 위반되어서는 아니된다는 것을 내용으로 한다.
③ 법률유보의 원칙은 경찰작용의 발동에 있어서 조직규범의 근거가 필요하다는 것을 말한다.
④ 법률의 우위의 원칙은 법률이 있는 경우에 문제되는 것인데 대하여, 법률의 유보의 원칙은 법률이 없는 경우에 문제되는 것이다.

6. 경찰개입청구권에 관한 설명으로 가장 적절하지 않은 것은?

① 경찰개입청구권은 사전예방적 성격 외에, 사후구제적 성격도 가지고 있다.
② 경찰개입청구권도 개인적 공권이므로 개인적 공권의 성립요건인 사익보호성이 충족되어야 한다.
③ 반사적 이익의 공권화 경향에 따라 행정개입청구권의 성립요건이 그만큼 완화되고 있다.
④ 경찰개입청구권의 보장을 위한 가장 적절한 소송수단으로는 현행법상 의무이행소송이 있다.

7. 경찰재량에 대한 설명으로 가장 적절한 것은? (다툼이 있는 경우 판례에 의함)

① 행정청의 재량이란 언제나 의무에 합당한 재량을 의미하며 재량권의 남용이나 일탈이 있는 때에는 사법심사의 대상이 된다.

② 경찰공무원에게 징계사유에 해당하는 사실이 있는 경우에, 징계권자는 징계를 할 것인지 말 것인지에 대한 선택재량과 어떤 징계처분을 내릴 것인가에 대한 결정재량을 가진다.

③ 재량행위의 경우에, 그 행위의 근거법규가 정하고 있는 요건이 충족되었을 때에는, 경찰관청이 반드시 그 행위를 하여야 한다.

④ 재량행위에 대하여 법원이 심사한 결과, 재량권의 일탈 또는 남용에 이르지 아니한 때에는 법원은 각하하여야 한다.

8. 경찰허가에 대한 설명으로 가장 적절한 것은?
(다툼이 있는 경우 판례에 의함)

① 경찰허가는 절대적 금지를 해제하여 주는 행위이다.

② 경찰허가는 반드시 신청을 전제로 한다.

③ 경찰허가의 상대방이 불특정다수인일 경우도 있다.

④ 경찰허가는 직접 법령에 의하여 행해지는 경우도 있다.

9. 국가배상제도에서의 배상책임에 관한 설명으로 가장 옳지 않은 것은? (다툼이 있는 경우 판례에 의함)

① 유흥주점에 화재가 발생하여 여종업원들이 유독가스에 질식해 사망한 사안에서, 지방자치단체 담당 공무원의 위 유흥주점의 용도변경, 무허가 영업 및 시설기준에 위배된 개축에 대한 시정명령 등 「식품위생법」상 직무상 의무위반행위와 위 종업원들의 사망 사이에 상당인과관계가 존재한다.

② 경찰관이 윤락업주들을 체포·수사하는 등 필요한 조치를 취하지 아니하고 윤락업주들로부터 뇌물수수행위를 방치한 것은 경찰관의 직무상 의무에 위반한 것으로, 국가는 이로 인한 피해자(윤락녀의 유족)의 정신적 고통에 대하여 위자료를 지급할 의무가 있다.

③ 경찰서 대용감방에 배치된 경찰관 등으로서는 수감자들 사이에서 폭력행위 등을 예방하거나 폭력행위 등을 제지하여야 할 의무가 있음에도 불구하고, 이러한 주의의무를 게을리 하였다면 국가는 이로 인한 손해를 배상할 책임이 있다.

④ 무장공비와 격투 중에 있는 가족구성원이 위협받고 있던 중, 다른 가족구성원이 경찰관서에 3차례나 출동을 요청하였음에도 불구하고 즉시 출동하지 않아 무장공비에 의해 가족구성원이 사망한 사건에 대하여 국가는 배상책임이 있다.

10. 행정심판에 관한 설명으로 가장 적절한 것은?
(다툼이 있는 경우 판례에 의함)

① 행정심판의 판정기관과 행정소송의 판정기관은 동일하다.

② 현행 헌법에 의할 때, 행정심판의 절차는 사법절차가 준용되어야 한다.

③ 행정심판의 심리는 서면심리를 원칙으로 한다.

④ 「행정심판법」은 원칙적으로 공개심리주의를 채택하고 있다.

1. 경찰행정법의 법원(法源)에 관한 설명으로 가장 적절한 것은?

① 법원(法源)이란 법을 인식하는 근거 또는 법이 존재하는 형식에 관한 것이다.
② 법원을 법의 인식근거로 볼 경우, 헌법은 행정법의 법원이 될 수 없다.
③ 대법원규칙, 헌법재판소규칙, 중앙선거관리위원회규칙, 감사원규칙은 각각 헌법에 근거를 두고 있는 법원이다.
④ 자치법규 중 지방의회가 제정한 조례는 행정법의 법원이 되지만, 지방자치단체장이 제정하는 규칙은 법원이 될 수 없다.

2. 법치행정에 관한 설명으로 가장 적절한 것은?

① 법률우위의 원칙은 행정의 일부 영역에만 적용되는 데 반하여, 법률유보의 원칙은 행정의 모든 영역에 적용된다.
② 법률 우위의 원칙은 행정의 법률에의 구속성을 의미하는 적극적인 성격의 것인 반면에 법률유보의 원칙은 행정은 단순히 법률의 수권에 의하여 행해져야 한다는 소극적 성격의 것이다.
③ 법률우위의 원칙에서 '법률'은 헌법, 형식적 의미의 법률, 법규명령과, 관습법 등 모든 법규범을 포함하나, 행정규칙은 포함하지 않는다.
④ 법률유보원칙에서 법률이란 국회에서 제정한 형식적 의미의 법률뿐만 아니라 법률의 위임에 따라 제정된 법규명령과 불문법원으로서의 관습법이나 판례법도 포함된다.

3. 경찰비례의 원칙에 관한 설명으로 가장 옳지 <u>않</u>은 것은? (다툼이 있는 경우 판례에 의함)

① 경찰비례의 원칙은 적합성의 원칙, 필요성의 원칙, 상당성의 원칙(협의의 비례원칙)으로 구성된다고 보는 것이 일반적이며, 헌법재판소는 과잉금지원칙과 관련하여 위 세 가지에 목적의 정당성을 더하여 판단하고 있다.
② 음식점영업허가의 신청에 대하여 부관으로서의 부담을 붙이면 공익목적이 달성될 수 있음에도 불구하고 그 허가를 거부하는 것은 필요성의 원칙에 위배된다.
③ 경찰비례의 원칙의 세 가지 요소를 모두 갖추지 못했을 때에만, 경찰비례의 원칙에 위반되었다는 평가를 받게 된다.
④ 공무원이 단 1회 총리훈령을 위반하여 요정출입을 하였다는 사유로 파면처분을 받은 경우는 비례의 원칙을 위반한 사례이다.

4. 특별권력관계에 관한 설명으로 가장 적절한 것은? (다툼이 있는 경우 판례에 의함)

① 특별권력관계의 종류에는 공법상의 근무관계, 공법상의 영조물이용관계, 공법상의 특별감독관계, 공법상의 사단관계가 있다.
② A지방경찰청은 내부 질서를 위반한 소속 경찰공무원 甲에 대하여 형벌을 부과할 수 있다.
③ 경찰공무원의 징계처분에 대하여는 사법심사가 허용될 수 없다.
④ 교도소장이 수형자를 '접견내용 녹음·녹화 및 접견시 교도관 참여대상자'로 지정한 행위는 항고소송의 대상이 될 수 없다.

5. 행정에 관한 기간의 계산을 설명한 것으로서 가장 적절하지 <u>않</u>은 것은?

① 행정에 관한 기간의 계산에 관하여는 행정기본법 또는 다른 법령 등에 특별한 규정이 있는 경우를 제외하고는 「민법」을 준용한다.
② 법령 등 또는 처분에서 국민의 권익을 제한하거나 의무를 부과하는 경우 권익이 제한되거나 의무가 지속되는 기간의 계산에 있어서 기간을 일, 주, 월 또는 연으로 정한 경우에는 원칙적으로 기간의 첫날은 산입하지 아니한다.

③ 100일간 운전면허정지처분을 받은 사람의 경우, 100일째 되는 날이 공휴일인 경우에는 면허정지 기간이 그 공휴일 당일에 만료된다.

④ 취소소송의 제기기간의 계산에 있어서 기간의 초일은 산입하지 아니한다.

6. 행정입법에 관한 설명으로 옳은 것은? (다툼이 있는 경우 판례에 의함)

① 경찰청은 중앙행정기관이므로 부령을 발할 수 있다.

② 대통령령은 총리령 및 부령보다 우월한 효력을 가진다.

③ 위법한 법규명령은 취소할 수 있다

④ 법령상 대통령령으로 규정하도록 되어 있는 사항을 부령으로 정하더라도 그 부령은 유효하다.

7. 경찰재량에 대한 설명으로 가장 적절한 것은? (다툼이 있는 경우 판례에 의함)

① '재량권의 남용'은 재량권의 성질 및 조리상의 제약(평등원칙, 비례원칙) 등 재량권의 외적 한계를 도외시한 자의적인 재량권 행사에 해당한다.

② 재량권 남용이나 일탈에 이르지 아니하고 단순히 재량권을 부당히 행사한 경우도 행정소송의 대상이 된다.

③ 재량권의 일탈·남용여부에 대한 심사는 사실오인, 비례·평등원칙 위배, 당해 행위의 목적 위반이나 동기의 부정 유무 등을 그 판단대상으로 한다.

④ 재량행위에 대한 사법심사의 경우, 법원이 스스로 일정한 결론을 도출한 후 그 결론에 비추어 행정청이 한 판단의 적법여부를 독자적인 입장에서 판정하는 방식에 의한다.

8. 행정벌에 관한 설명으로 가장 옳은 것은? (다툼이 있는 경우 판례에 의함)

① 행정형벌은 과태료를, 행정질서벌은 형법상의 형벌을 그 수단으로 한다.

② 행정벌은 행정상 의무이행의 직접적인 확보 수단이다.

③ 명문의 규정이 없더라도 관련 행정형벌법규의 해석에 따라 과실행위도 처벌한다는 뜻이 명확한 경우에는 과실행위를 처벌할 수 있다.

④ 법률상 통고처분을 할 수 있음에도 불구하고 법률이 정한 즉시 고발사유의 존재를 이유로 통고처분을 하지 않은 채 고발을 하였다면 그 고발 및 이에 기한 공소의 제기는 부적법한 것이다.

9. 국가배상책임에 관한 설명으로 가장 옳지 <u>않은</u> 것은? (다툼이 있는 경우 판례에 의함)

① 형사상 범죄행위를 구성하지 않는 침해행위라 하더라도 그것이 민사상 불법행위를 구성하는지 여부는 형사책임과 별개의 관점에서 검토하여야 한다.

② 자동차손해배상 보장법은 배상책임의 성립요건에 관하여 국가배상법에 우선하여 적용된다.

③ 공무원에게 부과된 직무상 의무의 내용이 단순히 공공 일반의 이익을 위한 것이라면, 공무원이 그 직무상 의무를 위반했다 하더라도 국가는 배상책임을 지지 않는다.

④ 대법원은 국가배상청구사건을 행정사건으로 보고 당사자소송으로 처리하고 있다.

10. 행정소송에 관한 설명으로 가장 적절한 것은?

① 행정청이 일정한 처분을 하지 못하도록 그 부작위를 청구하는 소송은 현행법상 인정된다.

② 작위의무의 확인을 구하는 소송은 항고소송으로서 허용된다.

③ 항고소송은 행정청의 처분등이나 부작위를 직접 불복의 대상으로 하여 제기하는 소송이다.

④ 무효등확인소송은 개인의 권익구제를 직접적인 목적으로 하는 객관적 소송이다.

1. 실권의 법리에 관한 설명으로 가장 적절하지 않은 것은?

① 실권의 법리를 신의성실의 원칙에 바탕을 둔 파생원칙으로 인정한 판례가 있다.

② 실권의 법리는 비권력관계는 물론 권력관계에 대해서도 적용될 수 있다.

③ 「행정절차법」에서는 취소권을 1년 이상 행사하지 아니하면 실권되는 것으로 명문의 규정을 두고 있다.

④ 행정청은 권한 행사의 기회가 있음에도 불구하고 장기간 권한을 행사하지 아니하여 국민이 그 권한이 행사되지 아니할 것으로 믿을 만한 정당한 사유가 있는 경우에는 그 권한을 행사해서는 아니 된다. 다만, 공익 또는 제3자의 이익을 현저히 해칠 우려가 있는 경우는 예외로 한다.

2. 행정입법에 관한 설명으로 가장 옳지 않은 것은? (다툼이 있는 경우 판례에 의함)

① 근거법률의 벌칙에서 형벌의 종류와 상한을 정하고 그 범위 내에서 구체적인 것을 명령으로 정하게 하는 것도 허용된다.

② 법규명령의 위임근거가 되는 법률에 대하여 위헌결정이 선고되더라도 그 위임에 근거하여 제정된 법규명령은 별도의 폐지행위가 있어야 효력을 상실한다.

③ 고시가 비록 법령에 근거를 둔 것이라도 규정 내용이 법령의 위임범위를 벗어난 것일 경우에는 법규명령으로서의 대외적 구속력을 인정할 수 없다.

④ 법률의 시행령 내용이 모법 조항의 취지에 근거하여 이를 구체화하기 위한 것인 때에는 모법에 직접 위임하는 규정을 두지 않았더라도 이를 무효라고 볼 수 없다.

3. 행정재량에 관한 설명으로 가장 적절한 것은? (다툼이 있는 경우 판례에 의함)

① 사실의 존부에 대한 판단에는 재량권이 인정될 수 없으므로 사실을 오인하여 재량권을 행사한 경우에 그 처분은 위법하다.

② 일반음식점영업허가는 관계법령이 정하는 제한사유 이외에 공익적 요소를 감안하여 그 허가를 거부할 수 있는 재량행위에 해당한다.

③ 재량이 인정되는 과징금부과처분은 하나의 처분 중 법원이 적정하다고 인정하는 부분을 초과한 부분만 취소할 수 있다.

④ 「건축법」상의 건축허가는 기속행위이므로, 토지의 형질변경행위를 수반하는 건축허가도 기속행위에 속한다.

4. 경찰상 강제집행 및 즉시강제에 관한 설명으로 적절하지 않은 것은? (다툼이 있는 경우 판례에 의함)

⊙ 건축물철거 대집행계고처분에 있어 2차 계고를 행한 경우에 2차 계고는 행정처분이 아니다.

ⓒ 철거대상건물의 점유자들이 적법한 행정대집행을 위력을 행사여 방해한다면 「형법」상 공무집행방해죄의 범행방지 차원에서 경찰의 도움을 받을 수도 있다.

ⓒ 직접강제는 대체적 작위의무뿐만 아니라 비대체적 작위의무·부작위의무·수인의무 등 일체의 의무의 불이행에 대해 행할 수 있다.

ⓔ 경찰관직무집행법은 직접강제에 관한 일반적 근거규정으로 볼 수 있다.

ⓜ 국세체납자에 대한 체납처분은 즉시강제에 해당한다.

ⓗ 즉시강제를 실시하기 위하여 현장에 파견되는 집행책임자는 즉시강제하는 이유와 내용을 고지하여야 한다.

① ⊙, ⓒ   ② ⓒ, ⓔ
③ ⓔ, ⓜ   ④ ⓜ, ⓗ

5. 공법상 계약에 관한 설명으로 가장 적절하지 않은 것은?

① 공법상 계약은 복수당사자 간 반대방향의 의사표시 합치로 성립되는 공법행위이다.

② 행정청은 공법상 계약의 상대방을 선정하고 계약 내용을 정할 때 공법상 계약의 공공성과 제3

자의 이해관계를 고려하여야 한다.

③ 공법상 계약에는 공정력이 인정되지 않는다.

④ 공법상 계약에는 법률의 우위원칙이 적용되지 않는다.

6. 부관에 관한 설명으로 옳은 것은? (다툼이 있는 경우 판례에 의함)

> ㉠ 행정청은 처분에 재량이 있는 경우에는 법률에 근거가 없어도 부관을 붙일 수 있다.
>
> ㉡ 부관이 해당 처분과 실질적인 관련이 없더라도 목적을 달성하기 위하여 필요한 최소한의 범위이면 붙일 수 있다.
>
> ㉢ 부담을 불이행한 경우에는 강제집행의 대상이 될 수 있다.
>
> ㉣ 주차장부지를 확보할 것을 조건으로 한 자동차운수사업면허에서의 부관은 부담에 해당한다.
>
> ㉤ 행정행위의 효력의 소멸을 장래의 불확실한 사실에 의존시키는 부관을 정지조건이라 한다.

① ㉠, ㉡   ② ㉠, ㉢

③ ㉡, ㉢   ④ ㉣, ㉤

7. 행정조사에 대한 설명으로 가장 적절하지 <u>않은</u> 것은? (다툼이 있는 경우 판례에 의함)

① 행정조사에 현장조사, 문서열람, 시료채취, 보고요구, 자료제출요구, 진술요구 및 출석요구가 포함된다.

② 행정조사를 행하는 행정기관에는 법령 및 조례·규칙에 따라 행정권한이 있는 기관뿐만 아니라 그 권한을 위임 또는 위탁받는 법인·단체 또는 그 기관이나 개인이 포함된다.

③ 행정기관은 유사하거나 동일한 사안에 대하여는 가급적 공동조사 등을 실시하지 않도록 노력하여야 한다.

④ 행정조사의 성격을 가지는 우편물의 개봉, 시료채취, 성분분석 등의 검사는 압수, 수색영장 없이 가능하다.

8. 즉시강제에 관한 설명으로 가장 적절하지 <u>않은</u> 것은? (다툼이 있는 경우 판례에 의함)

① 행정상 즉시강제는 재산에 대해서만 가능하고 신체에 대해서는 허용되지 않는다.

② 불법 게임물에 대한 폐기처분에 대하여 판례는 이를 행정상 즉시강제로 보고 있다.

③ 경찰관직무집행법상 임시영치는 대물적 즉시강제에 해당한다.

④ 위법한 행정상 즉시강제에 대한 권리구제수단으로는 국가배상법에 의한 손해배상 청구 또는 원상회복의 청구가 있다.

9. 국가배상책임에 관한 설명으로 가장 적절한 것은? (다툼이 있는 경우 판례에 의함)

① 동작경찰서 소속 경찰관의 직무상 불법행위로 인하여 손해를 입힌 경우, 피해자는 동작경찰서장을 피고로 하여 손해배상청구를 할 수 있다.

② 불법행위로 인한 국가배상청구소송은 소송실무상 행정소송에 의하지 않는다.

③ 국가나 지방자치단체에 근무하는 청원경찰은 국가배상법 제2조에 따른 공무원에 해당하지 않는다.

④ 국가의 비권력적 작용은 국가배상청구의 요건인 직무에 포함되지 않는다.

10. 행정심판에 관한 설명으로 가장 적절하지 <u>않은</u> 것은? (다툼이 있는 경우 판례에 의함)

① 운전면허취소처분에 대하여 행정심판을 거치지 않고 바로 행정소송을 제기할 수 없다.

② 경찰공무원 징계처분에 대한 취소소송에는 필요적 행정심판전치주의가 적용된다.

③ 대통령의 처분 또는 부작위는 원칙적으로 행정심판의 대상이 아니다.

④ 경찰서장의 운전면허취소처분에 대한 관할 행정심판위원회는 경찰청에 두는 행정심판위원회이다.

1. 행정법상 신고에 관한 설명으로 가장 적절하지 않은 것은? (다툼이 있는 경우 판례에 의함)

① 자기완결적 신고는 적법한 신고서가 접수기관에 도달된 때에 신고의무가 이행된 것으로 본다.

② 「행정절차법」에서는 자기완결적 신고에 대하여 규정하고 있지 않다.

③ 판례는 건축신고거부(건축신고의 반려행위)에 대하여 처분성을 인정하고 있다.

④ 행정청은 신고요건을 갖추지 않은 신고서가 제출된 경우 지체없이 상당한 기간을 정하여 신고인에게 보완을 요구하여야 한다.

2. 행정법의 법원 중 조약 및 국제법규에 관한 설명으로 가장 적절한 것은? (다툼이 있는 경우 판례에 의함)

① 남북 사이의 화해와 불가침 및 교류협력에 관한 합의서'는 국가 간의 조약이다.

② 일반적으로 승인된 국제법규를 국내에 적용하기 위해서는 별도의 국내법을 제정하여야 한다.

③ 지방자치단체가 제정한 조례가 헌법에 의하여 체결·공포된 조약에 위반되는 경우에도 그 조례의 효력이 발생하지 않는 것은 아니다.

④ 조약과 국제법규가 동일한 효력을 가진 국내 법률, 명령과 충돌하는 경우 신법우위의 원칙 및 특별법우위의 원칙이 적용된다.

3. 다음 설명으로 가장 옳지 않은 것은? (다툼이 있는 경우 판례에 의함)

① 개발제한구역 내의 건축허가는 상대적 금지의 해제이다.

② 마약류취급허가는 강학상 예외적 승인에 해당한다.

③ 학교환경위생정화구역(교육환경보호구역) 내의 유흥주점업 허가는 재량행위이다.

④ 총포·도검·화약류 등 단속법상의 총포 등 소지 허가는 재량행위이다.

4. 행정행위의 취소 및 무효에 관한 설명으로 가장 적절하지 않은 것은? (다툼이 있는 경우 판례에 의함)

① 하자 있는 행정행위가 당연무효가 되기 위하여는 그 하자가 법규의 중요한 부분을 위반한 중대한 것으로서 객관적으로 명백한 것이어야 한다.

② 음주운전을 단속한 경찰관 명의로 행한 운전면허정지처분은 취소사유에 해당한다.

③ 법률관계나 사실관계에 대한 법리가 명백히 밝혀지지 아니하여 해석에 다툼의 여지가 있는 경우, 행정청이 이를 잘못 해석하여 행정처분을 하였다면, 이러한 하자는 객관적으로 명백한 것이라고는 할 수 없다.

④ 임용 당시 공무원임용 결격사유가 있다면 국가의 과실에 의하여 임용 결격자임을 밝혀내지 못했더라도 그 임용행위는 당연무효로 보아야 한다.

5. 행정행위에 관한 설명으로 가장 적절한 것은? (다툼이 있는 경우 판례에 의함)

① 허가는 일반적 금지를 해제하여 자연적 자유를 회복시켜준다는 의미에서 명령적 행위인 데 비하여, 특허는 독점적 경영권 등을 설정하여 준다는 의미에서 형성적 행위로 본다.

② 「도시 및 주거환경정비법」상 주택재건축정비사업조합의 설립인가는 행정청이 타자의 법률행위를 동의로써 보충하여 그 행위의 효력을 완성시켜 주는 행위이다.

③ 개인택시운송사업면허는 성질상 일반적 금지에 대한 해제에 불과하다.

④ 대물적 특허는 이전성이 인정되지 않지만, 대인적 특허는 이전성이 인정된다.

6. 부관에 관한 설명으로 가장 적절한 것은? (다툼이 있는 경우 판례에 의함)

① 부담부 행정행위의 경우 부담에서 부과하고 있는 의무의 이행이 있어야 비로소 주된 행정행위

의 효력이 발생한다.

② 건축허가를 하면서 일정토지를 기부채납하도록 하는 내용의 허가조건은 기속행위에 붙인 부관이어서 무효이다.

③ 귀화허가 및 공무원의 임명행위 등과 같은 신분설정행위에는 부관을 붙일 수 있다.

④ 부담부 행정행위의 경우에 처분의 상대방이 당해 부담을 이행하지 않으면 당해 행정행위의 효력은 상실된다.

7. 경찰상 강제집행에 관한 설명으로 가장 적절하지 <u>않은</u> 설명으로 연결한 것은? (다툼이 있는 경우 판례에 의함)

⊙ 강제집행의 법률상 근거에 대해서 하명의 근거만 있으면 된다고 보는 것이 통설적 견해이다.

⊙ 행정상 강제집행은 행정법상 개별·구체적인 의무의 불이행을 전제로 그 불이행한 의무를 장래에 향해 실현시키는 것을 목적으로 한다는 점에서 과거의 의무위반에 대한 제재로써 가하는 행정벌과 구별된다.

⊙ 대집행은 비대체적 작위의무 또는 부작위의무의 이행을 강제하는 데 적합한 행정강제 수단이다.

⊙ 대집행을 실시하기 위하여 지출한 비용은 국세징수법의 예에 의하여 징수할 수 있다.

⊙ 이행강제금은 대집행이나 직접강제와는 달리 물리적 실력행사가 아닌 간접적·심리적 강제에 해당한다.

① ㉠, ㉢   ② ㉡, ㉢
③ ㉡, ㉣   ④ ㉢, ㉤

8. 국가배상에 관한 설명으로 가장 적절하지 <u>않은</u> 것은? (다툼이 있는 경우 판례에 의함)

① 음주운전으로 적발된 주취운전자가 도로 밖으로 차량을 이동하겠다며 단속경찰관으로부터 보관 중이던 차량열쇠를 반환받아 몰래 차량을 운전하여 가던 중 사고를 일으킨 경우, 국가배상책임은 인정된다.

② 인사업무담당 공무원이 다른 공무원의 공무원증을 위조한 행위는 외관상으로 「국가배상법」 제2조 제1항의 직무집행과 관련이 있다.

③ 경찰공무원이 낙석사고 현장 부근으로 이동하던 중 대형 낙석이 순찰차를 덮쳐 사망한 사안에서 「국가배상법」의 이중배상 금지 규정에 따른 면책조항은 전투·훈련 또는 이에 준하는 직무집행뿐만 아니라 일반 직무집행에 관하여도 국가나 지방자치단체의 배상책임을 제한하는 것으로 해석하여야 한다.

④ 경찰관이 자기 이익을 목적으로 비번인 날에 관할 구역밖에서 제복을 착용하고 불심검문을 가장하여 통행인에게 금품을 강탈한 경우에는 객관적으로 직무집행의 외형을 갖춘 것으로 보이더라도 국가배상책임을 묻기 어렵다.

9. 하자의 승계가 부정되는 경우로만 고른 것은? (다툼이 있는 경우 판례에 의함)

⊙ 한지의사시험자격인정과 한지의사면허처분 사이

⊙ 공무원의 직위해제처분과 면직처분 사이

⊙ 암매장분묘개장명령과 후행계고처분 사이

⊙ 표준지공시지가결정과 수용재결처분 사이

⊙ 건물철거명령과 대집행 계고처분 사이

① ㉠, ㉡   ② ㉡, ㉤
③ ㉢, ㉣   ④ ㉢, ㉤

10. 판례에 의할 때 항고소송의 대상으로서의 처분에 속하는 것은? (다툼이 있는 경우 판례에 의함)

① 경찰공무원시험 승진후보자명부에서의 삭제행위

② 상급행정기관의 하급행정기관에 대한 승인, 지시, 동의

③ 운전면허 행정처분처리대장에의 벌점기재행위

④ 청소년유해매체물 결정·고시

1. 행정법의 법원에 관한 설명으로 가장 적절하지 않은 것은? (다툼이 있는 경우 판례에 의함)

① 관습법은 성문법과의 관계에서 보충적 효력을 갖는다.

② 법률의 위헌결정은 법원과 그 밖의 국가기관 및 지방자치단체를 기속한다.

③ 동종사건에 관하여 대법원의 판례가 있다면 하급법원은 그 판례와 다른 판단을 하는 것이 불가능하다.

④ 행정법의 일반원칙 중에서는 헌법상 효력을 갖는 경우도 있다.

2. 행정법의 효력에 관한 설명으로 가장 적절하지 않은 것은? (다툼이 있는 경우 판례에 의함)

① 새로운 법령은 법령에 특별한 규정이 있는 경우를 제외하고는 그 법령의 효력 발생 전에 완성되거나 종결된 사실관계 또는 법률관계에 대해서는 적용되지 아니한다.

② 법령불소급의 원칙은 법령의 효력발생 전에 완성된 요건사실 뿐만 아니라, 계속 중인 사실이나 그 이후에 발생한 요건 사실에 대한 법령적용까지도 제한하는 것이다.

③ 법령을 소급적용하더라도 일반 국민의 이해에 직접 관계가 없는 경우나 오히려 그 이익을 증진하는 경우, 불이익이나 고통을 제거하는 경우에는 예외적으로 법령의 소급적용이 허용된다.

④ 신뢰보호의 요청에 우선하는 심히 중대한 공익상의 사유가 소급입법을 정당화하는 경우 등에는 예외적으로 진정소급입법이 허용된다.

3. 행정처분의 송달에 관한 설명으로 가장 적절하지 않은 것은? (다툼이 있는 경우 판례에 의함)

① 송달은 다른 법령 등에 특별한 규정이 있는 경우를 제외하고는 해당 문서가 송달받을 자에게 도달됨으로써 그 효력이 발생한다.

② 보통우편에 의한 송달과 달리 등기우편에 의한 송달은 반송 등 기타 특별한 사유가 없는 한 배달된 것으로 추정된다.

③ 정보통신망을 이용하여 전자문서로 송달하는 경우에는 송달받을 자가 지정한 컴퓨터 등에 입력된 때에 도달된 것으로 본다.

④ 공고에 의한 송달은 효력발생시기를 달리 정하여 공고한 경우나 다른 법령 등에 특별한 규정이 있는 경우를 제외하고는 공고일부터 20일이 지난 때에 그 효력이 발생한다.

4. 인가에 관한 설명으로 가장 옳은 것으로만 묶인 것은? (다툼이 있는 경우 판례에 의함)

> ㉠ 인가는 법률행위는 물론 사실행위에 대해서도 가능하다.
> ㉡ 무인가 행위는 법적 효력이 발생하지 않는 것이 원칙이다.
> ㉢ 법률에 명문의 규정이 없더라도 신청된 내용을 수정하여 인가할 수 있다.
> ㉣ 무효인 기본행위를 인가한 경우 그 기본행위는 유효한 행위로 전환된다.
> ㉤ 기본행위의 하자를 이유로 인가처분을 다툴 수 있다.
> ㉥ 사립학교법인 임원의 선임에 대한 승인은 기본행위의 효력을 완성시켜 주는 형성적 행위이다.
> ㉦ 토지거래허가구역 내에서의 토지거래계약은 그에 대한 토지거래허가로 법률적 효과가 완성된다

① ㉠, ㉡, ㉥

② ㉡, ㉥, ㉦

③ ㉢, ㉤, ㉦

④ ㉣, ㉦, ㉥

5. 하자의 치유에 관한 설명으로 가장 적절한 것은? (다툼이 있는 경우 판례에 의함)

① 기속행위의 경우에는 절차상의 하자만으로 독립된 취소사유가 될 수 없으나, 재량행위의 경우에는 절차상의 하자만으로도 독립된 취소사유가 된다.

② 납세의무자가 부과된 세금을 자진납부하였다고

하더라도 세액산출근거 등의 기재사항이 누락된 납세고지서에 의한 과세처분의 하자는 치유되지 않는다.

③ 행정청이 청문서 도달기간을 다소 어겼다면 영업자가 이에 대하여 이의하지 아니한 채 스스로 청문일에 출석하여 그 의견을 진술하고 변명하는 등 방어의 기회를 충분히 가졌더라도 하자는 치유되지 않았다고 봄이 상당하다.

④ 판례에 의하면 하자의 치유는 사실심 변론종결 시까지 가능하다.

6. 확약에 관한 설명으로 가장 적절한 것은? (다툼이 있는 경우 판례에 의함)

① 확약을 하기 위해서는 본처분을 할 수 있는 권한이 있는 것과는 별개로 확약에 관한 별도의 법적 근거가 필요하다.

② 현행 「행정절차법」은 확약에 대한 명문의 규정을 두고 있지 않다.

③ 어업권면허에 선행하는 우선순위결정은 강학상 확약에 불과하고 행정처분으로 볼 수 없으므로, 공정력이나 불가쟁력은 인정될 수 없다.

④ 확약이 있은 후에 사실적 또는 법률적 상태의 변경이 있더라도 행정청이 이를 철회한다는 의사표시를 하지 않는 한 확약은 그 효력을 상실하지 아니한다.

7. 과징금에 관한 설명으로 가장 적절한 것은? (다툼이 있는 경우 판례에 의함)

① 과징금은 원칙적으로 위반자의 고의·과실이 있는 경우에 부과된다.

② 하나의 위반행위에 대해 과징금과 벌금을 병과하는 것은 이중처벌금지원칙에 위배된다.

③ 과징금은 행정상 의무위반에 대한 제재이므로 과징금부과처분에는 행정절차법이 적용되지 않는다.

④ 과징금 부과·징수에 하자가 있는 경우, 납부의무자는 행정쟁송으로 다툴 수 있다.

8. 행정심판에 관한 설명으로 가장 적절한 것은 몇 개인가? (다툼이 있는 경우 판례에 의함)

○ 현행법은 행정심판의 종류로 취소심판, 무효등확인심판, 당사자심판만을 인정하고 있다.
○ 필요적 행정심판전치주의는 무효확인소송에 적용된다.
○ 행정심판청구는 엄격한 형식을 요하는 서면행위이다.
○ 행정심판은 정당한 이익이 있는 자에 한하여 제기할 수 있다.
○ 행정심판에 있어서, 심판대상인 처분 또는 부작위를 행한 행정청이 피청구인이 된다.

① 1개　② 2개　③ 3개　④ 4개

9. 행정상 손실보상에 대한 설명으로 가장 적절한 것은? (다툼이 있는 경우 판례에 의함)

① 위법한 공권력 행사로 인한 개인의 손실을 보상하는 것이다.

② 공공필요가 없는 경우에도 재산권을 수용·사용·제한할 수 있다.

③ 개인의 재산권, 생명, 신체의 특별한 희생에 대한 보상이다.

④ 손실보상은 정당한 보상이어야 한다.

10. 행정소송법상 행정소송에 대한 설명으로 옳은 것은?

① 행정소송법에 특별한 규정이 없으면, 민사소송법 등을 준용한다.

② 거부처분은 취소소송의 대상에 해당하지 않는다.

③ 무효확인소송은 처분이 있음을 안 날부터 90일 이내에 제기하여야 한다.

④ 취소소송이 제기되면 당해 처분 등의 효력이나 그 집행 또는 절차의 속행이 정지된다.

1. 신뢰보호의 원칙에 관한 설명으로 가장 적절한 것은 몇 개인가? (다툼이 있는 경우 판례에 의함)

> ⊙ 신뢰보호 원칙의 이론적 근거로 법적 안정성에서 찾는 것이 일반적 견해이다.
> ⓒ 신뢰보호의 원칙과 행정의 법률적합성의 원칙이 충돌하는 경우 법률적합성의 원칙이 우선한다.
> ⓒ 행정기관의 선행조치로서의 공적인 견해 표명은 반드시 명시적인 언동이어야만 하는 것은 아니다.
> ② 판례는 행정기관의 선행조치가 있었는지의 여부를 행정조직법상의 권한분장에 따라 엄격히 판단한다.
> ⑩ 헌법재판소의 위헌결정도 행정청이 개인에 대하여 신뢰의 대상이 되는 공적인 견해를 표명한 것이라고 할 수 있다.

① ⊙, ⓒ
② ⓒ, ⓒ
③ ⓒ, ⑩
④ ②, ⑩

2. 행정행위에 관한 설명으로 가장 적절한 것은? (다툼이 있는 경우 판례에 의함)

① 원칙적으로 허가는 기속행위로서의 성질을 가지는 데 비하여, 특허는 재량행위로서의 성질을 가진다.
② 도로점용의 허가는 특정인에게 일정한 내용의 공물사용권을 설정하는 설권행위에 해당하지 않는다.
③ 하천점용허가는 법규상의 요건이 충족되면 행해져야 할 상대적 금지행위를 해제하는 처분이다.
④ 「출입국관리법」상 체류자격 변경허가는 '제3자의 법률적 행위를 보충하여 그 법률상의 효과를 완성시키는 행정행위'이다.

3. 재량행위에 관한 설명으로 가장 적절한 것은? (다툼이 있는 경우 판례에 의함)

① 법무부장관은 귀화요건을 갖춘 귀화신청인에게 귀화를 허가할 것인지 여부에 관하여 재량권을 가진다.
② 개인택시운송사업면허는 특정인에게 특정한 권리나 이익을 부여하는 행위로서 법령에 특별한 규정이 없는 한 재량행위이지만, 그 면허를 위하여 필요한 기준을 정하는 것은 행정청의 재량이 아니다.
③ 「출입국관리법」상 체류자격 변경허가는 기속행위이므로 신청인이 관계법령에서 정한 요건을 충족하면 허가권자는 신청을 받아들여 허가해야 한다.
④ 교통경찰관이 법규위반자에게 만원권 지폐 한 장을 두 번 접어서 면허증과 함께 달라고 한 경우에 내려진 해임처분은 재량권의 일탈·남용에 해당한다.

4. 부관에 관한 설명으로 가장 적절한 것은? (다툼이 있는 경우 판례에 의함)

① 처분의 상대방이 부담을 이행하지 아니하더라도 처분행정청은 이를 들어 당해 처분을 철회할 수 없다.
② 공유수면매립준공인가처분 중 매립지 일부에 대하여 한 국가 및 지방자치단체에의 귀속처분은 독립하여 행정소송의 대상이 될 수 있다.
③ 부담이 처분 당시 법령을 기준으로 적법하더라도, 처분 후 부담의 전제가 된 주된 행정처분의 근거 법령이 개정됨으로써 행정청이 더 이상 부관을 붙일 수 없게 되었다면 그 부담은 곧바로 위법하게 되거나 그 효력이 소멸한다.
④ 기속행위에 붙인 부담은 특별한 불복절차를 거치지 않더라도 이행할 의무가 없다.

5. 대집행에 관한 설명으로 가장 적절한 것은? (다툼이 있는 경우 판례에 의함)

① 토지나 건물의 인도·명도의무는 행정대집행법에 의한 대집행의 대상이 된다.
② 판례는 철거명령과 대집행계고를 한 장의 문서로 할 수 없다고 본다.
③ 대집행계고 시 대집행할 행위의 내용 및 범위는 반드시 대집행계고서에 의해서만 특정되어야 하는 것은 아니다.

④ 대집행의 계고는 대집행의 의무적 절차의 하나 이므로 생략할 수 없다.

6. 준법률행위적 행정행위에 관한 설명으로 가장 옳지 않은 설명으로만 묶인 것은? (다툼이 있는 경우 판례에 의함)

> ㉠「친일반민족행위자 재산의 국가귀속에 관한 특별 법」에 따른 친일재산은 친일반민족행위자재산조사 위원회가 국가귀속결정을 하여야 비로소 국가의 소유로 된다.
> ㉡ 구「상표법」에 따른 특허청장의 상표사용권설정등 록행위는 사인간의 법률관계의 존부를 공적으로 증명하는 준법률행위적 행정행위이다.
> ㉢ 건설업면허증 및 건설업면허수첩의 재교부는 건설 업의 면허를 받았다고 하는 특정사실에 대하여 형 식적으로 그것을 증명하고 공적인 증거력을 부여 하는 행정행위이다.
> ㉣ 서울특별시장의 의료유사업자 자격증 갱신발급은 의료유사업자의 자격을 부여 내지 확인하는 행위 의 성질을 가진다.
> ㉤ 신고의 수리는 타인의 행위를 유효한 행위로 받아 들이는 행정행위를 말하며, 강학상 법률행위적 행 정행위에 해당한다.
> ㉥ 납세의 독촉은 행정행위의 효과가 행정청의 의사 와 무관하게 직접 법규범에 의하여 발생하는 행정 행위에 해당한다.

① ㉠, ㉢, ㉤   ② ㉠, ㉣, ㉤
③ ㉢, ㉣, ㉤   ④ ㉣, ㉤, ㉥

7. 하자의 전환에 관한 설명으로 가장 적절한 것은? (다툼이 있는 경우 판례에 의함)

① 하자의 전환은 취소할 수 있는 행정행위에만 인 정되고 하자의 치유는 무효인 행정행위에만 인정 된다.
② 당초의 행정행위의 목적과 효과는 전환될 행정 행위의 목적과 효과와 달라야 한다.
③ 하자 있는 행정행위의 전환으로 인하여 생긴 새 로운 행정행위는 전환시점을 기준으로 장래에

향하여 효력을 발생한다.
④ 귀속재산을 불하받은 자가 사망한 후에 불하처 분 취소처분을 수불하자의 상속인에게 송달한 때에는 그 상속인에 대하여 다시 그 불하처분을 취소한다는 새로운 행정처분을 한 것으로 본다.

8. 사정판결에 관한 설명으로 가장 적절한 것은? (다툼이 있는 경우 판례에 의함)

① 원고의 청구가 이유 있는 경우에도 공공복리를 이유로 각하하는 판결이다
② 공공복리를 위한 사정판결의 필요성은 처분시를 기준으로 판단한다.
② 부작위위법확인소송에도 인정된다.
④ 사정판결의 소송비용은 피고가 부담한다.

9. 다음 중 행정소송의 대상으로만 묶은 것은? (다툼 이 있는 경우 판례에 의함)

> ㉠ 한국자산공사의 공매통지
> ㉡「건축법」상 이행강제금 납부의 최초 독촉
> ㉢ 공무원에 대한 당연퇴직의 인사발령
> ㉣ 공정거래위원회의 고발조치
> ㉤ 지방의회의원에 대한 징계의결
> ㉥ 국유일반재산에 대한 사용료의 납입고지

① ㉠, ㉡   ② ㉡, ㉤
③ ㉢, ㉣   ④ ㉤, ㉥

10. 무효와 취소를 구별하게 하는 실익에 관한 사항 에 해당하는 것은 몇 개인가? (다툼이 있는 경우 판례에 의함)

> ㉠ 하자의 승계 여부
> ㉡ 쟁송제기요건
> ㉢ 공정력·불가쟁력의 발생 여부
> ㉣ 민사소송 등에서의 선결문제 판단여부
> ㉤ 위법성의 판단기준
> ㉥ 사정판결 허용여부

① 2개   ② 3개   ③ 4   ④ 5개

1. 통치행위에 관한 설명으로 가장 적절하지 않은 것은? (다툼이 있는 경우 판례에 의함)

⊙ 헌법재판소는 사면이 사법부의 판단을 변경하는 제도로서 권력분립의 원리에 대한 예외가 된다고 보았다.

ⓒ 계엄선포의 요건 구비 여부나 선포의 당·부당에 대한 판단은 통치행위에 속하므로, 비상계엄의 선포나 확대가 국헌문란의 목적으로 행하여진 경우에도 법원은 그 자체가 범죄행위에 해당하는지의 여부에 관하여 심사할 수 없다.

ⓒ 외국에의 국군 파견결정과 같이 성격상 외교 및 국방에 관련된 고도의 정치적 결단이 요구되는 사안에 대한 국민의 대의기관의 결정은 사법심사의 대상이 되지 아니한다.

ⓔ 남북정상회담의 개최과정에서 재정경제부장관에게 신고하지 아니하거나 통일부장관의 협력사업 승인을 얻지 아니한 채 북한 측에 사업권의 대가 명목으로 송금한 행위는 사법심사의 대상이 되지 아니한다.

ⓜ 헌법재판소는 대통령에 의한 긴급재정·경제명령의 발동은 이른바 통치행위에 속하며, 이로 인하여 직접 국민의 기본권침해가 이루어졌다 해도 헌법소원의 대상으로 볼 수 없다고 하였다.

① ⊙, ⓒ, ⓜ   ② ⓒ, ⓔ, ⓜ
③ ⓒ, ⓒ, ⓔ   ④ ⓒ, ⓔ, ⓜ

2. 행정입법에 관한 설명으로 가장 적절하지 않은 것은? (다툼이 있는 경우 판례에 의함)

① 헌법이 인정하고 있는 위임입법의 형식은 예시적인 것으로 보아야 한다.

② 중앙행정기관의 장이 상위법령의 위임을 받아서 정한 훈령·예규 및 고시 등의 행정규칙은 행정기본법상의 '법령'에 해당한다.

③ 제재적 처분기준의 형식이 대통령령으로 정립된 경우에는 행정조직 내부에 있어서의 행정명령에 지나지 않는 것과는 달리 부령의 경우에는 대외적으로 국민이나 법원을 구속한다.

④ 행정처분이 법규성이 없는 내부지침 등의 규정에 위배된다고 하더라도 그 이유만으로 처분이

위법하게 되는 것은 아니며, 내부지침 등에서 정한 요건에 부합한다고 하여 반드시 그 처분이 적법한 것이라고 할 수도 없다.

3. 공법상 계약에 관한 설명으로 가장 적절하지 않은 것은? (다툼이 있는 경우 판례에 의함)

① 시립무용단원의 채용계약과 공중보건의사 채용계약은 공법상 계약에 해당한다.

② 공법상 계약의 효력을 다투는 소송은 공법상 당사자소송에 의한다.

③ 공법상 계약에 따른 의무의 불이행은 원칙적으로 대집행의 대상이 된다.

④ 공법상 계약의 해지의 의사표시를 하는 경우에는, 「행정절차법」에 따른 근거와 이유를 제시하지 않아도 된다.

4. 행정행위의 효력에 관한 설명으로 가장 옳은 것은? (다툼이 있는 경우 판례에 의함)

① 행정행위의 불가쟁력은 실질적 존속력이라고도 한다.

② 특정한 사실 또는 법률관계의 존재 여부 또는 정당성 여부를 공적으로 확인하는 행위에는 불가변력이 인정된다.

③ 불가변력은 행정행위의 상대방 및 이해관계인에 대한 구속력이다.

④ 불가쟁력이 발생한 행정행위에 대해서는 직권취소가 허용되지 아니한다.

5. 행정심판에 관한 설명으로 가장 적절하지 않은 것은? (다툼이 있는 경우 판례에 의함)

① 행정심판은 처분이 있었던 날부터 180일이 지나면 청구하지 못한다.

② 행정심판청구에 대한 재결이 있게 되면 그 재결 및 같은 처분 또는 부작위에 대하여 다시 행정심판을 청구할 수 없다.

③ 행정심판청구를 인용하는 재결에 대하여 처분청

은 행정소송을 제기할 수 있다.

④ 행정심판의 재결이 있으면, 행정심판위원회도 자신의 행정심판청구를 취소·변경할 수 없다.

6. 다음 중 강학상 특허에 해당하는 설명으로만 묶인 것은? (다툼이 있는 경우 판례에 의함)

㉠ 자동차정비조합설립인가	㉡ 약사면허
㉢ 공유수면매립면허	㉣ 운전면허
㉤ 개인택시운송사업면허	㉥ 광업허가

① ㉠, ㉢, ㉤

② ㉡, ㉣, ㉤

③ ㉢, ㉤, ㉥

④ ㉣, ㉤, ㉥

7. 행정행위의 취소와 철회에 관한 설명으로 가장 적절한 것은? (다툼이 있는 경우 판례에 의함)

① 행정처분을 한 행정청은 처분의 성립에 하자가 있는 경우라도 별도의 법적 근거가 없으면 직권으로 이를 취소할 수 없다.

② 상급행정청은 법률의 명시적 근거가 없는 한 하급행정청의 위법·부당한 권한행사를 취소할 수 없다.

③ 외형상 하나의 행정처분이라면 가분성이 있거나 그 처분대상의 일부가 특정될 수 있다 하더라도 그 일부만의 취소는 불가능하다.

④ 수익적 행정행위의 직권취소나 철회는 개인의 신뢰보호를 위하여 제한될 수 있다는 것이 학설과 판례의 일반적 입장이다.

8. 다음 중 국가배상법 제2조에서의 공무원에 해당하는 것은 몇 개인가? (다툼이 있는 경우 판례에 의함)

㉠ 시영버스 운전수

㉡ 국가 및 지방자치단체 소속 청원경찰

㉢ 전입신고서에 확인인을 찍는 통장

㉣ 소집 중인 향토예비군

㉤ 학교 앞 교통할아버지

㉥ 시청소차 운전수

㉦ 의용소방대

① 2개　　② 3개　　③ 4개　　④ 5개

9. 경찰행정의 의무이행 확보수단에 관한 설명으로 가장 적절하지 <u>않은</u> 것은? (다툼이 있는 경우 판례에 의함)

① 행정대집행이 가능함에도 불구하고 「민사집행법」상 강제집행의 방법으로 시설물의 철거를 구하는 것은 허용되지 않는다.

② 현실적 행위자가 아닌 법령상 책임자로 규정된 자에게는 행정법규 위반에 대한 제재조치를 부과할 수 없다.

③ 「건축법」상 위반건축물에 대한 행정대집행과 이행강제금은 합리적인 재량에 의해 선택하여 활용하는 이상 중첩적인 제재에 해당한다고 볼 수 없다.

④ 헌법재판소는 청소년 성매수자의 신상공개제도가 이중처벌 금지원칙, 과잉금지원칙, 평등원칙, 적법절차원칙 등에 위반되지 않는다는 입장이다.

10. 다음에서 보이는 법규명령들에 대한 설명으로 가장 적절하지 <u>않은</u> 것은?

㉮ 법률 또는 상위명령의 위임에 의해 제정되는 명령
㉯ 법률의 범위 내에서 그 실시에 관한 구체적, 기술적 사항을 규율하기 위하여 발하는 명령

① ㉮는 법률로부터 위임받은 사항을 전면적으로 재위임할 수 없다.

② ㉮는 위임의 범위 내에서 국민에 대한 권리·의무를 새로이 설정할 수 있다.

③ ㉯는 새로운 입법사항에 관하여 규율할 수 있다.

④ ㉯는 법률의 명시적 규정이 없어도 발할 수 있다.

1. 재량행위에 관한 설명으로 가장 적절하지 않은 것은? (다툼이 있는 경우 판례에 의함)

① 행정청은 재량이 있는 처분을 할 때에는 관련 이익을 정당하게 형량하여야 하며, 그 재량권의 범위를 넘어서는 아니 된다.

② 어느 행정행위가 기속행위인지 재량행위인지 나아가 재량행위라고 할지라도 기속재량행위인지 또는 자유재량에 속하는 것인지의 여부는 이를 일률적으로 규정지을 수는 없는 것이고, 당해 처분의 근거가 된 규정의 형식이나 체재 또는 문언에 따라 개별적으로 판단하여야 한다.

③ 술에 취한 상태에 있다고 인정할 만한 상당한 이유가 있음에도 불구하고 경찰공무원의 음주측정에 응하지 아니한 경우에서의, 운전면허 취소여부 결정에는 행정청의 재량권이 인정되기 어렵다.

④ 행정청이 개인택시운송사업의 면허를 발급함에 있어 '개인택시운송사업면허 사무처리지침'에 따라 택시 운전경력자를 일정 부분 우대하는 처분을 한 경우, 택시 이외의 운전경력자에게 반사적인 불이익이 초래되는 결과가 되므로 그러한 내용의 지침에 따른 처분은 재량권을 일탈·남용한 처분에 해당된다.

2. 행정입법의 유형 중 '고시'에 관한 설명으로 가장 적절하지 않은 것은? (다툼이 있는 경우 판례에 의함)

① 법령에서 전문적·기술적 사항이나 경미한 사항으로서 업무의 성질상 위임이 불가피한 사항에 관하여 구체적으로 범위를 정하여 위임한 경우에는 고시 등으로 정할 수 있다.

② 행정규칙인 고시는 법령의 수권에 의하여 법령을 보충하는 사항을 정하는 경우에도 법규명령으로서의 성질과 효력을 갖지 못한다.

③ 고시가 상위법령과 결합하여 대외적 구속력을 갖고 국민의 기본권을 침해하는 법규명령으로 기능하는 경우 헌법소원의 대상이 된다.

④ 고시에 대하여 헌법재판소는 고시가 일반·추상적 성격을 가질 때는 법규명령 또는 행정규칙에 해당하지만, 고시가 구체적인 규율의 성격을 갖는다면 행정처분에 해당한다고 본다.

3. 행정절차에 관한 설명으로 가장 옳은 것은? (다툼이 있는 경우 판례에 의함)

㉠ 신청에 대한 거부처분도 사전통지의 대상이 된다.

㉡ 불이익처분을 할 때에는 청문 또는 공청회를 개최하더라도 별도로 의견 제출의 기회를 주어야만 한다.

㉢ 사전통지의무가 면제되는 경우에도 의견청취의무는 면제되지는 않는다.

㉣ 인·허가 등을 취소하는 처분을 하는 경우에는, 당사자등의 신청이 없더라도 청문을 실시하여야 한다.

㉤ 청문통지서가 반송되었거나, 행정처분의 상대방이 청문일시에 불출석했다는 이유로 청문을 실시하지 아니하고 한 침해적 행정처분은 위법하다.

① ㉠, ㉡   ② ㉡, ㉢
③ ㉢, ㉣   ④ ㉣, ㉤

4. 다음 중 공법관계에 해당하는 것은 몇 개인가? (다툼이 있는 경우 판례에 의함)

㉠ 산업단지 입주변경계약의 취소

㉡ 국립의료원 부설 주차장에 관한 위탁관리용역운영계약

㉢ 공공하수도의 이용관계

㉣ 전화가입계약의 해지

㉤ 국가나 지방자치단체에서 근무하는 청원경찰의 근무관계

㉥ 농지개량조합의 직원에 대한 징계처분

㉦ 한국마사회의 조교사나 기수에 대한 면허취소·정지

㉧ 국유일반재산의 매각

① 2개   ② 3개   ③ 4개   ④ 5개

5. 이행강제금에 관한 설명으로 가장 옳지 않은 것은? (다툼이 있는 경우 판례에 의함)

① 이행강제금은 장래에 의무이행을 확보하기 위한 강제수단이다.

② 형사처벌과 이행강제금의 병과는 이중처벌에 해당하지 않는다.

③ 구 건축법상의 이행강제금 납부의무는 상속인 기타의 사람에게 승계되지 않는다.

④ 대체적 작위의무의 불이행에 대해서는 이행강제금의 부과가 허용되지 않는다.

6. 경찰허가에 관한 설명으로 가장 옳은 것은? (다툼이 있는 경우 판례에 의함)

① 허가신청 후 허가기준이 변경된 경우에는 원칙적으로 처분시의 기준인 변경된 허가기준에 따라서 처분하여야 한다.

② 허가에 붙은 기한이 그 허가된 사업의 성질상 부당하게 짧은 경우에 그 기한은 허가조건의 존속기간이 아니라 허가 자체의 존속기간으로 보아야 한다.

③ 유료직업소개사업의 허가갱신 후에도 갱신 전 법위반사실을 근거로 허가를 취소할 수 없다.

④ 경찰공무원이 「식품위생법」상 음식점영업허가를 받으면 「국가공무원법」상의 영리업무금지까지 해제된다.

7. 행정지도에 관한 설명으로 가장 옳지 <u>않은</u> 것은? (다툼이 있는 경우 판례에 의함)

① 주무부처 장관의 대학총장들에 대한 학칙시정요구는 규제적·구속적 성격이 강하기 때문에 헌법소원의 대상이 된다.

② 상대방이 행정지도에 따르지 아니하였다는 것을 직접적인 이유로 하는 불이익한 조치는 위법한 행위가 된다.

③ 위법한 행정지도로 인하여 손해가 발생하였다면 손해배상책임이 인정되는 것이 원칙이다.

④ 위법한 행정지도에 따라 행한 사인의 행위는 위법하고 정당화될 수 없다.

8. 손실보상에 관한 설명으로 가장 적절한 것은? (다툼이 있는 경우 판례에 의함)

① 순수 국고목적을 위한 작용은 공공필요에 해당하지 않는다.

② 문화적·학술적 가치는 특별한 사정이 없는 한 손실보상의 대상이 된다.

③ 하천법상 손실보상금의 지급을 구하는 소송은 민사소송이다.

④ 개발제한구역의 설정으로 인한 지가의 하락은 토지소유자가 감수해야 하는 사회적 제약의 범주에 속한다고 볼 수 없다.

9. 다음 중 당사자소송이 <u>아닌</u> 것은? (다툼이 있는 경우 판례에 의함)

① 조세과오납부액에 대한 반환청구소송

② 텔레비전 방송수신료 통합징수권한 부존재확인소송

③ 광주민주화운동 관련자 보상 등에 관한 법률에 따른 보상금지급청구소송

④ 무효인 파면처분에 대하여 제기하는 공무원지위확인청구소송

10. 행정심판에 관한 설명으로 가장 옳은 것은? (다툼이 있는 경우 판례에 의함)

① 행정심판의 재결에는 공정력·불가쟁력·불가변력·구속력이 인정된다.

② 행정심판위원회는 행정심판청구가 적법하지 아니하면 그 청구를 기각한다.

③ 행정심판위원회는 행정심판청구가 이유 없다고 인정되면 그 청구를 인용한다.

④ 행정심판법상 취소심판의 인용재결의 종류로는 취소재결, 변경재결, 취소명령재결, 변경명령재결이 있다.

1. 법령 등의 적용 시점에 관한 설명으로 가장 적절한 것은? (다툼이 있는 경우 판례에 의함)

① 당사자의 신청에 따른 처분은 처분 당시의 법령 등을 적용하기 곤란한 특별한 사정이 있는 경우에도 처분 당시의 법령 등에 따른다.

② 법령 등을 위반한 행위의 성립과 이에 대한 제재처분은 법령 등에 특별한 규정이 있는 경우를 제외하고는 법령 등을 위반한 행위 당시의 법령 등에 따른다.

③ 법령등을 위반한 행위 후 법령 등의 변경에 의하여 그 행위가 법령 등을 위반한 행위에 해당하지 아니하거나 제재처분 기준이 가벼워진 경우로서 해당 법령등에 특별한 규정이 없는 경우에도 변경되기 전의 법령등을 적용한다.

④ 법령위반에 대한 과징금 부과기준이 위반 행위 시에 비하여 엄격하게 개정된 경우, 적용법령에 관한 특별한 규정이 없다면 위반행위시가 아닌 처분시의 법령에 따른 기준을 적용한다.

2. 형성적 행정행위에 관한 설명으로 가장 적절한 것은? (다툼이 있는 경우 판례에 의함)

① 주택재개발정비사업조합 설립추진위원회의 구성을 승인하는 처분은 행정주체의 지위를 부여하는 설권적 행위로서, 강학상 특허에 해당한다.

② 구 「수도권 대기환경개선에 관한 특별법」상 대기오염 물질 총량관리사업장 설치의 법적 성질은 인가이다.

③ 「도시 및 주거환경정비법」상 재개발조합설립 인가신청에 대한 행정청의 조합설립인가처분은 법령상 일정한 요건을 갖출 경우 행정주체의 지위를 부여하는 일종의 설권적 처분의 성격을 갖는다.

④ 감독청에 의한 공법인의 임원임명, 토지수용위원회의 재결, 압류재산의 공매처분, 행려병자 보호·관리는 공법상 대리에 해당한다.

3. 재량행위에 관한 판례의 태도로 적절하지 않은 것은? (다툼이 있는 경우 판례에 의함)

┌───┐
⊙ 주유소가 단 한 번의 부정휘발유를 취급한 것을 이유로 가장 무거운 제재인 석유판매업허가 자체를 철회하는 것은 재량권을 일탈한 것으로 위법하다.

ⓛ 「출입국관리법」에 따라 거짓진술이나 사실은폐 등으로 난민인정 결정을 하는 데 하자가 있음을 이유로 법무부장관이 난민인정결정을 취소한 처분은 재량의 일탈 또는 남용에 해당한다.

ⓒ 지방공무원의 동의 없는 전출명령은 위법하여 취소되어야 하므로, 전출명령이 적법함을 전제로 내린 당해 지방공무원에 대한 징계처분은 징계양정에 있어 재량권을 일탈하여 위법하다.

ⓔ 공정한 업무처리에 대한 사의로 두고 간 돈 30만원이 든 봉투를 소지함으로써 피동적으로 금품을 수수하였다가 돌려 준 20여 년 근속의 경찰공무원에 대한 해임처분은 재량의 일탈 또는 남용에 해당하지 않는다.

ⓜ 수입 녹용 중 일정성분이 기준치를 0.5% 초과하였다는 이유로 수입 녹용 전부에 대하여 전량 폐기 또는 반송처리를 지시한 처분은 재량권을 일탈·남용한 경우에 해당한다.
└───┘

① ⊙, ⓛ, ⓔ   ② ⓛ, ⓒ, ⓔ

③ ⓒ, ⓔ, ⓜ   ④ ⓛ, ⓔ, ⓜ

4. 행정소송에 대한 설명으로 가장 옳지 않은 것은? (다툼이 있는 경우 판례에 의함)

① 1994년 행정소송법의 개정에 따라 행정소송에 3심제가 도입되었다.

② 행정소송의 공익적 성격으로 인하여 객관소송도 일반적으로 인정된다.

③ 반사적 이익의 침해는 행정소송으로 다툴 수 없다.

④ 단순한 사실관계의 존부 등의 문제는 행정소송의 대상이 되지 아니한다.

5. 행정계획에 대한 설명으로 가장 옳지 <u>않은</u> 것은?
(다툼이 있는 경우 판례에 의함)

① 행정기본법은 행정계획절차를 규정하고 있지 않다.
② 행정주체가 행정계획을 결정할 때 광범위한 형성의 자유가 인정된다.
③ 도시계획결정은 취소소송의 대상이 될 수 없다.
④ 판례는 원칙적으로 계획변경청구권을 인정하고 있지 않다.

6. 행정심판에 대한 설명으로 가장 적절하지 <u>않은</u> 것은? (다툼이 있는 경우 판례에 의함)

① 거부처분에 대해서는 의무이행심판을 제기하여야 하고, 취소심판을 제기할 수 없다.
② 행정심판위원회는 의무이행심판의 청구가 이유가 있다고 인정하면 지체 없이 신청에 따른 처분을 하거나 처분을 할 것을 피청구인에게 명한다.
③ 행정심판의 재결에 고유한 위법이 있는 경우에도 재결에 대하여 다시 행정심판을 청구할 수 없다.
④ 무효등확인심판에서는 사정재결을 할 수 없다.

7. 행정절차법이 적용되지 <u>않는</u> 사항은 모두 몇 개인가?

> ㉠ 국회의 동의 또는 승인을 받아 행하는 사항
> ㉡ 지방의회의 의결을 거쳐 행하는 사항
> ㉢ 헌법재판소의 심판을 거쳐 행하는 사항
> ㉣ 감사원이 감사위원회의의 결정을 거쳐 행하는 사항
> ㉤ 형사·행형 및 보안처분 등 관계 법령에 의하여 행하는 사항
> ㉥ 법원 또는 군사법원의 재판에 의하거나 그 집행으로 행하는 사항

① 2개   ② 4개   ③ 5개   ④ 6개

8. 행정정보공개제도에 대한 설명으로 가장 적절한 것은? (다툼이 있는 경우 판례에 의함)

① 알 권리에서 파생되는 정보의 공개의무는 특별한 사정이 없는 한, 특정의 정보에 대한 공개청구가 있는 경우에 비로소 존재한다.
② 사립대학교는 국비의 지원을 받는 범위 내에서만 정보공개의무를 지는 공공기관의 성격을 가진다.
③ 한국방송공사(KBS)와 한국증권업협회는 「공공기관의 정보공개에 관한 법률」에 따라 정보공개의무가 있는 공공기관에 해당한다.
④ 공개청구된 사실을 통지받은 제3자가 당해 공공기관에 공개하지 아니할 것을 요청하는 때에는 공공기관은 비공개결정을 하여야 한다.

9. 국가배상에 대한 설명으로 가장 적절한 것은?
(다툼이 있는 경우 판례에 의함)

① 행정상 손해배상에 관하여는 국가배상법이 일반법적 지위를 갖는다.
② 국가배상법상 배상주체는 '국가 또는 공공단체'이다.
③ 직무집행에 관한 외형주의는 국가의 배상책임의 대상을 축소하려는 것이다.
④ 불법행위를 행한 가해 공무원을 특정할 수 없는 경우에는 국가배상책임이 인정되지 않는다.

10. 법규명령에 대한 설명으로 가장 적절한 것은?
(다툼이 있는 경우 판례에 의함)

① 법규명령은 조문의 형식으로 한다.
② 대통령의 긴급재정·경제명령은 법률종속적 명령이다.
③ 법규명령 중 시행규칙은 대통령령을 말한다.
④ 부령은 총리령의 위임 범위 내에서 제정되어야 한다.

1. 신뢰보호의 원칙에 관한 판례의 태도로 가장 적절한 것은? (다툼이 있는 경우 판례에 의함)

⊙ 과세관청이 운송면허세를 부과할 수 있다는 점을 알고도 수출확대라는 공익상 필요에 의하여 4년 동안 한 건도 면허세를 부과하지 않은 경우에도 신뢰보호의 원칙에 기초한 비과세관행이 성립되지 않는다.

ⓛ 신뢰보호의 원칙에서 귀책사유의 유무는 상대방과 그로부터 신청행위를 위임받은 수임인등 관계자 모두를 기준으로 판단하여야 한다.

ⓒ 택시운송사업자가 중대한 교통사고로 인하여 많은 사상자를 냈다면 사업면허가 취소될 것을 예상할 수 있었다 하더라도 1년 10개월이 지나 택시운송사업면허를 취소하였다면 위법하다.

ⓔ 운전면허정지기간 중에 운전을 하여 운전면허취소 사유에 해당되더라도 행정청이 아무런 조치를 취하지 않고 있고 장기간 방치하다가 3년여가 지난 후에 운전면허취소처분을 한 것은 신뢰보호의 원칙에 위배된다.

ⓜ 폐기물처리업 사업계획에 대하여 적정통보를 한 것만으로 그 사업부지 토지에 대한 국토이용계획변경신청을 승인하여 주겠다는 취지의 공적인 견해표명을 한 것으로 볼 수 없다.

① ㉠, ㉡, ㉣　　　　② ㉡, ㉣, ㉤
③ ㉡, ㉢, ㉤　　　　④ ㉢, ㉣, ㉤

2. 행정입법과 법치행정의 원칙과의 관계에 대한 설명으로 가장 적절하지 <u>않은</u> 것은? (다툼이 있는 경우 판례에 의함)

① 위임명령의 제정에는 법률유보의 원칙이 적용된다.
② 집행명령의 제정에는 법률우위의 원칙이 적용된다.
③ 행정규칙의 제정에는 법률우위의 원칙이 적용된다.
④ 행정규칙의 제정에는 법률유보의 원칙이 적용된다.

3. A경찰서장은 A경찰서 청사 지하에 있는 구내식당 시설 운영자로 최종 결정된 'ㅇㅇ푸드'의 사용허가 신청에 대하여 A경찰서장은 최대 3년을 기간으로 한 사용허가를 한 후 사용료를 부과하였다. 이에

관한 설명으로 가장 적절한 것은? (다툼이 있는 경우 판례에 의함)

① A 경찰서장의 사용허가는 공권력을 가진 우월적 지위에서 행하는 행정처분이다.
② A 경찰서장은 'ㅇㅇ푸드'에 신청에 대하여 반드시 사용허가를 하여야 한다.
③ 만일 A 경찰서장이 'ㅇㅇ푸드'의 신청을 거부한 경우, 그 거부행위는 행정소송의 대상이 되지 않는다.
④ A 경찰서장의 사용료 부과행위는 사경제주체로서 행하는 사법상의 이행청구에 해당한다.

4. 현행법상 행정심판의 종류에 해당하지 <u>않는</u> 것은? (다툼이 있는 경우 판례에 의함)

① 행정청의 위법 또는 부당한 처분을 취소하거나 변경하는 행정심판
② 행정청의 처분의 효력 유무 또는 존재 여부를 확인하는 행정심판
③ 당사자의 신청에 대한 행정청의 위법 또는 부당한 거부처분이나 부작위에 대하여 일정한 처분을 하도록 하는 행정심판
④ 행정청의 위법 또는 부당한 부작위가 위법하다는 것을 확인하는 심판

5. 강학상 행정행위의 취소에 해당하는 것은? (다툼이 있는 경우 판례에 의함)

① 甲이 거짓이나 부정한 방법으로 건축허가를 받았음을 이유로 행정청이 甲의 건축허가를 취소하는 경우
② 乙이 음주운전을 하였음을 이유로 행정청이 乙의 운전면허를 취소하는 경우
③ 丙이 영업허가에 붙은 부관을 위반하였음을 이유로 행정청이 丙의 영업허가를 취소하는 경우
④ 丁이 공유수면매립면허를 받은 후 공유수면의 상황 변경 등 예상하지 못한 사정변경이 발생한 이유로 행정청이 丁의 공유수면매립면허를 취소하는 경우

6. 행정지도에 관한 설명으로 가장 옳지 <u>않는</u> 것은?
(다툼이 있는 경우 판례에 의함)

① 행정기관이 행정지도를 하는 경우, 조직법상의 근거는 요구된다.

② 법규에 근거가 없는 행정지도에 대해서는 행정법의 일반원칙이 적용된다.

③ 위법한 건축물에 대한 단전 및 전화통화 단절조치 요청행위는 처분성이 부정되는 행정지도이다.

④ 행정지도의 한계 일탈로 인해 상대방에게 손해가 발생한 경우에도 행정기관은 손해배상책임이 없다.

7. 공무수탁사인에 관한 설명으로 가장 적절한 것으로만 연결하면? (다툼이 있는 경우 판례에 의함)

> ㉠ 공무수탁사인의 위법한 처분은 행정쟁송의 대상이 된다.
> ㉡ 공무수탁사인의 위법한 행위로 인한 손해는 행정상 손해배상청구가 가능하다.
> ㉢ 경찰과의 계약에 의하여 주차위반차량을 단순히 견인하는 민간사업자는 공무수탁사인에 해당한다.
> ㉣ 「항공안전 및 보안에 관한 법률」상 경찰임무를 수행하는 항공기의 기장은 공무수탁사인에 해당한다.
> ㉤ 판례는 소득세의 원천징수의무자를 공무수탁사인으로 인정하고 있다.

① ㉠, ㉡, ㉣   ② ㉡, ㉢, ㉣
③ ㉡, ㉣, ㉤   ④ ㉢, ㉣, ㉤

8. 하자의 승계가 인정되는 경우로만 고른 것은? (다툼이 있는 경우 판례에 의함)

> ㉠ 과세처분과 체납처분
> ㉡ 개별공시지가결정과 과세처분
> ㉢ 보충역편입처분과 공익근무요원소집처분
> ㉣ 대집행계고처분과 대집행비용 납부명령
> ㉤ 압류처분과 공매처분

① ㉠, ㉡, ㉣   ② ㉡, ㉣, ㉤
③ ㉡, ㉢, ㉣   ④ ㉢, ㉣, ㉤

9. 통고처분에 관한 설명으로 가장 옳지 <u>않은</u> 것은?
(다툼이 있는 경우 판례에 의함)

① 경찰서장이 범칙행위에 대하여 통고처분을 하더라도 통고처분에서 정한 납부기간까지는 검사가 공소를 제기할 수 있다.

② 법정기간 내에 통고처분을 이행하지 않으면 통고처분의 효력은 상실된다.

③ 통고처분을 받은 자가 통고처분의 내용을 이행하지 않으면 권한행정청은 일정기간 내에 고발할 수 있고, 그에 따라 형사소송절차로 이행되게 된다.

④ 통고처분을 받은 자가 그 통고에 따라 이행한 경우에는 일사부재리원칙의 적용을 받아 다시 소추할 수 없다.

10. 행정상 손해배상에 관한 설명으로 가장 적절한 것은? (다툼이 있는 경우 판례에 의함)

① 법관이 재판에서 법령규정을 따르지 아니한 잘못이 있는 경우에는 그것만으로 국가배상책임이 인정되어야 한다.

② 국회의원의 입법행위는 특수한 경우가 아닌 한 국가배상법 제2조 소정의 위법행위에 해당하지 않는다.

③ 공무원의 직무상 불법행위에 대한 국가배상의 요건이 되는 '위법'은 형식적 의미의 법령에 명시적으로 위반한 경우만을 말한다.

④ 국가배상법 제2조에 따른 국가배상책임은 무과실책임이므로 공무원에게 귀책사유가 없어도 국가는 배상책임을 진다.

1. 행정행위에 관한 설명으로 가장 옳지 않은 것은? (다툼이 있는 경우 판례에 의함)

① 도로상의 교통표지판과 같이 직접 물건의 특성을 규율하는 행위는 행정행위에 해당한다.

② 지방경찰청장의 횡단보도설치행위는 처분성이 부정된다.

③ 행정기관에 의해 행정의사가 내부적 성립요건을 갖추고, 외부적으로 표시되면 행정행위는 성립한다.

④ 행정청이 행하는 행정작용은 그 내용이 구체적이고 명확하여야 한다.

2. 하자의 승계에 관한 설명으로 가장 적절한 것은? (다툼이 있는 경우 판례에 의함)

① 선행행위와 후행행위가 모두 처분일 필요는 없다.

② 선행행위에는 무효사유인 하자가 존재하여야 한다.

③ 후행행위는 하자가 없는 적법한 행위이어야 한다.

④ 후행행위에 불가쟁력이 발생하였어야 한다.

3. 개인정보보호법에 대한 설명으로 가장 적절하지 않은 것은? (다툼이 있는 경우 판례에 의함)

① "개인정보처리자"란 업무를 목적으로 개인정보파일을 운용하기 위하여 스스로 또는 다른 사람을 통하여 개인정보를 처리하는 공공기관, 법인, 단체 및 개인 등을 말한다.

② 영상정보처리기기운영자는 영상정보처리기기의 설치 목적과 다른 목적으로 영상정보처리기기를 임의로 조작하거나 다른 곳을 비춰서는 아니되며, 녹음기능은 사용할 수 없다.

③ 개인정보에 관한 분쟁의 조정(調停)을 위하여 개인정보보호위원회를 둔다.

④ 정보주체는 개인정보처리자가 이 법을 위반한 행위로 손해를 입으면 개인정보처리자에게 손해배상을 청구할 수 있고, 이 경우 그 개인정보처리자는 고의 또는 과실이 없음을 입증하지 아니하면 책임을 면할 수 없다.

4. 행정상 손해배상에 관한 설명으로 가장 적절하지 않은 것은? (다툼이 있는 경우 판례에 의함)

① 성폭력범죄의 수사를 담당하거나 수사에 관여하는 경찰관이 직무상 의무에 위반하여 피해자의 인적사항 등을 공개 또는 누설한 경우, 그로 인하여 피해자가 입은 손해에 대하여 국가는 배상책임을 진다.

② 소방공무원들이 다중이용업소인 주점의 비상구와 피난시설 등에 대한 점검을 소홀히 함으로써 주점의 피난통로 등에 중대한 피난 장애요인이 있음을 발견하지 못하여 업주들에 대한 적절한 지도·감독을 하지 아니한 경우 직무상 의무 위반과 주점 손님들의 사망 사이에 상당인과관계가 인정된다.

③ 수사과정에서 여자 경찰관이 실시한 여성 피의자에 대한 신체검사가 그 방식 등에 비추어 피의자에게 큰 수치심을 느끼게 했을 것으로 보였다면 피의자의 신체의 자유를 침해하였다고 봄이 상당하다.

④ 경찰권의 발동의 객관적 정당성을 상실하여 현저하게 불합리하다고 인정되지 않더라도 그와 다른 조치를 취하지 아니한 부작위가 있다면, 그러한 부작위는 국가배상책임의 요건인 법령 위반에 해당한다.

5. 법령등의 효력발생에 관한 설명으로 가장 적절하지 않은 것은? (다툼이 있는 경우 판례에 의함)

① 법령등은 특별한 규정이 없는 한 공포일로부터 장래에 향하여 효력을 발생하는 것이 원칙이다.

② 법령등을 공포한 날부터 시행하는 경우에는 공포한 날을 시행일로 한다.

③ 법령등을 공포한 날부터 일정 기간이 경과한 날부터 시행하는 경우 법령등을 공포한 날을 첫날에 산입하지 아니한다.

④ 법령등을 공포한 날부터 일정 기간이 경과한 날

부터 시행하는 경우 그 기간의 말일이 토요일 또는 공휴일인 때에는 그 말일로 기간이 만료한다.

6. 신고에 관한 설명으로 가장 적절한 것은? (다툼이 있는 경우 판례에 의함)

① 자기완결적 신고에서, 요건불비의 부적법한 신고라 하더라도 행정청이 이를 수리하였다면 신고의 효과는 발생한다.

② 수리를 요하는 신고에 대한 행정청의 거부는 행정쟁송의 대상이 된다.

③ 수리를 요하는 신고의 경우에는 신고의 요건을 갖춘 신고서가 접수기관에 도달되면 신고의 효력이 발생한다.

④ 수리를 요하는 신고에서, 행정청의 수리행위에는 신고필증 교부가 필요하다.

7. 공정력에 관한 설명으로 가장 적절한 것은? (다툼이 있는 경우 판례에 의함)

① 처분은 권한이 있는 기관이 취소 또는 철회하거나 기간의 경과 등으로 소멸되기 전까지는 적법한 것으로 통용된다.

② 과세처분의 하자가 취소할 수 있는 사유인 경우 과세관청이 이를 스스로 취소하지 않았거나 항고소송절차에 의하여 취소되지 않았더라도 해당 조세의 납부는 부당이득이 된다.

③ 「건축법」상 위법건축물에 내려진 시정명령을 이행하지 않아 명령위반죄로 기소된 경우 형사법원은 시정명령의 위법성 여부를 판단할 수 있다.

④ 연령미달인 자가 연령을 속여 운전면허를 교부받아 운전하다 적발되어 기소된 경우 형사법원은 무면허운전으로 형사처벌 할 수 있다.

8. 행정심판에 관한 설명으로 가장 적절하지 않은 것은? (다툼이 있는 경우 판례에 의함)

① 행정심판청구는 처분의 효력이나 그 집행 또는 절차의 속행(續行)에 영향을 주지 아니한다.

② 행정심판의 성격을 갖는 이의신청의 경우 이를 거친 후에 다시 행정심판을 청구할 수 없다.

③ 행정심판의 기각재결이 있은 후에는 원처분청이 직권으로 당해 처분을 취소 또는 변경할 수 없다.

④ 행정심판위원회는 사건을 심리하기 위하여 필요하면 직권으로 또는 당사자의 신청에 의하여 증거조사를 할 수 있다.

9. 행정의 실효성 확보수단인 의무위반사실의 공표 제도에 관한 설명으로 가장 적절한 것은? (다툼이 있는 경우 판례에 의함)

① 「국세기본법」에서는 고액·상습체납자의 명단공개제도에 대하여 규정하고 있다

② 행정법상 의무위반자에 대한 명단의 공표는 법적인 근거가 없더라도 허용된다.

③ 병무청장이 병역법에 따라 병역의무 기피자의 인적사항을 인터넷 홈페이지에 공개하는 결정은 항고소송의 대상이 되는 행정처분이 아니다.

④ 행정상 공표의 방법으로 실명을 공개함으로써 타인의 명예를 훼손한 경우, 그 대상자에 관하여 적시된 사실의 내용이 진실이라는 증명이 없더라도 그 공표의 주체가 공표 당시 이를 진실이라고 믿었고 또 그렇게 믿을 만한 상당한 이유가 있다면 위법성이 없다.

10. 다음 중 항고소송의 대상이 아닌 것으로 묶은 것은? (다툼이 있는 경우 판례에 의함)

㉠ 행정규칙에 의한 불문경고조치
㉡ 국가인권위원회의 성희롱결정과 시정조치의 권고
㉢ 형사사건에 대한 검사의 기소 결정
㉣ 군의관의 신체등위판정
㉤ 금융기관의 임원에 대한 금융감독원장의 문책경고

① ㉠, ㉢   ② ㉡, ㉢

③ ㉢, ㉣   ④ ㉣, ㉤

1. 행정기본법에서 규정하고 있는 행정법의 일반원칙이 아닌 것 모두 몇 개인가? (다툼이 있는 경우 판례에 의함)

㉠ 평등의 원칙	㉡ 권한남용금지의 원칙
㉢ 신뢰보호의 원칙	㉣ 자기구속의 원칙
㉤ 비례의 원칙	㉥ 부당결부금지의 원칙

① 1개　　② 2개　　③ 3개　　④ 4개

2. 위임입법에 관한 설명으로 가장 옳은 것은? (다툼이 있는 경우 판례에 의함)

① 법령의 위임관계는 반드시 하위 법령의 개별조항에서 위임의 근거가 되는 상위 법령의 해당 조항을 구체적으로 명시하고 있어야만 한다.

② 위임입법에서 요구되는 구체성과 명확성은 각종 법률이 규제하고자 하는 대상의 종류와 성질에 따라 달라지는데, 규율대상이 지극히 다양하거나 수시로 변화하는 성질의 것일 때에는 위임의 구체성·명확성의 요건이 완화된다.

③ 법률의 위임에 의해 효력을 갖게 된 법규명령이 법률의 개정으로 위임의 근거가 없어지게 되면 소급하여 무효인 법규명령이 된다.

④ 위임명령이 구법에 위임의 근거가 없어 무효였다면 사후에 법개정으로 위임의 근거가 부여되더라도 유효로 되지 않는다.

3. 행정절차에 관한 설명으로 가장 적절하지 않은 것은? (다툼이 있는 경우 판례에 의함)

① 국가공무원법상 직위해제처분에는 처분의사전통지 및 의견청취 등에 관한 행정절차법규정이 별도로 적용되지 아니한다.

② 공무원 인사관계 법령에 의한 처분에 관한 사항 전부에 대하여 행정절차법의 적용이 배제된다.

③ 군인사법령에 의하여 진급예정자명단에 포함된 자에 대하여 의견제출의 기회를 부여하지 아니한 채 진급선발을 취소하는 처분을 한 것은 절차상 하자가 있어 위법하다.

④ 구 「군인사법」상 보직해임처분에는 처분의 근거와 이유 제시 등에 관한 구 「행정절차법」의 규정이 별도로 적용되지 아니한다.

4. 행정기본법상 '행정상 강제'에 관한 설명으로 적절하지 않은 설명은? (다툼이 있는 경우 판례에 의함)

㉠ '과징금'이란 법령등에 따른 의무를 위반하거나 이행하지 아니하였음을 이유로 당사자에게 의무를 부과하거나 권익을 제한하는 처분을 말한다.

㉡ 직접강제는 행정대집행이나 즉시강제의 방법으로는 행정상 의무 이행을 확보할 수 없거나 그 실현이 불가능한 경우에 실시하여야 한다.

㉢ 직접강제를 실시하기 위하여 현장에 파견되는 집행책임자는 그가 집행책임자임을 표시하는 증표를 보여 주어야 한다.

㉣ 외국인의 출입국·난민인정·귀화·국적회복에 관한 사항에 관하여는 행정기본법 제30조(행정상 강제)를 적용하지 아니한다.

① ㉠, ㉡　　　　　② ㉠, ㉣

③ ㉢, ㉣　　　　　④ ㉣, ㉤

5. 공법상 계약에 관한 설명으로 가장 적절하지 않은 것은? (다툼이 있는 경우 판례에 의함)

① 행정청이 공법상 법률관계에 관한 계약을 체결하는 경우에는 계약의 목적 및 내용을 명확하게 적은 계약서를 작성하여야 한다.

② 여객자동차운송사업자 면허에 부가되어 있는 조건의 불이행을 이유로 한 행정청의 감차명령은 대등한 당사자 사이에서 체결한 공법상 계약에 근거한 의사표시에 해당한다.

③ 지방자치단체와 사인 간 체결한 자원회수시설위탁운영협약은 공법상 계약으로 볼 수 없다.

④ 지방전문직공무원 채용계약에서 정한 채용기간이 만료한 경우 채용계약을 갱신하거나 채용기간을 연장할 것인지 여부는 지방자치단체장의 재량에 맡겨져 있다.

6. 사인의 공법행위에 관한 설명으로 가장 적절하지 않은 것은? (다툼이 있는 경우 판례에 의함)

① 사인의 공법행위를 규율하는 일반법은 없다.

② 의사능력이 없는 사인의 공법행위는 무효이다.

③ 사인에 의한 공법행위에도 민법 제107조제1항 단서의 비진의의사표시의 무효에 관한 규정이 적용된다.

④ 공무원의 사직 의사표시는 그에 따른 면직처분이 있기 전까지 철회할 수 있다.

7. 행정조사에 관한 설명으로 가장 적절하지 <u>않은</u> 것은? (다툼이 있는 경우 판례에 의함)

① 「마약류 불법거래 방지에 관한 특례법」에 따른 조치의 일환으로 특정한 수출입물품을 개봉하여 검사하고 그 내용물의 점유를 취득한 행위는 범죄수사로서 행하는 압수 또는 수색에 해당하지 않으므로, 영장이 필요하지 않다.

② 음주운전 여부에 대한 조사 과정에서 운전자 본인의 동의를 받지 아니하고 법원의 영장도 없이 채혈조사를 한 결과를 근거로 한 운전면허 정지·취소 처분은 특별한 사정이 없는 한 위법한 처분이다.

③ 세무조사의 결정은 납세의무자의 권리·의무에 직접 영향을 미치는 공권력 작용으로 항고소송의 대상이 된다.

④ 위법한 행정조사로 손해를 입은 국민은 국가배상법에 따른 손해배상을 청구할 수 있다.

8. 행정정보공개에 관한 설명으로 가장 <u>틀린</u> 것은?
 (다툼이 있는 경우 판례에 의함)

① 정보공개 청구권자의 권리구제 가능성이 없는 경우에는 비공개 대상 정보에 해당하지 않는 정보를 공개하지 않을 수 있다.

② 지방자치단체는 법률의 개별적 위임이 없는 경우에도 정보공개에 관한 조례를 정할 수 있다.

③ 권리능력 없는 사단도 정보공개청구권자에 해당한다.

④ 형사재판확정기록의 공개에 관하여는 「형사소송법」의 규정이 적용되므로 「공공기관의 정보공개에 관한 법률」에 의한 공개청구가 허용되지 아니한다.

9. 행정심판의 청구기간에 관한 설명으로 가장 적절한 것은? (다툼이 있는 경우 판례에 의함)

① 행정청이 심판청구기간을 법정 기간보다 긴 기간으로 잘못 고지한 경우에도, 처분이 있는 날부터 180일 이내에 청구하여야 한다.

② 부작위에 대한 의무이행심판의 경우 심판청구기간의 제한이 있다.

③ 거부처분에 대한 의무이행심판의 경우 심판청구기간의 제한이 없다.

④ 고시 또는 공고에 의하여 행정처분을 하는 경우, 행정심판 청구기간의 기산일은 고시 또는 공고의 효력발생일이다.

10. 행정상 손해배상에 관한 설명으로 가장 적절하지 <u>않은</u> 것은? (다툼이 있는 경우 판례에 의함)

① 불가쟁력이 발생한 행정행위로 인하여 손해를 입은 국민은 국가배상청구를 할 수 있다.

② 대집행이 완료되어 취소소송을 제기할 수 없는 경우에는 대집행의 위법을 이유로 한 손해배상도 청구할 수 없다.

③ 법령에 의해 대집행권한을 위탁받은 한국토지공사는 국가배상법 제2조에서 말하는 공무원에 해당하지 않는다.

④ 처분이 있은 후에 근거법률이 위헌으로 결정된 경우, 그 법률을 적용한 공무원에게 고의 또는 과실이 있었다고 단정할 수 없다.

1. 행정법의 일반원칙에 관한 설명으로 가장 적절하지 않은 것은? (다툼이 있는 경우 판례에 의함)

① 「개발이익환수에 관한 법률」에 정한 개발사업을 시행하기 전에, 행정청이 민원예비심사에 대하여 관련 부서 의견으로 '저촉사항 없음'이라고 기재한 것은 공적인 견해표명에 해당하지 않는다.

② 지방공무원 임용신청 당시 잘못 기재된 호적상 생년월일에 근거하여 36년동안 공무원으로 근무하면서 이의를 제기하지 않다가 정년을 1년 3개월 앞두고 생년월일을 정정한 후 그에 기초하여 정년연장을 요구하는 것은 신의성실의 원칙에 반하지 않는다.

③ 주택사업계획을 승인하면서 입주민이 이용하는 진입도로의 개설 및 확장과 이의 기부채납의무를 부담으로 부과하는 것은 부당결부금지의 원칙에 반하지 않는다.

④ 청소년유해매체물로 결정·고시된 만화인 사실을 모르고 있던 도서대여업자가 그 고시일로부터 8일 후에 청소년에게 그 만화를 대여한 것을 사유로 그 도서대여업자에게 금 700만원의 과징금이 부과된 경우, 그 과징금 부과처분은 재량권을 일탈·남용한 것으로 볼 수 없다.

2. 위임입법에 관한 설명으로 가장 적절하지 않은 것은? (다툼이 있는 경우 판례에 의함)

① 법률이 공법적 단체 등의 정관에 자치법적 사항을 위임한 경우에는 헌법 제75조가 정하는 포괄적인 위임입법의 금지는 원칙적으로 적용되지 않는다.

② 공법적 단체 등의 정관에 대한 자치법적 사항의 위임이라도 국민의 권리·의무에 관한 본질적이고 기본적인 사항은 국회가 정하여야 한다.

③ 조례에 대한 법률의 위임은 반드시 구체적으로 범위를 정해서만 할 수 있으며 포괄적 위임은 허용되지 않는다.

④ 국회전속적 입법사항이더라도 그에 관한 세부적인 사항은 법률에서 구체적으로 범위를 정하여

법규명령에 위임할 수 있다.

3. 행정기본법에서 정하고 있는 부관의 요건으로 가장 적절하지 않은 것은? (다툼이 있는 경우 판례에 의함)

① 해당 처분의 목적에 위배되지 아니할 것

② 해당 처분과 실질적인 관련이 있을 것

③ 당사자의 동의가 있을 것

④ 해당 처분의 목적을 달성하기 위하여 필요한 최소한의 범위일 것

4. 행정조사에 관한 설명으로 가장 적절하지 않은 것은? (다툼이 있는 경우 판례에 의함)

① 조사대상자의 자발적인 협조가 있는 경우에는 법령에 근거가 없더라도 행정조사를 실시할 수 있다.

② 개별 법령 등에서 행정조사를 규정하고 있는 경우에는 행정기관이 「행정조사기본법」 제5조 단서에서 정한 '조사대상자의 자발적인 협조를 얻어 실시하는 행정조사'를 실시할 수 없다.

③ 조사대상자가 동의한 경우에는 해가 뜨기 전이나 해가 진 뒤에도 현장조사가 가능하다.

④ 행정조사기본법에는 시료채취로 조사대상자에게 손실을 입힌 경우의 손실보상에 관한 명문규정이 있다.

5. 부관에 관한 설명으로 가장 적절하지 않은 것은? (다툼이 있는 경우 판례에 의함)

① 법률효과의 일부배제는 법률에 근거가 있는 경우에만 인정된다.

② 도로점용허가에 있어서 부관인 점용기간에 위법사유가 있는 경우, 도로점용허가 전부가 위법이다.

③ 기부채납받은 행정재산에 대한 사용·수익허가에 있어서 공유재산 관리청이 정한 사용·수익허가의 기간은 독립하여 취소소송의 대상이 될 수 없는 것이다.

④ 처분을 한 후에는 법률에 근거가 있는 경우나 당사자의 동의가 있는 경우에만 부관을 새로 붙

이거나 종전의 부관을 변경할 수 있다.

6. 「행정심판법」상 행정심판에 관한 내용이다. ( )안에 들어갈 숫자를 모두 더한 값은?

1. 행정심판은 처분이 있음을 알게 된 날부터 ( )일 이내에 청구하여야 한다.
2. 청구인이 천재지변, 전쟁, 사변, 그 밖의 불가항력으로 인하여 1.에서 정한 기간에 심판청구를 할 수 없었을 때에는 그 사유가 소멸한 날부터 ( )일 이내에 행정심판을 청구할 수 있다. 다만, 국외에서 행정심판을 청구하는 경우에는 그 기간을 ( )일로 한다.
3. 행정청이 행정심판청구 기간을 알리지 아니한 경우에는 처분이 있었던 날부터 ( ) 이내에 심판청구를 할 수 있다.

① 314   ② 344   ③ 374   ④ 390

7. 행정행위의 철회에 관한 설명으로 가장 적절하지 않은 것은? (다툼이 있는 경우 판례에 의함)

① 행정청은 법률에서 정한 철회 사유에 해당하게 된 경우에는 위법한 처분의 전부 또는 일부를 소급하여 철회할 수 있다.
② 행정행위의 철회는 원칙적으로 처분청만이 할 수 있고, 감독청은 법률의 근거가 있는 경우에만 철회를 할 수 있다.
③ 행정행위의 철회는 실정법상으로는 취소로 불리기도 한다.
④ 원래의 행정행위를 그대로 존속시킬 필요가 없게 된 사정변경이 생겼다면 철회에 관한 별도의 명시적인 법적 근거가 없더라도, 행정행위를 한 행정청이 이를 철회할 수 있다.

8. 행정절차에 관한 설명으로 가장 적절한 것은? (다툼이 있는 경우 판례에 의함)

① 행정청은 처분을 할 때에는 이해관계인에게 그 근거와 이유를 제시하여야 한다.
② 이유제시에서는 단순히 처분의 근거가 되는 법령뿐만 아니라 구체적인 사실과 당해 처분과의

관계가 적시되어야 한다.
③ 이유제시는 권리를 제한하거나 의무를 부과하는 처분에 한하여 인정된다.
④ 수익적 처분을 거부하는 처분을 하는 경우에는 처분의 근거와 이유를 제시할 필요가 없다.

9. 행정소송법에서 규정하고 있는 원고적격에 관한 설명으로 가장 적절하지 않은 것은? (다툼이 있는 경우 판례에 의함)

① 취소소송은 처분등의 취소를 구할 법률상 이익이 있는 자가 제기할 수 있다.
② 무효등 확인소송은 처분등의 효력 유무 또는 존재 여부의 확인을 구할 법률상 이익이 있는 자가 제기할 수 있다.
③ 부작위위법확인소송은 처분의 신청을 한 자로서 부작위의 위법의 확인을 구할 법률상 이익이 있는 자만이 제기할 수 있다.
④ 당사자소송은 공법상 법률관계의 원인인 처분등의 취소를 구할 법률상 이익이 있는 자가 제기할 수 있다.

10. 행정상 손해배상책임에 관한 설명으로 가장 적절하지 않은 것은? (다툼이 있는 경우 판례에 의함)

① 공무원의 고의·중과실에 의한 불법행위로 국가배상책임이 성립하는 경우 가해 공무원 개인은 그로 인한 손해배상책임을 부담한다.
② 공무원이 고의 또는 중과실로 불법행위를 하여 손해를 입힌 경우, 피해자는 국가나 공무원에 대해서 선택적으로 배상청구를 할 수 있다.
③ 국가가 공무원의 위법한 직무집행으로 발생한 손해를 배상한 경우, 공무원에게 고의 또는 중과실이 있으면 국가는 그 공무원에게 구상할 수 있다.
④ 공무원이 경과실로 직무상 불법행위를 한 후 직접 피해자에게 손해배상하였다 하더라도 국가에 대하여 자신이 변제한 금액에 관한 구상권을 행사하는 것은 허용되지 않는다.

1. 행정입법에의 사법심사에 관한 설명으로 가장 적절하지 않은 것은? (다툼이 있는 경우 판례에 의함)

① 일반적·추상적인 법령이나 규칙은 항고소송의 대상이 될 수 없다.
② 법규명령이 구체적인 집행행위 없이 직접 개인의 권리의무에 영향을 주는 경우 처분성이 인정된다.
③ 행정입법의 부작위는 항고소송의 대상이 되지 않는다.
④ 판례는 행정입법부작위에 대하여 헌법소원을 인정하고 있지 않다.

2. 행정행위의 취소에 관한 설명으로 가장 적절한 것은? (다툼이 있는 경우 판례에 의함)

① 행정청은 위법 또는 부당한 처분의 전부나 일부를 장래를 향하여 취소할 수 있는 것이 원칙이다.
② 행정청은 처분에 대한 취소소송이 계속되고 있는 때에는 직권으로 해당 처분을 취소할 수 없다.
③ 개인택시운송사업자에게 운전면허 취소사유가 있더라도 그로 인하여 운전면허 취소처분이 이루어지지 않았다면 관할관청이 개인택시운송사업면허를 취소할 수 없다.
④ 영업허가취소처분이 행정쟁송에 의하여 취소되었더라도, 영업허가취소처분 이후에 행한 영업에 대하여 무허가영업으로 처벌할 수 있다.

3. 행정응원에 관한 설명으로 가장 옳지 않은 것은? (다툼이 있는 경우 판례에 의함)

① 행정청은 다른 행정청에 소속되어 있는 전문기관의 협조가 필요한 경우에도 다른 행정청에 행정응원을 요청할 수 있다.
② 행정응원은 해당 직무를 직접 응원할 수 있는 행정청에 요청하여야 한다.
③ 행정응원을 위하여 파견된 직원은 응원을 요청받은 행정청의 지휘·감독을 받는다.
④ 행정응원에 드는 비용은 응원을 요청한 행정청이 부담한다.

4. 행정행위의 무효사유에 관한 설명으로 가장 옳지 않은 것으로만 묶인 것은? (다툼이 있는 경우 판례에 의함)

㉠ 납세자가 아닌 제3자의 재산을 대상으로 압류처분을 한 경우는 무효사유이다.
㉡ 환경영향평가의 실시대상사업에 대하여 환경영향평가를 거치지 않고 행한 승인 등 처분은 무효사유에 해당한다.
㉢ 학교보건법에 따른 학교환경위생정화구역 내에서의 금지행위 및 해제여부에 관한 행정처분을 하면서 학교환경위생정화위원회의 심의절차를 누락한 것은 당연무효사유이다.
㉣ 위법하게 구성된 폐기물처리시설 입지선정위원회가 의결을 한 경우, 그에 터잡아 이루어진 폐기물처리시설 입지결정처분의 하자는 무효사유로 본다.
㉤ 적법한 권한 위임 없이 세관출장소장에 의하여 행하여진 관세부과처분은 무효사유에 해당한다.

① ㉠, ㉡
② ㉢, ㉣
③ ㉢, ㉤
④ ㉣, ㉤

5. 허가의 양도·양수에 따른 제재사유의 승계에 관한 설명으로 가장 적절하지 않은 것은? (다툼이 있는 경우 판례에 의함)

① 대물적 허가의 성질을 갖는 석유판매업이 양도된 경우, 양도인에게 허가를 취소할 위법사유가 있다면 이를 이유로 양수인에게 제재조치를 취할 수 있다.
② 허가영업이 양도·양수되었지만, 영업승계신고 및 수리처분이 있기 전에 발생한 양수인의 위반행위에 대한 행정적 책임은 양수인에게 귀속된다.
③ 공중위생업에 대해 그 영업을 정지할 위법한 사유가 있다면, 관할 행정청은 그 영업이 양도·양수되었다 하더라도 그 업소의 양수인에 대하여 영업정지처분을 할 수 있다.
④ 개인택시운송사업의 양도·양수가 있고 그에 대한 인가가 있은 후 그 양도·양수 이전에 있었던 양도인의 귀책사유로 양수인의 개인택시운송사업면허를 취소할 수 있다.

6. 행정조사에 관한 설명으로 가장 적절하지 않은 것은? (다툼이 있는 경우 판례에 의함)

① 행정조사를 실시하고자 하는 행정기관의 장은 출석요구서, 보고요구서 자료제출요구서 및 현장출입조사서를 조사개시 7일 전까지 조사대상자에게 서면 또는 구두로 통지하여야 한다.

② 행정기관은 조사대상자의 자발적인 협조를 얻어 실시하는 행정조사인 경우에는, 「행정조사기본법」 제17조 제1항 본문에 따른 사전통지를 하지 않아도 된다.

③ 통계법상 지정통계의 작성을 위하여 조사하는 경우에는 「행정조사기본법」 제17조 제1항 본문에 따른 사전통지를 하지 않아도 된다.

④ 행정기관의 장은 법령 등에 특별한 규정이 있는 경우를 제외하고는 행정조사의 결과를 확정한 날부터 7일 이내에 그 결과를 조사대상자에게 통지하여야 한다.

7. 행정소송에 관한 설명으로 가장 옳지 않은 것은? (다툼이 있는 경우 판례에 의함)

① 취소소송은 다른 법률에 특별한 규정이 없는 한 그 처분등을 행한 행정청을 피고로 한다.

② 처분등이 있은 뒤에 그 처분등에 관계되는 권한이 다른 행정청에 승계된 때에도 당초 처분을 행한 행정청이 피고가 된다.

③ 무효등확인소송에서의 피고는 효력 유무나 존재 여부의 확인대상이 되는 처분등을 한 행정청이다.

④ 당사자소송은 국가·공공단체 그 밖의 권리주체를 피고로 한다.

8. 행정절차에 관한 설명으로 가장 옳지 않은 것은? (다툼이 있는 경우 판례에 의함)

① 법인이 아닌 사단이나 재단도 행정절차에 있어서 당사자 등이 될 수 있다.

② 신청인은 처분이 있기 전에는 그 신청의 내용을 보완·변경하거나 취하(取下)할 수 있다.

③ 다수의 대표자가 있는 경우 그 중 1인에 대한 행정청의 통지는 모든 당사자 등에게 효력이 있다.

④ 불이익처분의 직접 상대방인 당사자와 행정청이 참여하게 한 이해관계인이 아닌 제3자에 대하여는 사전통지에 관한 「행정절차법」의 규정이 적용되지 아니한다.

9. 행정심판에 관한 설명으로 가장 적절한 것은? (다툼이 있는 경우 판례에 의함)

① 국가정보원의 처분 또는 부작위에 대한 행정심판의 청구는 국민권익위원회에 두는 중앙행정심판위원회에서 심리·재결한다.

② 행정심판위원회는 필요한 경우에도 당사자가 주장하지 아니한 사실에 대하여는 심리할 수 없다.

③ 소청심사위원회는 원징계처분보다 무거운 징계를 부과하는 결정을 할 수 없다.

④ 현행 행정심판법상 거부처분에 불복하고자 하는 경우 의무이행심판보다 거부처분취소심판이 권리구제에 효과적이다.

10. 하자의 치유에 관한 설명으로 가장 옳지 않은 것은? (다툼이 있는 경우 판례에 의함)

① 처분이유의 사후제시는 처분의 실체법상의 적법성을 확보하기 위한 것이다.

② 취소처분의 근거와 위반사실의 적시를 빠뜨린 하자는 피처분자가 처분 당시 그 취지를 알고 있었다거나 그 후 알게 되었다 하여도 치유될 수 없다.

③ 당연무효인 징계처분을 받은 자가 이를 용인하였다면 그 징계처분의 하자는 치유되지 않는다.

④ 행정행위의 하자가 치유되면 그 행정행위는 처음부터 하자가 없는 적법한 행정행위로 효력을 발생한다.

1. 행정지도에 관한 설명으로 가장 옳은 것은? (다툼이 있는 경우 판례에 의함)

① 「행정절차법」에서는 행정지도에 관한 사전통지 절차를 규정하고 있다.

② 행정지도는 상대방의 임의적인 협력을 구하는 것이므로, 법률우위의 원칙은 적용되지 않는다.

③ 세무당국이 주류거래를 일정기간 중지하여 줄 것을 요청한 행위는 항고소송의 대상이다.

④ 행정지도 중에서도 규제적·구속적 행정지도의 경우에는 법적 근거가 필요하다는 견해가 있다.

2. 다음 중 행정절차법상 사전통지의 예외사유가 아닌 것은? (다툼이 있는 경우 판례에 의함)

① 공공의 안전 또는 복리를 위하여 긴급히 처분을 할 필요가 있는 경우

② 법령등에서 요구된 자격이 없거나 없어지게 되면 반드시 일정한 처분을 하여야 하는 경우에 그 자격이 없거나 없어지게 된 사실이 법원의 재판 등에 의하여 객관적으로 증명된 경우

③ 단순·반복적인 처분 또는 경미한 처분으로서 당사자가 그 이유를 명백히 알 수 경우

④ 해당 처분의 성질상 의견청취가 현저히 곤란하거나 명백히 불필요하다고 인정될 만한 상당한 이유가 있는 경우

3. 행정입법에 관한 설명으로 가장 옳지 않은 것은? (다툼이 있는 경우 판례에 의함)

① 행정규칙인 재량준칙이 되풀이 시행되어 행정관행이 이루어지게 되면, 평등의 원칙이나 신뢰보호의 원칙에 따라 행정기관은 그 상대방에 대한 관계에서 그 규칙에 따라야 할 자기구속을 당하게 되어 대외적인 구속력을 가지게 된다.

② 법규명령은 재판의 전제가 됨이 없이 직접 개인의 기본권을 침해 받았을 경우에도 헌법소원의 대상이 될 수 없다.

③ 명령·규칙의 위헌·위법심사는 그 위헌 또는 위법의 여부가 재판의 전제가 된 경우에 가능하다.

④ 조례가 집행행위의 개입 없이 그 자체로서 직접 국민의 권리·의무나 법적 이익에 영향을 미치는 법률상 효과를 발생하는 경우 항고소송의 대상이 된다.

4. 하자의 승계에 관한 설명으로 가장 옳지 않은 것은? (다툼이 있는 경우 판례에 의함)

① 과세처분이 무효인 경우 과세처분의 하자를 이유로 과세처분에 따른 체납처분의 효력을 다툴 수 있다.

② 계고처분의 후속절차인 대집행에 위법이 있는 경우에 그와 같은 후속절차에 위법성이 있다는 점을 들어 선행절차인 계고처분이 부적법하다는 사유로 삼을 수 있다.

③ 선행행위와 후행행위가 서로 독립하여 별개의 법률효과를 목적으로 하는 경우라도 선행행위의 불가쟁력이나 구속력이 그로 인하여 불이익을 입는 자에게 수인한도를 넘는 가혹함을 가져오고 그 결과가 예측가능한 것이 아닌 때에는 하자의 승계를 인정할 수 있다.

④ 친일반민족행위자 결정과 독립유공자 예우에 관한 법률 적용 배제자 결정 사이에는 하자승계가 인정된다.

5. 행정정보공개에 관한 설명으로 가장 틀린 것은? (다툼이 있는 경우 판례에 의함)

① 정보공개청구권자가 오로지 상대방을 괴롭힐 목적으로 정보공개를 구하고 있다는 등의 특별한 사정이 없는 한 정보공개청구가 신의칙에 반하거나 권리남용에 해당한다고 볼 수 없다.

② '진행 중인 재판에 관련된 정보'에 해당한다는 사유로 정보공개를 거부하기 위하여는 반드시 그 정보가 진행 중인 재판의 소송기록 자체에 포함되어야 한다.

③ 비공개대상인 진행 중인 재판에 관련된 정보라
함은 재판에 관련된 일체의 정보가 해당하는 것
이 아니고 진행 중인 재판의 심리 또는 재판결과
에 구체적으로 영향을 미칠 위험이 있는 정보에
한정된다.

④ 다른 법률 또는 법률에서 위임한 대통령령에 따
라 비밀이나 비공개사항으로 규정된 정보는 비
공개의 대상이 된다.

6. 결과제거청구권에 관한 설명으로 가장 옳지 않은 것으로만 연결하면? (다툼이 있는 경우 판례에 의함)

> ㉠ 권력작용뿐만 아니라 관리작용에 의한 침해의 경
> 우에도 인정된다.
> ㉡ 공행정작용의 직접적인 결과만을 제거의 대상으로
> 한다.
> ㉢ 가해행위의 위법성 및 가해자의 고의 또는 과실을
> 요건으로 한다.
> ㉣ 재산적 침해뿐만 아니라 비재산적 침해에 대해서
> 도 발생할 수 있다.
> ㉤ 경찰관이 범인을 긴급히 추적하기 위하여 사인으
> 로부터 빌려 탄 자동차가 완전히 파손된 때에도 인
> 정될 수 있다.
> ㉥ 위법한 상태가 적법하게 된 경우에는 결과제거청구
> 권을 행사할 수 없다.

① ㉠, ㉢　　　　　② ㉡, ㉢
③ ㉢, ㉤　　　　　④ ㉣, ㉤

7. 행정심판에 관한 설명으로 가장 옳지 않은 것으로만 연결하면? (다툼이 있는 경우 판례에 의함)

① 무효등확인심판의 청구가 이유가 있다고 인정하
면 처분의 효력 유무 또는 처분의 존재 여부를
확인한다.

② 의무이행심판의 청구가 이유가 있다고 인정하면
지체 없이 신청에 따른 처분을 하거나 처분을
할 것을 피청구인에게 명한다.

③ 행정심판위원회는 심판청구서를 받은 날로부터

60일 이내에 재결을 하여야 하나, 위원장이 직권
으로 30일을 연장할 수 있다.

④ 행정심판위원회는 청구인에게 이익 경우에는 심
판청구의 대상이 되는 처분 또는 부작위 외의
사항에 대하여도 재결할 수 있다.

8. 다음 중 대인적 허가에 해당하는 것으로만 묶으면? (다툼이 있는 경우 판례에 의함)

> ㉠ 약사면허　　　㉡ 자동차운전면허
> ㉢ 차량검사　　　㉣ 총포·도검·화약류판매업허가
> ㉤ 가스사업허가　㉥ 건축물준공검사

① ㉠, ㉡　　　　　② ㉠, ㉣
③ ㉢, ㉤　　　　　④ ㉣, ㉥

9. 행정소송에서의 집행정지에 관한 설명으로 가장 적절한 것은? (다툼이 있는 경우 판례에 의함)

① 무효확인소송을 제기한 때에는 집행정지원칙이
적용된다.

② 처분등의 일부에 대한 집행정지가 허용되고, 처
분이 소멸된 후에도 집행정지가 허용된다.

③ 처분의 효력정지는 처분의 집행정지나 절차의
속행정지로 그 목적을 달성할 수 있는 경우에는
불허된다.

④ 처분등이나 그 집행 또는 절차의 속행으로 인하
여 생길 중대한 손해를 예방하기 위하여 긴급한
필요가 있을 때에 인정된다.

10. 다음 중 병과할 수 없는 금전적 제재수단끼리 묶인 것은 몇 개인가? (다툼이 있는 경우 판례에 의함)

> ㉠ 행정질서벌과 집행벌
> ㉡ 행정질서벌과 행정형벌
> ㉢ 행정형벌과 징계벌

① 0개　　② 1개　　③ 2개　　④ 3개

1. 행정입법에 관한 설명으로 가장 옳지 <u>않은</u> 것은? (다툼이 있는 경우 판례에 의함)

① 법률에서 군법무관의 보수에 관한 구체적 내용을 시행령에 위임했음에도 불구하고 행정부가 정당한 이유 없이 시행령을 제정하지 않은 것은 불법행위에 해당한다.

② 위임받은 사항에 관하여 대강을 정하고 그 중 특정사항의 범위를 정하여 하위의 법규명령에 다시 위임하는 경우에는 재위임도 허용된다.

③ 위임명령이 위임 내용을 구체화하는 단계를 벗어나 새로운 입법을 한 것으로 평가할 수 있다면, 이는 위임의 한계를 일탈한 것으로서 허용되지 않는다.

④ 경찰공무원 채용시험에서의 부정행위자에 대한 5년간의 응시자격제한을 규정한 경찰공무원임용령 제46조 제1항은 행정청 내부의 사무처리기준을 규정한 재량준칙에 불과하다.

2. 행정소송에서의 집행정지에 관한 설명으로 가장 적절하지 <u>않은</u> 것은? (다툼이 있는 경우 판례에 의함)

① 집행정지는 적법한 본안소송이 계속 중일 것을 요건으로 한다.

② 집행정지의 결정은 당사자의 신청이나 직권에 의하여 행해진다.

③ 신청인의 본안청구의 이유 없음이 명백할 때는 집행정지가 인정되지 않는다.

④ 집행정지의 결정에 대한 즉시항고에는 결정의 집행을 정지하는 효력이 있다.

3. 경찰법상의 일반원칙에 관한 설명으로 가장 적절하지 <u>않은</u> 것은? (다툼이 있는 경우 판례에 의함)

① 청원경찰의 인원감축을 위하여 초등학교 졸업이하 학력소지자 집단과 중학교 중퇴이상 학력소지자 집단으로 나누어 각 집단별로 같은 감원비율의 인원을 선정한 것은 평등의 원칙에 위반되어 위법하다.

② 처분청이 착오로 행정서사업 허가처분을 한 후 20년이 다 되어서야 취소사유를 알고 행정서사업 허가를 취소한 처분은 실권의 법리에 저촉되지 않는다.

③ 주유소 영업의 양도인이 등유가 섞인 유사휘발유를 판매한 바를 모르고 이를 양수한 석유판매영업자에게 전 운영자인 양도인의 위법사유를 들어 6월의 사업정지에 처한 것은 공익목적의 실현이라는 측면에서 비례원칙에 위반되지 않는다.

④ 권한남용금지의 원칙은 행정의 목적과 행정권한을 행사한 행정공무원의 내심의 의도까지 통제하려는 것이다.

4. 행정절차법상 위반사실 등의 공표에 앞서 사전통지 및 의견제출 기회 부여의 예외사유가 <u>아닌</u> 것은? (다툼이 있는 경우 판례에 의함)

① 공공의 안전 또는 복리를 위하여 긴급히 공표를 할 필요가 있는 경우

② 해당 공표의 성질상 의견청취가 현저히 곤란하거나 명백히 불필요하다고 인정될 만한 타당한 이유가 있는 경우

③ 공표의 내용이 국민의 권리·의무 또는 일상생활과 관련이 없는 경우

④ 당사자가 의견진술의 기회를 포기한다는 뜻을 명백히 밝힌 경우

5. 다음 중 위법성 판단의 기준시점에 관한 설명으로 옳은 것은? (다툼이 있는 경우 판례에 의함)

○ 취소소송에서 행정처분의 위법 여부는 판결 선고 당시의 법령과 사실상태를 기준으로 판단한다.
○ 거부처분취소소송에서의 위법판단의 기준시는 사실심변론종결시이다.
○ 무효등확인소송에서 위법성판단의 기준시점은 취소소송과 같다.
○ 부작위위법확인소송에서 위법판단의 기준시점은 사실심변론종결시이다.

① ㉠, ㉡   ② ㉡, ㉢   ③ ㉢, ㉣   ④ ㉠, ㉢

6. 이행강제금에 관한 설명으로 가장 적절하지 않은 것은? (다툼이 있는 경우 판례에 의함)

① 건축법상 이행강제금에 부과를 하기 위하여는 계고처분이 선행되어야 하는 것이 원칙이다.

② 건축법상의 이행강제금은 의무불이행이 있는 경우에 반복하여 부과할 수 있다.

③ 건축법상 이행강제금 납부의무를 불이행한 경우에는 「지방행정제재·부과금의 징수 등에 관한 법률」에 따라 징수한다.

④ 이행강제금에 대하여 특별한 불복절차를 규정하고 있는 경우에도 행정쟁송으로 다투어야 한다.

7. 행정소송에 관한 설명으로 가장 적절하지 않은 것은? (다툼이 있는 경우 판례에 의함)

① 취소소송의 제소기간은 처분이 있음을 안 날로부터 90일 또는 처분이 있은 날로부터 1년이다.

② 무효를 선언하는 의미의 취소소송에서는 제소기간의 제한을 적용되지 않는다.

③ 부작위위법확인소송에는 원칙적으로 제소기간의 제한이 없다.

④ 무효확인청구에는 그 취소를 구하는 취지도 포함되어 있는 것으로 본다.

8. 행정정보공개에 관한 설명으로 가장 적절하지 않은 것은? (다툼이 있는 경우 판례에 의함)

① 정보공개청구인이 공공기관에 대하여 정보공개를 청구하였다가 거부처분을 받은 것 자체만으로도 법률상 이익의 침해에 해당한다.

② 공개청구의 대상이 되는 정보가 이미 다른 사람에게 공개되어 널리 알려져 있다거나 인터넷 등을 통하여 공개되어 인터넷 검색 등을 통하여 쉽게 알 수 있다는 사정만으로는 비공개 결정이 정당화될 수 없다.

③ 공개대상정보를 공공기관이 한때 보유·관리하였으나 후에 그 문서 등이 폐기되어 존재하지 않게 된 것이라면, 그 정보를 더 이상 보유·관리하

고 있지 않는다는 점에 대한 입증책임은 정보공개청구권자에게 있다.

④ 공개청구한 정보에 비공개대상 정보와 공개가능한 정보가 혼합되어 있는 경우, 공개청구의 취지에 어긋나지 아니하는 범위 안에서 두 부분을 분리할 수 있는 때에는 비공개대상에 해당하는 부분을 제외하고 공개하여야 한다.

9. 다음 중 당사자소송이 아닌 것은? (다툼이 있는 경우 판례에 의함)

① 재개발조합과 조합장 또는 조합임원 사이의 선임, 해임 등을 둘러싼 법률관계에 관한 소송

② 부가가치세 환급세액 지급청구소송

③ 지방소방공무원의 초과근무수당 지급청구소송

④ 공무원연금관리공단의 미지급 퇴직연금에 대한 지급청구소송

10. 국가배상에 관한 설명으로 가장 옳지 않은 경우로만 묶인 것은? (다툼이 있는 경우 판례에 의함)

㉠ 국가배상법 제5조가 규정하는 영조물의 설치·관리상의 하자와 손해 간에는 상당인과관계가 없어도 배상책임이 성립한다.

㉡ 규제 권한을 행사하지 아니한 것이 현저하게 합리성을 잃어 사회적타당성이 없는 경우에는 직무상 의무를 위반한 것이 되어 위법하게 된다.

㉢ 국가배상책임의 대상이 되는 손해에는 재산상의 손해는 물론 신체·정신상의 손해도 포함된다.

㉣ 영조물의 설치·관리 하자로 인한 국가배상의 경우에는 피해자의 위자료청구가 인정되지 않는다.

㉤ 생명·신체의 침해로 인한 국가배상청구권은 양도 및 압류가 금지된다.

① ㉠, ㉡ ② ㉠, ㉣

③ ㉢, ㉤ ④ ㉣, ㉤

1. 개인정보보호에 관한 설명으로 가장 적절한 것은? (다툼이 있는 경우 판례에 의함)

> ㉠ 「개인정보 보호법」은 공공기관에 의해 처리되는 정보뿐만 아니라 민간에 의해 처리되는 정보까지 보호대상으로 하고 있다.
>
> ㉡ 개인정보자기결정권은 자신에 관한 정보가 언제 누구에게 어느 범위까지 알려지고 또 이용되도록 할 것인지를 정보주체가 스스로 결정할 수 있는 권리이다.
>
> ㉢ 개인의 고유성, 동일성을 나타내는 지문은 그 정보주체를 타인으로부터 식별가능하게 하는 개인정보이므로, 시장·군수 또는 구청장이 개인의 지문정보를 수집하고, 경찰청장이 이를 보관·전산화하여 범죄수사목적에 이용하는 것은 모두 개인정보자기결정권을 제한하는 것이다.
>
> ㉣ 가명정보는 원래의 상태로 복원하기 위한 추가 정보의 사용·결합 없이는 특정 개인을 알아볼 수 없는 정보이기 때문에 개인정보에 해당하지 않는다.
>
> ㉤ 개인정보 보호에 관한 사무를 독립적으로 수행하기 위하여 행정안전부 소속으로 개인정보 보호위원회를 둔다.

① ㉠, ㉡, ㉢   ② ㉠, ㉢, ㉤
③ ㉡, ㉢, ㉣   ④ ㉡, ㉢, ㉤

2. 행정정보공개에 관한 설명으로 가장 틀린 것은? (다툼이 있는 경우 판례에 의함)

① 공공기관의 정보공개에 관한 법률 상 공개청구의 대상이 되는 정보는 반드시 원본일 필요는 없고 사본도 가능하다.

② 공공기관이 공개청구대상 정보를 신청한 공개방법 이외의 방법으로 공개하는 결정을 하였다면, 이는 정보공개청구 중 정보공개방법 부분에 대하여 일부 거부처분을 한 것이다.

③ 불기소처분기록 중 피의자신문조서 등에 기재된 피의자 등의 인적사항 이외의 진술내용이 개인의 사생활의 비밀 또는 자유를 침해할 우려가 인정된다면 비공개대상에 해당한다.

④ 직무를 수행한 공무원의 성명과 직위는 개인에 관한 사항이므로 공개하지 않는다.

3. 국가배상에 관한 설명으로 가장 적절하지 <u>않은</u> 것은? (다툼이 있는 경우 판례에 의함)

> ㉠ 국가배상청구권의 소멸시효기간은 피해자나 그 법정대리인이 손해 및 가해자를 안 날로부터 10년이다.
>
> ㉡ 국가배상법상 배상심의회에 대한 배상신청은 임의절차이다.
>
> ㉢ 국가배상에 있어서, 피해자가 손해를 입은 동시에 이익을 얻은 경우에는 손해배상액에서 그 이익에 상당하는 금액을 빼야 한다.
>
> ㉣ 어떠한 행정처분이 뒤에 항고소송에서 취소되었다면 그 자체만으로 그 행정처분이 곧바로 공무원의 고의 또는 과실로 인한 불법행위를 구성한다.
>
> ㉤ 헌병대 영창에서 탈주한 군인들이 민가에 침입하여 저지른 범죄 행위에 대하여 국가는 손해배상책임을 진다.
>
> ㉥ 공무원이 자기 소유 차량을 운전하여 출근하던 중 교통사고를 일으킨 경우에는 공무원의 직무관련성이 부정된다.

① ㉠, ㉣   ② ㉡, ㉣
③ ㉡, ㉤   ④ ㉢, ㉥

4. 행정소송에 관한 설명으로 가장 적절한 것은? (다툼이 있는 경우 판례에 의함)

① 행정처분이 당연무효임을 전제로 한 민사소송이 제기된 경우에, 법원은 그 행정처분이 당연무효인지의 여부를 심사할 수 없다.

② 행정심판을 거친 후 부작위위법확인소송을 제기하는 경우에도 제소기간이 적용되지 않는다.

③ 당사자소송은 공법상의 법률관계 그 자체를 대상으로 한다.

④ 기관소송은 공공단체의 기관이 법률에 위반되는 행위를 한 때에 직접 자기의 법률상 이익과 관계없이 그 시정을 구하기 위하여 제기하는 소송이다.

5. 행정소송에서의 집행정지제도에 관한 설명에 대하여 옳고 그름의 표시(O, X)가 모두 바르게 조합된 것은? (다툼이 있는 경우 판례에 의함)

⊙ 거부처분에 대한 취소소송에서도 집행정지가 허용된다.
ⓒ 부작위위법확인소송에는 집행정지가 허용될 수 없다.
ⓒ 당사자소송에서는 처분등에 대한 집행정지제도가 인정된다.
ⓔ 집행정지결정은 당해 사건에 관하여 당사자인 행정청과 관계행정청을 기속한다.
ⓜ 본안소송이 취하되면 집행정지결정도 당연히 실효된다.

① ⊙(O) ⓒ(O) ⓒ(X) ⓔ(O) ⓜ(X)
② ⊙(X) ⓒ(O) ⓒ(X) ⓔ(O) ⓜ(O)
③ ⊙(X) ⓒ(O) ⓒ(O) ⓔ(O) ⓜ(X)
④ ⊙(O) ⓒ(X) ⓒ(O) ⓔ(X) ⓜ(O)

6. 처분의 이유제시에 관한 설명으로 가장 적절한 것은? (다툼이 있는 경우 판례에 의함)

① 허가의 신청에 대한 거부처분을 하면서 당사자가 그 근거를 알 수 있을 정도로 이유를 제시하였더라도 처분의 근거와 이유를 구체적으로 명시하지 않았다면, 당해 처분은 위법하게 된다.
② 경미한 처분으로서 당사자가 그 이유를 명백히 알 수 있는 경우에는 이유제시의무가 면제된다.
③ 신청내용을 모두 그대로 인정하는 처분인 경우에도 당사자가 요청하면 이유제시를 하여야 한다.
④ 행정청이 처분을 하면서 고지의무를 이행하지 않은 경우 또는 잘못 고지한 경우 당해 처분은 위법하다.

7. 경찰상 강제집행에 관한 설명으로 가장 틀린 것은? (다툼이 있는 경우 판례에 의함)

⊙ 부작위의무위반의 경우에는 그것을 대체적 작위의무로 전환하는 규정을 두고 있지 아니하는 한 대집행의 대상이 될 수 없다.
ⓒ 행정대집행을 실시하기 위하여 지출한 비용은 민사소송절차에 의하여 그 비용의 상환을 청구할 수 있다.
ⓒ 직접강제는 권력적 사실행위로서 처분성이 인정된다.
ⓔ 압류는 체납국세의 징수를 실현하기 위하여 체납자의 재산을 보전하는 강제행위로서 항고소송의 대상이 되는 처분이다.
ⓜ 「국세징수법」상 체납액의 징수 순위는 국세, 가산금, 강제징수비(구 체납처분비)의 순서에 따른다.
ⓗ 의무자(이행강제금의 부과대상)가 의무를 이행하면 새로운 이행강제금의 부과를 즉시 중지하여야 하고, 이미 부과한 이행강제금은 징수하지 아니한다.

① ⊙, ⓒ, ⓔ   ② ⊙, ⓔ, ⓜ
③ ⓒ, ⓜ, ⓗ   ④ ⓒ, ⓔ, ⓗ

8. 과태료에 관한 설명으로 가장 적절한 것은? (다툼이 있는 경우 판례에 의함)

① 지방자치단체의 조례는 과태료 부과의 근거가 될 수 없다.
② 질서위반행위규제법 시행령으로 정하는 법률에 따른 징계사유에 해당하여 과태료를 부과하는 행위는 '질서위반행위'에 해당하지 않는다.
③ 질서위반행위는 행정질서벌이므로 대한민국 영역 밖에서 질서위반행위를 한 대한민국의 국민에게는 적용되지 않는다.
④ 과태료의 부과·징수, 재판 및 집행 등의 절차에 관한 다른 법률의 규정 중 이 법의 규정에 저촉되는 것은 다른 법률이 정하는 바에 따른다.

9. 행정심판에 관한 설명으로 가장 적절한 것은?
(다툼이 있는 경우 판례에 의함)

> ㉠ 다른 법률에서 특별행정심판이나 행정심판법에 따른 행정심판 절차에 대한 특례를 정한 경우에도 그 법률에서 규정하지 아니한 사항에 관하여는 행정심판법에서 정하는 바에 따른다.
>
> ㉡ 처분의 취소를 구하는 취지의 처분청에 대한 진정서 제출은 실제로 행정심판의 실질을 가지더라도 행정심판법 소정의 행정심판청구가 될 수 없다.
>
> ㉢ 이의신청을 제기하여야 할 사람이 처분청에 표제를 '행정심판청구서'로 한 서류를 제출한 경우 그 서류의 실질이 이의신청일지라도 이를 행정심판으로 보아야 한다.
>
> ㉣ 행정심판법상 임시처분은 당사자의 신청 또는 행정심판위원회의 직권으로 결정할 수 있으나 집행정지로 목적을 달성할 수 있는 경우에는 허용되지 않는다.
>
> ㉤ 취소심판 등에서 사정재결을 할 때에는, 청구인에 대하여 손해배상, 제해시설의 설치 등 상당한 구제방법을 취할 것을 피청구인에게 명할 수 있다.
>
> ㉥ 서면으로 하지 않은 행정심판의 재결은 취소할 수 있다.

① ㉠, ㉤
② ㉠, ㉣
③ ㉡, ㉢
④ ㉤, ㉥

10. 행정계획에 관한 설명으로 가장 적절하지 않은 것은? (다툼이 있는 경우 판례에 의함)

① 행정주체가 행정계획을 입안·결정함에 있어서 이익형량을 전혀 행하지 아니하거나 이익형량의 고려대상에 마땅히 포함시켜야 할 사항을 누락한 경우 또는 이익형량을 하였으나 정당성과 객관성이 결여된 경우, 그 행정계획결정은 형량의 하자가 있어 위법하다.

② 도시계획시설결정에 이해관계가 있는 주민으로서는 도시시설계획의 입안권자 내지 결정권자에게 도시시설계획의 입안 내지 변경을 요구할 수 있는 법규상 또는 조리상의 신청권이 있고, 이러한 신청에 대한 거부행위는 항고소송의 대상이 되는 행정처분에 해당한다.

③ 장래 일정한 기간 내에 일정한 처분을 구하는 신청을 할 법률상 지위에 있는 자의 국토이용계획변경신청에 대한 거부 행위는 행정소송의 대상이 될 수 없다.

④ 비구속적 행정계획안이나 행정지침이라도 국민의 기본권에 직접적으로 영향을 끼치고, 앞으로 법령의 뒷받침에 의하여 그대로 실시될 것이 틀림없을 것으로 예상될 수 있을 때에는, 공권력 행위로서 예외적으로 헌법소원의 대상이 될 수 있다.

1. 경찰하명에 관한 설명으로 가장 옳은 것은? (다툼이 있는 경우 판례에 의함)

① 경찰하명은 불특정 다수에 대하여도 행할 수 있다.
② 경찰하명의 대상은 법률행위뿐만 아니라 사실행위일 수도 있다.
③ 경찰하명은 법률의 형식으로 행해질 수 없다.
④ 상대방에게 일정한 의무를 부과하는 경찰하명은 집행력을 가진다.

2. 다음 중 법규명령의 성질을 가지지 않는 것으로만 연결하면? (다툼이 있는 경우 판례에 의함)

> ㉠ 구 주택건설촉진법 시행령 제10조의3 제1항 [별표 1]의 영업정지처분기준
> ㉡ 구 도로교통법 시행규칙 제53조 제1항이 정한 운전면허행정처분기준
> ㉢ 구 청소년보호법시행령 제40조 [별표6]의 위반행위의 종별에 따른 과징금처분기준
> ㉣ 국세청장이 훈령으로 정한 재산제세조사사무처리규정
> ㉤ 서울특별시가 정한 개인택시운송사업면허지침
> ㉥ 2014년도 건물 및 기타물건 시가표준액 조정기준

① ㉠, ㉣
② ㉡, ㉤
③ ㉢, ㉥
④ ㉤, ㉥

3. 행정입법에 관한 설명으로 가장 적절하지 않은 것은? (다툼이 있는 경우 판례에 의함)

① 법령등을 제정·개정 또는 폐지하려는 경우에는 해당 입법안을 마련한 행정청은 이를 예고하여야 한다.
② 중앙행정기관의 장은 법률에서 위임한 사항이나 법률을 집행하기 위하여 필요한 사항을 규정한 대통령령·총리령·부령·훈령·예규·고시 등이 제정·개정 또는 폐지되었을 때에는 10일 이내에 이를 국회 소관 상임위원회에 제출하여야 한다.
③ 대통령령·총리령·부령·고시 등을 입법예고를 할 때에는 그 입법예고안을 10일 이내에 이를 국회 소관 상임위원회에 제출하여야 한다.
④ 명령·규칙 또는 처분이 헌법이나 법률에 위반되는 여부가 재판의 전제가 된 경우에는 대법원은 이를 최종적으로 심사할 권한을 가진다.

4. 경찰허가에 관한 설명으로 가장 옳은 것은? (다툼이 있는 경우 판례에 의함)

> ㉠ 총포·도검·화약류 등 단속법상의 총포 등 소지허가는 기속행위이다.
> ㉡ 건축허가는 대물적 성질을 갖는 것이어서 행정청으로서는 허가를 할 때에 건축주 또는 토지 소유자가 누구인지 등 인적 요소에 관하여는 형식적 심사만 한다.
> ㉢ 허가에 붙은 기한이 부당하게 짧은 경우에도 허가기간의 연장신청이 없는 상태에서 허가기간이 만료되었더라도 그 후에 허가기간 연장신청을 하였다면 종전 허가의 효력은 상실되지 않는다.
> ㉣ 종전 허가의 유효기간이 지난 후에 한 기간연장 신청은 신규허가를 구하는 것으로 본다.
> ㉤ '허가'는 의무를 해제한다 점에서 '면제'는 같으나 허가는 부작위의무의 해제인 데 반하여 면제는 작위, 급부 및 수인의무의 해제라는 점에서 다르다.

① ㉠, ㉣, ㉤
② ㉡, ㉣, ㉤
③ ㉡, ㉢, ㉣
④ ㉢, ㉣, ㉤

5. 행정심판 재결의 기속력에 관한 설명으로 가장 옳지 않은 것은? (다툼이 있는 경우 판례에 의함)

① 행정심판 인용재결의 기속력은 피청구인과 그 밖의 관계 행정청에 미친다.
② 행정심판의 기각재결이 있은 후에도 원처분청은 원처분을 직권으로 취소 또는 변경할 수 있다.
③ 재결의 기속력은 당해 처분에 관한 재결주문에만 미친다.
④ 당사자의 신청을 받아들이지 않은 거부처분이 재결에서 취소된 경우에 행정청은 재결 후에 발생한 새로운 사유를 내세워 다시 거부처분을 할 수 있다.

6. 경찰비례의 원칙에 관한 설명으로 가장 적절하지 않은 것은? (다툼이 있는 경우 판례에 의함)

① 자동차를 이용하여 범죄행위를 한 경우 범죄의 경중에 상관없이 반드시 운전면허를 취소하도록 한 규정은 비례의 원칙을 위반된다.

② 음주운전으로 인해 운전면허를 취소하는 경우의 이익형량에서 음주운전으로 인한 교통사고를 방지할 공익상의 필요보다 취소로 입게 될 상대방의 불이익이 더욱 강조되어야 한다.

③ 경찰관이 범인을 검거하면서 가스총을 근접 발사하여 가스와 함께 발사된 고무마개가 범인의 눈에 맞아 실명한 경우에는 국가배상책임이 인정된다.

④ 도로교통법 제148조의2 제1항 제1호의 '도로교통법 제44조 제1항을 2회 이상 위반한' 것에 구 도로교통법 제44조 제1항을 위반한 음주운전 전과도 포함된다고 해석하는 것은 비례원칙에 반하지 않는다.

7. 행정행위의 부관에 관한 설명으로 가장 적절하지 않은 것은? (다툼이 있는 경우 판례에 의함)

① 부담을 부가하기 이전에 상대방과 협의하여 부담의 내용을 협약의 형식으로 미리 정한 다음 행정처분을 하면서 이를 부가할 수도 있다.

② 고속국도 관리청이 고속도로 부지와 접도구역에 송유관 매설을 허가하면서 상대방과 체결 한 협약에 따라 송유관 시설을 이전하게 될 경우 그 비용을 상대방에게 부담하도록 한 부관은 부당결부 금지의 원칙에 반하지 않는다.

③ 판례는 부담의 이행으로서 하게 된 사법상 매매 등의 법률행위는 부담을 붙인 행정처분과는 별개의 행정행위로 본다.

④ 토지소유자가 토지형질변경행위허가에 붙은 기부채납의 부관에 따라 토지를 국가나 지방자치단체에 기부채납한 경우, 토지소유자는 원칙적으로 기부채납의 중요부분에 착오가 있음을 이유로 증여계약을 취소할 수 있다.

8. 행정절차에 관한 설명으로 가장 적절하지 않은 것은? (다툼이 있는 경우 판례에 의함)

㉠ 「도로법」제25조 제3항에 의한 도로구역변경고시의 경우는 행정절차법상 사전통지나 의견청취의 대상이 되는 처분에 해당한다.

㉡ 공무원연금관리공단의 퇴직연금의 환수결정에 앞서 당사자에게 의견진술의 기회를 주지 아니하여도 「행정절차법」이나 신의칙에 어긋나지 아니한다.

㉢ 행정청과 당사자 사이에 협약의 체결로 청문의 실시 등 의견청취절차를 배제한 경우 청문의 실시에 관한 규정의 적용이 배제된다.

㉣ 묘지공원과 화장장의 후보지를 선정하는 과정에서 추모공원건립추진협의회가 후보지 주민들의 의견을 청취하기 위하여 그 명의로 개최한 공청회는 「행정절차법」에서 정한 절차를 준수하여야 한다.

㉤ 고시 등 불특정 다수인을 상대로 의무를 부과하거나 권익을 제한하는 처분에 있어서는 그 상대방에게 의견제출의 기회를 주어야 하는 것은 아니다.

㉥ 건축법상의 공사중지명령에 대한 사전통지를 하고 의견제출의 기회를 준다면 많은 액수의 손실보상금을 기대하여 공사를 강행할 우려가 있다는 사정은 사전통지 및 의견제출절차의 예외사유에 해당하지 아니한다.

① ㉠, ㉣, ㉤ ② ㉠, ㉢, ㉣

③ ㉡, ㉤, ㉥ ④ ㉢, ㉤, ㉥

9. 다음 중 행정소송에서의 '소의 이익'이 인정되는 경우로만 묶인 것은? (다툼이 있는 경우 판례에 의함)

> ㉠ 행정청이 공무원에 대하여 직위해제처분을 한 후 다시 새로운 직위해제사유에 기한 직위해제처분을 한 경우
>
> ㉡ 제재적 행정처분이 그 처분에서 정한 제재기간의 경과로 인하여 그 효과가 소멸되었으나, 부령인 시행규칙으로 가중적 제재처분의 기준요건을 정하고 있는 경우
>
> ㉢ 국가자격시험 불합격처분에 대한 취소소송 중 당해 국가시험에 합격한 경우
>
> ㉣ 현역병입영 대상자로 병역처분을 받은 자가 그 취소소송 중 모병에 응하여 현역병으로 자진 입대한 경우
>
> ㉤ 원자로 시설부지 인근 주민들이 방사성물질 등에 의한 생명·신체의 안전침해를 이유로 부지사전승인처분의 취소를 구하는 경우
>
> ㉥ 환경영향평가대상지역 내에 사는 주민이 당해 환경영향평가대상사업 허가처분의 취소를 구하는 경우

① ㉠, ㉣, ㉤　　　② ㉡, ㉤, ㉥
③ ㉢, ㉣, ㉤　　　④ ㉢, ㉤, ㉥

10. 과태료에 관한 설명으로 가장 적절하지 않은 것은? (다툼이 있는 경우 판례에 의함)

① 신분에 의하여 과태료를 감경 또는 가중하거나 과태료를 부과하지 아니하는 때에는 그 신분의 효과는 신분이 없는 자에게는 미치지 아니한다.

② 행정청은 당사자가 납부기한까지 과태료를 납부하지 아니한 때에는 납부기한을 경과한 날부터 체납된 과태료에 대하여 100분의 3에 상당하는 가산금을 징수한다.

③ 행정청의 과태료 부과처분을 받은 자가 과태료 부과처분에 대해 이의를 제기하면 그 부과처분은 효력을 상실한다.

④ 질서위반행위규제법에 따라 행정청이 부과한 과태료처분은 행정처분에 해당한다.

1. 행정입법에 관한 설명으로 가장 적절하지 않은 것은? (다툼이 있는 경우 판례에 의함)

① 조례가 주민의 권리제한 또는 의무부과에 관한 사항이나 벌칙을 정할 때에는 법률의 위임이 있어야 한다.

② 대통령령은 법제처 심사와 국무회의 심의를 거치는 반면, 총리령과 부령은 법제처 심사로써 제정된다.

③ 보건복지부 고시인 약제급여·비급여목록 및 급여상한 금액표는 항고소송의 대상인 처분으로 인정된다.

④ 공무원이 대외적 구속력이 없는 행정규칙에 위반하였다고 하여 징계책임이 부과되는 것은 아니다.

2. 행정심판에 관한 설명으로 가장 적절한 것은? (다툼이 있는 경우 판례에 의함)

① 당사자의 신청을 거부하는 처분을 취소하는 재결이 있는 경우에는 행정청은 그 재결의 취지에 따라 이전의 신청에 대한 처분을 하여야 한다.

② 거부처분의 이행을 명하는 재결이 있는 경우 행정청은 지체 없이 그 재결의 취지에 따라 다시 이전의 신청에 대한 처분을 하여야 한다.

③ 피청구인이 당사자의 신청을 거부하는 처분을 취소하는 재결에도 불구하고 처분을 하지 않는 경우에는 행정심판위원회가 직접 처분을 할 수 있다.

④ 행정심판위원회는 처분의 이행을 명하는 재결에도 불구하고 처분을 하지 아니하는 피청구인에게 손해배상을 할 것을 명할 수 있다.

3. 행정행위의 하자에 관한 설명으로 가장 적절한 것은? (다툼이 있는 경우 판례에 의함)

① 조세에 관한 소멸시효가 완성된 후에 부과된 조세부과처분은 위법한 처분이지만 당연무효라고 볼 수는 없다.

② 행정행위가 있은 후 그 근거가 된 법률이 헌법재판소에 의해 위헌으로 결정된 경우, 당해 행정행위의 하자는 무효사유이다.

③ 이미 위헌결정된 법률에 근거한 처분은 중대한 하자이기는 하나 명백한 하자는 아니므로 당연무효는 아니다.

④ 행정처분이 있은 후에 그 처분의 근거가 된 법률이 위헌으로 결정된 경우 그 처분의 집행이나 집행력을 유지하기 위한 행위는 위헌결정의 기속력에 위반되어 허용되지 않는다.

4. 다음 중 청문에 대한 설명으로 가장 적절한 것은? (다툼이 있는 경우 판례에 의함)

㉠ 행정청은 직권으로 또는 당사자의 신청에 따라 여러 개의 사안을 병합하거나 분리하여 청문을 할 수 있다.

㉡ 청문 주재자에게 공정한 청문 진행을 할 수 없는 사정이 있는 경우 당사자 등은 행정청에 회피신청을 할 수 있다.

㉢ 청문은 당사자가 공개를 신청하거나 청문주재자가 필요하다고 인정하는 경우 공개할 수 있다.

㉣ 청문주재자는 신청 또는 직권에 의하여 필요한 조사를 할 수 있으나, 당사자 등이 주장하지 아니한 사실에 대하여는 조사할 수 없다.

㉤ 청문 주재자는 당사자등의 전부 또는 일부가 정당한 사유없이 청문기일에 출석하지 아니하거나 의견서를 제출하지 아니한 경우에는 이들에게 다시 의견진술 및 증거제출의 기회를 주지 아니하고 청문을 마칠 수 있다.

① ㉠, ㉢, ㉤   ② ㉡, ㉣, ㉤

③ ㉡, ㉢, ㉤   ④ ㉢, ㉣, ㉤

5. 운전면허의 취소에 관한 설명으로 가장 적절하지 않은 것은? (다툼이 있는 경우 판례에 의함)

① 제1종 보통면허로 운전할 수 있는 차량을 음주운전한 경우에는 제1종 대형면허와 원동기장치자전거면허까지 함께 취소할 수 있다.

② 제1종 보통, 대형 및 특수면허를 가지고 있는 자가 레이카크레인을 음주음전하여 적발된 경우 특수면허 외에 제1종 보통면허 및 대형면허까지 취소할 수 있다.

③ 이륜자동차로서 제2종 소형면허를 가진 사람만이 운전할 수 있는 오토바이를 음주운전한 사유만 가지고서는 제1종 대형면허나 보통면허의 취소나 정지를 할 수 없다.

④ 12인승 승합자동차를 주취운전한 자에 대하여 운전면허를 취소하는 경우, 제1종 보통면허와 대형면허를 취소할 수는 있지만 특수면허를 취소할 수는 없다.

6. 행정소송에 관한 설명으로 가장 적절하지 않은 것은? (다툼이 있는 경우 판례에 의함)

> ㉠ 지방자치단체가 건축물 소재지 관할 허가권자인 지방자치단체의 장을 상대로 건축협의 취소의 취소를 구하는 사안에서의 지방자치단체는 행정소송의 원고적격을 가진다.
>
> ㉡ 자연물인 도룡뇽 또는 그를 포함한 자연 그 자체로서는 소송을 수행할 당사자능력을 인정할 수 없다.
>
> ㉢ 중국 국적자인 외국인이 사증발급 거부처분의 취소를 구하는 경우 항고소송의 원고적격이 인정된다.
>
> ㉣ 국가가 국토이용계획과 관련한 기관위임사무의 처리에 관하여 지방자치단체의 장을 상대로 취소소송을 제기할 수 있다.
>
> ㉤ 피해자의 의사와 무관하게 주민등록번호가 유출된 경우, 조리상 주민등록번호의 변경을 요구할 신청권을 인정함이 타당하다.
>
> ㉥ 국립대 교수임용처분취소소송에서 그 학과의 학생은 원고적격이 인정되지 않는다.

① ㉠, ㉥   ② ㉡, ㉤
③ ㉢, ㉣   ④ ㉤, ㉥

7. 경찰작용의 의무이행확보수단에 관한 설명으로 가장 적절하지 않은 것은? (다툼이 있는 경우 판례에 의함)

> ㉠ 가산금은 납세자가 법에 규정된 신고, 납세 등의 의무를 위반한 경우에 부과되는 행정상의 제재로서 납세자의 고의, 과실은 고려되지 않는 것이고, 그 의무해태를 탓할 수 없는 정당한 사유가 있는 경우 이를 부과할 수 없다.
>
> ㉡ 한국자산관리공사의 공매처분에 대하여 항고소송을 제기할 경우 피고적격이 있는 자는 '한국자산관리공사'이다.
>
> ㉢ 재범의 위험성이 현저한 자를 상대로 긴급히 보호할 필요가 있는 경우에 단기간의 동행보호를 허용한 구 「사회안전법」상 동행보호규정은 사전영장주의를 규정한 헌법규정에 반한다.
>
> ㉣ 손실발생의 원인에 대하여 책임이 없는 자가 경찰관의 적법한 보호조치에 자발적으로 협조하여 재산상의 손실을 입은 경우, 국가는 손실을 입은 자에 대하여 정당한 보상을 하여야 한다.
>
> ㉤ 건축법상 시정명령을 받은 의무자가 이행강제금이 부과되기 전에 그 의무를 이행한 경우에는 비록 시정명령에서 정한 기간을 지나서 이행한 경우라도 이행강제금을 부과할 수 없다.
>
> ㉥ 「수도법」상의 단수처분은 즉시강제에 해당한다.

① ㉠, ㉣, ㉤   ② ㉠, ㉢, ㉥
③ ㉡, ㉣, ㉤   ④ ㉢, ㉤, ㉥

8. 행정절차에 관한 설명으로 가장 적절하지 않은 것은? (다툼이 있는 경우 판례에 의함)

① 행정청에 처분을 구하는 신청은 문서로 하는 것이 원칙이다.

② 행정청은 처분에 오기, 오산이 있을 때에는 직권으로 또는 신청에 따라 정정하고 그 사실을 당사자에게 통지하여야 한다.

③ 행정청은 필요한 처분기준을 당해 처분의 성질에 비추어 될 수 있는 한 구체적으로 정하여 공표하여야 하지만 처분기준을 공표하는 것이 당

해 처분의 성질상 현저히 곤란하거나 공공의 안전 또는 복리를 현저히 해하는 때에는 공표하지 아니할 수 있다.

④ 당사자등은 처분 전에 그 처분의 관할 행정청에 서면 또는 정보통신망을 이용하여 의견제출을 할 수 있으나, 말로는 할 수 없다.

9. 과태료에 관한 설명으로 가장 적절한 것은? (다툼이 있는 경우 판례에 의함)

> ㉠ 과태료 재판은 검사의 명령으로써 집행하며, 이 경우 그 명령은 집행력 있는 집행권원과 동일한 효력이 있다.
> ㉡ 임시운행허가기간을 벗어난 무등록차량을 운행한 자는 과태료와 별도로 형사처벌의 대상이 된다.
> ㉢ 과태료 사건은 다른 법령에 특별한 규정이 있는 경우를 제외하고는 과태료를 부과한 행정청의 소재지의 지방법원 또는 그 지원의 관할로 한다
> ㉣ 과태료의 고액·상습체납자는 검사의 청구에 따라 법원의 결정으로써 30일의 범위 내에서 납부가 있을 때까지 감치될 수 있다.
> ㉤ 당사자와 검사가 과태료 재판에 대하여 즉시항고를 할 수 있으나, 이 경우의 항고는 집행정지의 효력이 없다.

① ㉠, ㉡, ㉣
② ㉠, ㉡, ㉤
③ ㉢, ㉣, ㉤
④ ㉡, ㉣, ㉤

10. 부관에 관한 설명으로 가장 적절하지 않은 것은? (다툼이 있는 경우 판례에 의함)

① 행정청은 수익적 행정처분으로서 재량행위인 주택재건축 사업시행 인가에 대하여 법령상의 제한에 근거한 것이 아니라 하더라도 공익상 필요 등에 의하여 필요한 범위 내에서 조건(부담)을 부과할 수 있다.

② 기선선망어업의 허가를 하면서 운반선, 등선 등 부속선을 사용할 수 없도록 제한한 부관은 그 어업허가의 목적 달성을 사실상 어렵게 하여 그 본질적 효력을 해하는 것이다.

③ 공유재산의 관리청이 기부채납된 행정재산에 대하여 행하는 사용·수익 허가의 경우, 부관인 사용·수익 허가의 기간에 위법사유가 있더라도 허가 전부가 위법하게 되는 것은 아니다.

④ 행정처분과 부관 사이에 실제적 관련성이 있다고 볼 수 없는 경우 공무원이 이와 같은 공법상의 제한을 회피할 목적으로 행정처분의 상대방과 사이에 사법상 계약을 체결하는 형식을 취하는 것은 법치행정의 원리에 반하는 것으로서 위법하다.

1. 사전통지 및 의견청취에 관한 설명으로 가장 적절한 것은? (다툼이 있는 경우 판례에 의함)

⊙ 행정청은 법령상 청문실시의 사유가 있는 경우에는 당사자가 의견진술의 기회를 포기한다는 뜻을 명백히 표시한 경우에도 의견청취를 하여야 한다.
ⓛ 사전통지의 예외에 해당하여 사전통지를 하지 아니하였던 경우, 행정청은 처분을 할 때에 당자자 등에게 사전통지를 하지 아니한 사유를 알려야 한다.
ⓒ 행정청은 처분 후 1년 이내에 당사자 등이 요청하는 경우에는 의견제출을 위하여 제출받은 서류나 그 밖의 물건을 반환하여야 한다.
ⓔ 의견제출의 경우에는 처분의 사전 통지가 있는 날부터 의견제출기한까지 행정청에 해당 사안의 조사결과에 관한 문서와 그 밖에 해당 처분과 관련되는 문서의 열람 또는 복사를 요청할 수 없다.
ⓜ 행정청은 처분을 할 때에 당사자 등이 제출한 의견이 상당한 이유가 있다고 인정하는 경우에는 이를 반영하여야 한다.

① ㉠, ㉢, ㉣   ② ㉠, ㉣, ㉤
③ ㉡, ㉢, ㉤   ④ ㉢, ㉤, ㉥

2. 행정심판위원회에 관한 설명으로 가장 적절하지 않은 것은? (다툼이 있는 경우 판례에 의함)

① 중앙행정심판위원회는 위원장 1명을 포함하여 70명 이내의 위원으로 구성한다.
② 행정심판에 있어서 사건의 심리·의결에 관한 사무에 관여하는 직원에게도 행정심판법 제10조의 위원의 제척·기피·회피가 적용된다.
③ A도 지방경찰청장이 음주운전으로 적발된 甲에게 도로교통법에 의거 운전면허 취소처분을 한 경우, 甲이 행정심판을 청구하면 경찰청 소속으로 두는 행정심판위원회가 심리·재결한다.
④ 청구인이 경제적 능력으로 인해 대리인을 선임할 수 없는 경우에는 행정심판위원회에 국선대리인을 선임하여 줄 것을 신청할 수 있다.

3. 경찰특허에 관한 설명으로 가장 적절한 것은? (다툼이 있는 경우 판례에 의함)

① 경찰특허는 출원을 효력발생요건으로 하는 것이 원칙이다.
② 법규에 의한 경찰특허에는 출원이 요구되지 않는다.
③ 경찰특허는 인하여 설정되는 권리는 사권인 경우도 존재한다.
④ 경찰특허는 불특정 다수를 상대로도 행해질 수도 있다.

4. 행정조사에 관한 설명으로 가장 적절한 것은? (다툼이 있는 경우 판례에 의함)

⊙ 행정조사는 법령 등에 따라 정기적으로 실시함을 원칙으로 하나 법령 등의 위반에 대한 신고를 받거나 민원이 접수된 경우에는 수시조사를 할 수 있다.
ⓛ 행정기관 내의 2 이상의 부서가 동일하거나 유사한 업무분야에 대하여 동일한 조사대상자에게 행정조사를 실시하는 경우 행정기관의 장은 공동조사를 실시할 수 있다.
ⓒ 조사대상자가 조사에 응할 것인지에 대한 응답을 하지 아니하는 경우에는 법령 등에 특별한 규정이 없는 한 그 조사에 동의한 것으로 본다.
ⓔ 조사대상자에 의한 조사원 교체신청은 그 이유를 명시한 서면으로 행정기관의 장에게 하여야 한다.
ⓜ 위법한 세무조사를 통하여 수집된 과세자료에 기초하여 이루어진 과세처분은 위법하다.

① ㉠, ㉡, ㉣   ② ㉠, ㉣, ㉤
③ ㉡, ㉣, ㉤   ④ ㉢, ㉤, ㉥

5. 국가배상에 관한 설명으로 가장 적절한 것은? (다툼이 있는 경우 판례에 의함)

⊙ 특별한 사정이 없는 한 일반적으로 공무원이 관계 법규를 알지 못하거나 필요한 지식을 갖추지 못하고 법규의 해석을 그르쳐 행정처분을 하였다면 그가 법률전문가가 아닌 행정직 공무원이라도 과실이 있다.

ⓒ 청구기간 내에 제기된 헌법소원을 헌법재판소 재판관이 청구기간 오인으로 각하한 경우 법원은 국가배상책임을 인정할 수 있다.

ⓒ 행정처분의 담당공무원이 일반의 공무원을 표준으로 하여 볼 때 주관적 주의의무를 결하여 그 행정처분이 주관적 정당성을 상실하였다고 인정될 정도에 이른 경우에는 국가배상책임이 인정된다.

ⓔ 어느 행정처분을 할 것인가에 관하여 행정청 내부에 일응의 기준을 정해 둔 경우에 공무원이 그 기준에 따른 행정처분을 하였다면 그에게 직무상의 과실이 있다고 할 수 있다.

ⓜ 경찰관이 교통법규 등을 위반하고 도주하는 차량을 순찰차로 추적하는 직무를 집행하는 중에 그 도주차량의 주행에 의하여 제3자가 손해를 입었다고 하더라도 그 추적이 당해 직무 목적을 수행하는 데에 불필요하다거나 추적의 개시·계속 혹은 추적의 방법이 상당하지 않다는 등의 특별한 사정이 없는 한 그 추적행위를 위법하다고 할 수는 없다.

① ⊙, ⓒ, ⓔ   ② ⊙, ⓒ, ⓜ
③ ⓒ, ⓔ, ⓜ   ④ ⓒ, ⓔ, ⓜ

6. 정보공개에 관한 설명으로 가장 틀린 것은? (다툼이 있는 경우 판례에 의함)

① 정보공개를 요구받은 공공기관이 공개를 거부하는 경우, 비공개사유에 해당하는지를 주장·입증하지 아니한 채 개괄적인 사유만을 들어 공개를 거부할 수 없다.

② 정보공개가 신청된 정보를 공공기관이 보유·관리하고 있지 아니한 경우에는 특별한 사정이 없는 한 정보공개거부처분의 취소를 구할 법률상의 이익이 없다.

③ 공공기관은 제3자의 비공개요청에도 불구하고 공개결정을 하는 때에는 공개결정일과 공개실시일의 사이에 최소한 20일의 간격을 두어야 한다.

④ 정보공개에 관한 정책 수립 및 제도개선 에 관한 사항을 심의·조정하기 위하여 국무총리 소속으로 정보공개위원회를 둔다.

7. 개인정보보호에 관한 설명으로 가장 적절한 것은? (다툼이 있는 경우 판례에 의함)

① 행정안전부장관은 개인정보의 처리에 관한 기준, 개인정보 침해의 유형 및 예방조치 등에 관한 표준 개인정보 보호지침을 정하여 개인정보처리자에게 그 준수를 권장할 수 있다.

② 개인정보처리자는 만 14세 미만 아동의 개인정보처리를 위한 법정대리인의 동의를 받기 위하여 필요한 최소한의 정보는 법정대리인의 동의가 없이는 해당 아동으로부터 직접 수집할 수 없다.

③ 불특정 다수가 이용하는 목욕실, 화장실, 발한실(發汗室), 탈의실 등에의 영상정보처리기기설치는 대통령령으로 정하는 바에 따라 안내판 설치 등 필요한 조치를 취하는 경우에만 허용된다.

④ 개인정보보호법에 따르면, 개인정보처리자의 고의 또는 중대한 과실로 인하여 개인정보가 분실·도난·유출·위조·변조 또는 훼손된 경우로서 정보주체에게 손해가 발생한 때에는 법원은 그 손해액의 3배를 넘지 아니하는 범위에서 손해배상액을 정할 수 있다.

8. 행정입법에 관한 설명으로 가장 적절한 것은? (다툼이 있는 경우 판례에 의함)

⊙ 법령의 규정이 특정 행정기관에게 법령 내용의 구체적 사항을 정할 수 있는 권한을 부여하면서 권한 행사의 절차나 방법을 특정하지 아니한 경우에도, 수임 행정기관은 행정규칙이나 규정형식으로 법령 내용이 될 사항을 구체적으로 정할 수는 없다.

⊙ 집행명령의 경우 근거법령인 상위법령이 개정되었다 하더라도 개정법령과 성질상 모순·저촉되지 아니하고 개정법령의 시행에 필요한 사항을 규정하고 있는 이상 그 집행명령은 개정법령의 시행을 위한 새로운 집행명령이 제정·발효될 때까지 여전히 그 효력을 유지한다.

⊙ 국립대학의 '대학입학고사 주요요강'은 항고소송의 대상인 처분에 해당한다.

⊙ 국민권익위원회는 법률·대통령령·총리령·부령 및 그 위임에 따른 훈령·예규·고시·공고와 조례·규칙의 부패유발요인을 분석·검토하여 그 법령 등의 소관 기관의 장에게 그 개선을 위하여 필요한 사항을 권고할 수 있다.

⊙ 행정소송에 대한 대법원판결에 의하여 명령·규칙이 헌법 또는 법률에 위반된다는 것이 확정된 경우에는 대법원은 지체 없이 그 사유를 행정안전부장관에게 통보하여야 한다.

① ⊙, ⊙, ⊙ 　② ⊙, ⊙, ⊙
③ ⊙, ⊙, ⊙ 　④ ⊙, ⊙, ⊙

9. 행정소송에 관한 설명으로 가장 적절하지 않은 것은? (다툼이 있는 경우 판례에 의함)

① 경찰청장을 피고로 하여 취소소송을 제기하는 경우, 서울행정법원이 제1심 관할법원으로 될 수 있다.

② 집행정지의 요건인 공공복리는 그 처분의 집행과 관련된 구체적이고도 개별적인 공익을 말한다.

③ 처분사유의 사후변경은 사실심 변론종결시까지만 허용된다.

④ 취소소송에는 처분 등의 일부 취소 및 적극적 변경을 구하는 소송이 포함된다.

10. 행정소송에 관한 설명으로 가장 적절하지 않은 것은? (다툼이 있는 경우 판례에 의함)

⊙ 처분이 있음을 알고 90일이 경과하였더라도 처분이 있은지 1년이 경과하지 않은 경우에는 취소소송을 제기할 수 있다.

⊙ 경찰서장의 운전면허취소처분에 대한 취소소송의 제1심 관할법원은 원칙적으로 당해 경찰서의 소재지를 관할하는 행정법원이 된다.

⊙ 무효확인소송의 제기요건으로 보충성이 요구되는 것은 아니므로 이행소송 등과 같은 직접적인 구제수단이 있는지 여부를 따질 필요가 없다.

⊙ 처분사유의 추가·변경은 당초 처분의 근거로 삼은 사유와 기본적 사실관계의 동일성이 인정되는 범위 내에서 허용된다.

⊙ 당사자소송에 대하여는 행정소송법의 집행정지에 관한 규정이 준용되지 아니하므로, 민사집행법상 가처분에 관한 규정도 준용되지 아니한다.

① ⊙, ⊙ 　② ⊙, ⊙
③ ⊙, ⊙ 　④ ⊙, ⊙

1. 다음 중 비공개대상정보에 해당하는 것으로만 연결하면? (다툼이 있는 경우 판례에 의함)

> ㉠ 국가정보원이 그 직원에게 지급하는 현금급여 및 월초수당에 관한 정보
> ㉡ 학교폭력대책자치위원회 회의록
> ㉢ 교도관이 직무 중 발생한 사유에 관하여 작성한 근무보고서
> ㉣ 교육공무원에 대한 근무성적평정의 결과
> ㉤ 검찰보존사무규칙상의 정보의 열람·등사의 제한

① ㉠, ㉡ 　　　　　② ㉡, ㉤
③ ㉢, ㉣ 　　　　　④ ㉣, ㉤

2. 개인정보보호법상 정보주체가 자신의 개인정보 처리와 관하여 가지는 권리에 해당하지 않는 것은?

① 개인정보처리자가 처리하는 자신의 개인정보에 대한 열람을 요구할 권리
② 자신의 개인정보를 열람한 후 개인정보처리자에게 그 개인정보의 정정 또는 삭제를 요구할 권리
③ 개인정보처리자의 가명정보 처리에 동의할 권리
④ 개인정보처리자에 대하여 자신의 개인정보 처리의 정지를 요구할 권리

3. 국가배상에 관한 설명으로 가장 적절한 것은? (다툼이 있는 경우 판례에 의함)

① '공공의 영조물'에는 철도시설물인 대합실과 승강장 및 도로상에 설치된 보행자 신호기와 차량 신호기도 포함된다.
② 국가가 소유권, 임차권 등의 권한에 기하여 관리하고 있는 경우뿐만 아니라 사실상의 관리를 하고 있는 경우도 영조물로 볼 수 있다.
③ 사실상 군민(郡民)의 통행에 제공되고 있던 도로였다면 군(郡)에 의하여 노선인정 기타 공용개시가 없었다 하더라도 이 도로를 '공공의 영조물'이라 할 수 있다.

④ 영조물의 설치·관리에 있어서 항상 완전무결한 상태를 유지할 정도의 고도의 안전성을 갖추지 아니하였다고 하여 영조물의 설치 또는 관리에 하자가 있다고 단정할 수 없다.

4. 취소판결의 기속력에 관한 설명으로 가장 적절하지 않은 것으로만 연결하면? (다툼이 있는 경우 판례에 의함)

> ㉠ 처분을 취소하는 확정판결은 당사자인 행정청과 그 밖의 관계행정청을 기속한다.
> ㉡ 기속력은 판결의 주문에만 미치고, 판결이유에 설시된 개개의 위법사유에는 미치지 않는다.
> ㉢ 기속력은 인용판결과 기각판결에서 모두 인정된다.
> ㉣ 거부처분취소판결이 확정되면 그 처분을 행한 행정청은 판결의 취지에 따라 다시 이전의 신청에 대한 처분을 하여야 한다.
> ㉤ 취소판결이 확정된 후 기속력에 반하여 행한 처분은 그 하자가 중대·명백하여 당연무효이다.

① ㉠, ㉤ 　　　　　② ㉡, ㉢
③ ㉡, ㉣ 　　　　　④ ㉣, ㉤

5. 다음 중 행정처분에 해당하는 것은 몇 개인가? (다툼이 있는 경우 판례에 의함)

> ㉠ '진실·화해를 위한 과거사정리위원회의 진실규명 결정'
> ㉡ 강원도지사의 혁신도시 최종입지선정행위
> ㉢ 공정거래위원회의 표준약관 사용권장행위
> ㉣ 건축계획심의신청에 대한 반려처분
> ㉤ 교육장관이 시·도교육감에 통보한 대학입시기본계획 내의 내신성적산정지침
> ㉥ 국립교육대학 학생에 대한 퇴학처분
> ㉦ 구 「원자력법」상 원자로시설 부지사전승인처분

① 4개　　② 5개　　③ 6개　　④ 7개

6. 취소판결의 효력에 관한 설명으로 가장 적절한 것은? (다툼이 있는 경우 판례에 의함)

① 처분 등을 취소하는 확정판결은 당사자 이외의 제3자에게는 효력이 없다.

② 행정처분의 취소판결이 확정되면 처분청은 당해 처분을 직권으로 취소하여야 한다.

③ 기판력은 판결의 주문 이외에 판결 이유에 설시된 그 전제가 되는 법률관계의 존부에까지 미친다.

④ 과세처분취소소송에서 청구가 기각된 확정판결의 기판력은 그 과세처분의 무효확인을 구하는 소송에 미친다.

7. 행정기본법상 이의신청에 관한 규정이 적용되지 않는 경우에 해당하는 것 몇 개인가? (다툼이 있는 경우 판례에 의함)

㉠ 공무원 인사 관계 법령에 따른 징계 등 처분에 관한 사항

㉡ 노동위원회의 의결을 거쳐 행하는 사항

㉢ 형사, 행형 및 보안처분 관계 법령에 따라 행하는 사항

㉣ 외국인의 출입국·난민인정·귀화·국적회복에 관한 사항

㉤ 민원 처리에 관한 법률에 따른 법정민원의 거부처분에 관한 사항

① 1개   ② 2개   ③ 3개   ④ 4개

8. 개인적 공권에 관한 설명으로 가장 적절하지 않은 것은? (다툼이 있는 경우 판례에 의함)

① 제3자와 소권(訴權)의 포기에 관한 계약을 체결하더라도 그 계약은 무효이다.

② 국가유공자로 보호받을 권리는 일신전속적 권리이므로 상속의 대상이 되지 않는다.

③ 개인적 공권은 재량적 법규범에서는 성립되지 않는다.

④ 개인적 공권은 처분의 직접적 근거법규는 물론 관련법규에 의해서도 성립될 수 있다.

9. 사정판결에 관한 설명에 대하여 옳고 그름의 표시(O, X)가 모두 바르게 조합된 것은? (다툼이 있는 경우 판례에 의함)

㉠ 사정판결은 처분이 적법한 경우에도 할 수 있다.

㉡ 법원의 직권에 의한 사정판결은 불가능하다.

㉢ 무효확인소송에는 사정판결이 인정된다.

㉣ 사정판결을 할 사정에 관한 주장·입증책임은 피고 행정청에게 있다.

㉤ 사정판결을 하는 법원은 미리 원고가 그로 인하여 입게 될 손해의 정도와 배상방법 그 밖의 사정을 조사하여야 한다.

㉥ 사정판결을 할 경우 법원은 판결의 주문에서 처분 등이 위법함을 명시하여야 한다.

① ㉠(O) ㉡(X) ㉢(X) ㉣(O) ㉤(O) ㉥(O)

② ㉠(X) ㉡(O) ㉢(O) ㉣(X) ㉤(X) ㉥(O)

③ ㉠(X) ㉡(X) ㉢(X) ㉣(O) ㉤(O) ㉥(O)

④ ㉠(X) ㉡(X) ㉢(X) ㉣(O) ㉤(X) ㉥(X)

10. 다음 설명 중 가장 적절하지 않은 것은? (다툼이 있는 경우 판례에 의함)

① 행정청이 직권취소를 할 수 있다는 사정만으로 이해관계인인 제3자에게 행정청에 대한 직권취소청구권이 부여된 것으로 볼 수 없다.

② 과세관청은 과세처분의 취소를 다시 취소함으로써 이미 효력을 상실한 원부과처분을 소생시킬 수 없다.

③ 인·허가의제는 관계기관의 권한행사에 제약을 가할 수 있으므로 법령상 명문의 근거규정을 필요로 한다.

④ 채광계획인가로 공유수면점용허가가 의제되는 경우 공유수면관리청이 재량적 판단에 의하여 불허가를 결정하였더라도 채광계획 인가관청은 채광계획인가를 할 수 있다.

1. 다음 중 공법관계에 해당하는 것은 몇 개인가?
(다툼이 있는 경우 판례에 의함)

> ㉠ 국유재산법상 국유재산의 무단점유자에 대한 변상금 부과처분 관계
> ㉡ 서울특별시지하철공사 및 한국조폐공사임직원의 근무관계
> ㉢ 종합유선방송위원회 직원의 근무관계
> ㉣ 구 예산회계법에 의한 입찰보증금의 국고귀속조치
> ㉤ 환매권의 행사
> ㉥ 공익사업을 위한 토지 등의 취득 및 보상에 관한 법률에 의한 보상합의 또는 협의취득
> ㉦ 국가나 지방자치단체가 당사자가 되는 공공계약(조달계약)

① 1개　　② 2개　　③ 3개　　④ 4개

2. 甲은 乙로부터 유흥주점사업을 양도받고자 乙과 양도·양수계약을 체결하고, 영업자지위승계신고를 식품위생법 규정에 따라 관할 행정청 A에게 하였다. 이에 대한 다음의 설명 중 가장 옳지 <u>않</u>은 것은? (다툼이 있는 경우 판례에 의함)

① 甲의 신고가 적법한 경우에도 A가 수리를 거부하였다면 乙의 신고는 효력을 발생하지 않는다.

② 甲과 乙의 영업양도계약이 무효라면 위 A가 신고를 수리하였더라도, 신고수리처분은 무효이다.

③ A가 신고를 수리한 경우, 그 수리행위는 영업허가자의 변경이라는 법률효과를 발생시키는 행위로서 행정처분에 해당한다.

④ A가 신고를 수리하기에 앞서 乙에 대하여 「행정절차법」상의 사전통지 등의 절차를 거칠 필요는 없다.

3. 원고적격에 관한 설명으로 가장 적절한 것은?
(다툼이 있는 경우 판례에 의함)

① 환경영향평가 대상지역 밖의 주민들은 공유수면매립면허처분으로 인하여 그 처분 전과 비교하여 수인한도를 넘는 환경피해를 받거나 받을 우려가 있다는 점을 입증할 경우 법률상 보호되는 이익이 인정된다.

② 경찰허가를 받은 경업자에게는 원고적격이 인정되나, 특허사업의 경업자는 특별한 사정이 없는 한 원고적격이 부인된다.

③ 甲과 乙은 관할 행정청 A에게 동일지역을 대상으로 하는 도로점용허가를 신청하였으나, A가 乙에게 허가처분을 한 경우에, 甲에게는 乙에 대한 허가처분 취소소송을 제기할 원고적격이 인정된다.

④ 주유소 운영사업자 선정을 신청한 사업자A와 사업자B 중에서, 사업자B에 대하여 선정처분이 내려진 경우, 불선정된 사업자A는 사업자B에 대한 선정처분의 취소를 구하지 않고 자신에 대한 불선정처분의 취소를 구할 소의 이익이 있다.

4. 행정소송의 피고적격에 관한 설명으로 가장 적절하지 <u>않은</u> 것은? (다툼이 있는 경우 판례에 의함)

> ㉠ 공무수탁사인이 자신의 이름으로 처분을 한 경우에는 공무수탁사인이 피고가 된다.
> ㉡ 경찰공무원 징계처분취소소송에서는 경찰청장이 피고가 된다.
> ㉢ 국회의장이 행한 처분에 대한 취소소송의 피고는 국회의장이 된다.
> ㉣ 중앙노동위원회의 처분에 대한 소송의 피고는 중앙노동위원회이다.
> ㉤ 지방의회 의장의 불신임의결과 지방의회 의원의 징계에 대한 취소소송에서의 피고는 지방의회가 된다.
> ㉥ 처분적 조례에 대한 무효등확인소송에서는 지방의회를 피고로 한다.
> ㉦ 행정안전부장관으로부터 권한을 위임을 받아 경찰국장이 행한 행위에 대한 항고소송에서는 경찰국장이 피고가 된다.

① ㉠, ㉡, ㉣　　　　② ㉡, ㉢, ㉤
③ ㉢, ㉣, ㉥　　　　④ ㉣, ㉤, ㉦

5. 원고적격에 관한 설명으로 가장 적절하지 <u>않은</u> 것은? (다툼이 있는 경우 판례에 의함)

> ㉠ 기존 노선버스사업자는 자신의 노선과 중복되는 신규 노선버스운송사업 인가처분의 취소를 청구할 원고적격이 있다.
> ㉡ 석탄가공업 신규허가에 대한 기존 허가업자의 취소청구에서, 기존 허가업자의 원고적격은 인정되지 않는다.
> ㉢ 상수원보호구역의 변경처분에 대하여 그 상수원으로부터 급수를 받는 인근주민의 원고적격은 부인된다.
> ㉣ 신규 목욕장 영업허가를 다투는 기존 목욕장업자는 처분의 취소를 구할 원고적격이 인정된다.
> ㉤ 구 도시계획법상 주거지역에 설치할 수 없는 연탄공장건축허가처분에 대한 지역주민의 원고적격은 부인된다.

① ㉠, ㉤   ② ㉡, ㉢
③ ㉡, ㉣   ④ ㉣, ㉤

6. 행정쟁송에 관한 설명으로 가장 적절하지 <u>않은</u> 것은? (다툼이 있는 경우 판례에 의함)

① 행정심판위원회는 공공복리에 적합하지 아니하거나 해당 처분의 성질에 반하는 경우가 아니라면 당사자의 권리 및 권한의 범위에서 당사자의 동의를 받아 조정을 할 수 있다.
② 원처분에 대한 형성적 취소재결이 확정된 후 처분청이 다시 원처분을 취소한 경우 그 취소재결이 항고소송의 대상이 된다.
③ 피청구인을 잘못 지정하여 행정심판청구를 한 경우, 행정심판위원회는 당사자의 신청 또는 직권에 의한 결정으로 피청구인을 경정할 수 있다.
④ 행정심판을 거쳐야 하는 경우에는 재결이 있은 날로부터 90일 이내에 소송을 제기하여야 한다.

7. 다음 중 행정소송에서의 '소의 이익'이 인정되는 경우로만 묶인 것은? (다툼이 있는 경우 판례에 의함)

> ㉠ 현역병입영대상자로서 현실적으로 입영을 한 자가 현역병입영통지처분의 취소소송을 제기하는 경우
> ㉡ 공익근무요원의 소집해제신청이 거부되어 계속 근무하였고 복무기간 만료로 소집해제처분을 받은 이후에 위 거부처분의 취소를 구하는 경우
> ㉢ 행정청이 당초의 분뇨 등 관련영업 허가신청 반려처분의 취소를 구하는 소의 계속 중 사정변경을 이유로 위 반려처분을 직권취소한 경우
> ㉣ 공립고등학교에서 퇴학처분을 받은 자는 그 후 고등학교졸업학력 검정고시에 합격한 경우
> ㉤ 제약회사가 보건복지부 고시인 약제급여·비급여목록 및 급여상한금액표의 취소를 구하는 경우
> ㉥ 개발제한구역 중 일부 취락을 개발제한구역에서 해제하는 내용의 도시관리계획변경결정의 취소를 구하고자 하는 경우

① ㉠, ㉣, ㉤   ② ㉡, ㉢, ㉥
③ ㉢, ㉣, ㉤   ④ ㉣, ㉤, ㉥

8. 다음 중 수리를 요하지 않는 신고에 해당하는 것은 몇 개인가? (다툼이 있는 경우 판례에 의함)

> ㉠ 인·허가의제 효과를 수반하는 건축신고
> ㉡ 납골당 설치 신고
> ㉢ 주민등록전입신고
> ㉣ 건축주명의변경신고
> ㉤ 골프장이용료 변경신고
> ㉥ 골프장 회원 모집 계획신고
> ㉦ 수산업법상 어업의 신고
> ㉧ 의료법에 따른 정신과의원 개설신고
> ㉨ 건축법에 따른 건축착공신고

① 1개   ② 2개   ③ 3개   ④ 4개

9. 국가배상에 관한 설명에 대하여 옳고 그름의 표시(O, X)가 모두 바르게 조합된 것은? (다툼이 있는 경우 판례에 의함)

㉠ 예산부족 등 설치·관리자의 재정사정은 배상책임 판단에 있어 참작사유는 될 수 있으나 안전성을 결정지을 절대적 요건은 아니다.

㉡ 50년만의 최대강우량을 기록한 집중호우로 인한 제방도로 유실로 보행자가 익사한 경우라면 불가항력적 사고에 해당되어 국가배상은 인정되지 않는다.

㉢ 하천의 홍수위가「하천법」상 관련규정이나 하천정비계획 등에서 정한 홍수위를 충족하고 있다고 해도 하천이 범람하거나 유량을 지탱하지 못해 제방이 무너지는 경우는 안전성을 결여한 것으로 하자가 있다고 본다

㉣ 트럭의 앞바퀴가 고속도로 상에 떨어져 있는 타이어에 걸려 중앙분리대를 넘어가 맞은편에서 오던 트럭과 충돌하여 트럭 운전수가 사망한 경우에, 위 타이어가 사고지점 고속도로상에 떨어진 것은 사고가 발생하기 10분 내지 15분 전이었다면 고속도로의 설치 또는 관리상의 하자를 인정할 수 없다.

㉤ 가변차로에 설치된 두 개의 신호등에서 서로 모순되는 신호가 들어오는 오작동이 발생하였고 그 고장이 현재의 기술수준상 부득이한 것이라고 가정하더라도 그와 같은 사정만으로 손해발생의 예견가능성이나 회피가능성이 없어 영조물의 하자를 인정할 수 없는 경우라고 단정할 수 없다.

① ㉠(O) ㉡(X) ㉢(X) ㉣(O) ㉤(O)
② ㉠(X) ㉡(O) ㉢(O) ㉣(X) ㉤(O)
③ ㉠(O) ㉡(O) ㉢(X) ㉣(X) ㉤(O)
④ ㉠(X) ㉡(X) ㉢(X) ㉣(O) ㉤(X)

10. 국가배상에 관한 설명으로 가장 적절하지 않은 것은? (다툼이 있는 경우 판례에 의함)

㉠ 영조물의 설치·관리상의 하자로 인한 손해의 원인에 대하여 책임을 질 사람이 따로 있는 경우에는, 국가·지방자치단체는 그 사람에게 구상할 수 있다.

㉡ 영조물이 공공의 목적에 이용됨에 있어 그 이용상태 및 정도가 일정한 한도를 초과하여 제3자에게 사회통념상 참을 수 없는 피해를 입히는 경우까지 영조물의 설치·관리상의 하자에 포함되는 것은 아니다.

㉢ 소음 등을 포함한 공해 등의 위험지역으로 이주하여 거주하는 것이 피해자가 위험의 존재를 인식하고 그로 인한 피해를 용인하면서 접근한 것이라고 볼 수 있는 경우에도 가해자의 면책은 인정될 수 없다.

㉣ 경찰청 소관의 국가사무인 A사무가 법령에 의해 甲지방자치단체의 장에게 위임된 사례에서, 甲지방자치단체의 장이 A사무를 처리하면서 불법행위를 하여 국가배상책임이 성립하는 경우 甲지방자치단체도 배상책임이 있다.

㉤ 광역시인 A시의 구역 내에 A시장이 교통신호기를 설치하였는데, 그 관리권한은「도로교통법」관련 규정에 의하여 A시 관할 지방경찰청장에게 기관위임되어 있다. A시 관할 지방경찰청 소속 공무원이 교통종합관제센터에서 그 관리업무를 담당하던 중위 신호기가 고장난 채 방치되어 교통사고가 발생하였다. 이 경우 배상책임은 사무귀속주체로서 A시에게, 비용부담자로서 국가에게 귀속된다.

① ㉠, ㉤   ② ㉡, ㉢
③ ㉡, ㉣   ④ ㉣, ㉤

해설편

01회

1. ③

성문법원	헌법, 법률, 법규명령, 행정규칙, 자치법규, 조약 및 국제법규
불문법원	행정관습법, 판례법, 조리

2. ②

POINT ▶

- …국민을 **차별**하여서는 **아니 된다**… → **평등**
- …의무를 **성실히 수행**하여야… → **성실의무**

3. ①

① (O) [법령 등 공포에 관한 법률 제12조]

② (X) 30일 → **20일** [동법 제13조]

③ (X) 20일 → **30일** [동법 제13조의2]

④ (X) 10일 → **20일** [지방자치법 제32조]

4. ①

① (O) 행정대집행법 제2조

② (X) **문서로만** 대집행 계고 가능

③ (X) 대집행**영장통지**는 행정쟁송의 대상이 되는 처분

④ (X) 국가나 지방자치단체 → **의무(불이행)자**

5. ③

① (O), ② (O)

③ (X) 조직규범 → **작용규범**

④ (O)

  ↳ **법률이 있는 경우**, 그 법률에 위배되는 경찰작용은 **법률 우위원칙에 어긋남**

  ↳ 반면 경찰권 행사의 근거가 되는 **작용규범이 없을 경우**에는 법률유보의 원칙에 위반

6. ④

① (O) 일반 국민이 주위의 상황이나 환경 또는 제3자로부터 생명. 신체. 재산 등에 심각한 <u>위험이 초래되거나 위험이 현실화하고 있는</u> 경우에 경찰관청에 대하여 경찰권의 발동을 촉구하는 것을 내용으로 하는 **실체적** 권리인 경찰개입청구권은 이미 위험이 발생하여 계속되고 있는 상황을 구제하기 위한 경찰권 발동도 가능하므로 <u>사후교정적 성격도</u> 가진다.

② (O) 경찰개입청구권이 인정되기 위해서는 오늘날의 개인적 공권의 성립요건(사익보호성과 강행법규성) 중에서 **사익(공권)보호성**이 충족되어야 한다.[14 경위 승진 문제 참고]

③ (O) 성립요건 완화= 개인적 공권의 확대

④ (X) 의무이행소송은 현행법상이나 판례상으로 인정되지 않는 비법정항고소송

7. ①

① (O)

② (X) …징계권자는 <u>징계를 할 것인지 말 것인지</u>에 대한 **결정재량**과 어떤 징계처분을 내릴 것인지에 대한 **선택재량**을 가진다.

③ (X) 재량행위의 법정요건이 충족되었더라도 <u>결정재량을 행사하여 일정한 행위를 하지 않아도 된다.</u>

④ (X) 각하 → **기각**

  ↳ 재량권의 일탈·남용이 없는 적법한 행위이므로 기각대상이다.[대판 1991. 2. 12. 90누5825]

8. ③

① (X) 절대적 → **상대적**

② (X), ③ (O) <u>상대방의 신청 없이 불특정다수인</u>에 대하여 <u>허가가 발령되는 경우도 있다.</u>(도로통행금지해제, 입산금지해제와 같은 일반처분)

④ (X) 법규허가는 있을 수 없다.

9. ①

① (X) 대판 2008. 4. 10., 2005다48994

군산시청 공무원 직무상 의무 위반과 군산 윤락업소 종업원의 사망 사이의 **상당인과관계 불인정**
소방공무원의 직무상 의무 위반과 군산 윤락업소 종업원의 사망 사이의 **상당인과관계 인정**

② (O) 대판 2004. 9. 23., 2003다49009

③ (O) 대판 1993. 9. 28., 93다17546

④ (O) 대판 1971. 4. 6, 71다124

10. ②

① (X)

행정심판의 판정기관	행정심판위원회(행정부)
행정소송의 판정기관	법원(사법부)

② (O) 헌법 107조 제3항

③ (X) 구술심리 **또는** 서면심리 원칙/ 단 당사자가 구술심리를 신청한 경우 서면심리로만 가능한 경우가 아닌 이상 구술심리를 하여야 한다.[행정심판법 제40조]

④ (X) 공개심리주의 → **비공개심리주의**

---

1. ①

① (O)

② (X) 헌법은 국가의 최고규범으로서, 법원을 존재형식으로 보든지 인식근거로 보든지를 불문하고 **헌법은 가장 기본적**인 행정법의 **법원**

③ (X) 헌법상 독립기관이 제정하는 **국회**규칙, **대법원규**칙, **헌법재판소**규칙, **중앙선관위**규칙, **감사원**규칙 등도 법규명령으로서 **행정법의 법원**이 된다. 다만 ★ **감사원규칙만** 헌법이 아닌 **법률에 제정근거**를 두고 있고 나머지는 헌법에 제정근거가 있다.

④ (X) 자치법규(조례, 규칙, 교육조례, 교육규칙)는 당연히 행정법의 법원이다.

2. ③ ① (X) ② (X) ③ (O) ④ (X)

	법률우위의 원칙	법률유보의 원칙
성격	**소극적 측면**의 법률적합성 (법률이 있을 때, 문제됨)	**적극적 측면**의 법률적합성 (법률이 없을 때, 문제됨)
적용 대상	**모든** 행정작용 (공법행위·사법행위, 사실행위, 침익행위·수익행위, 행정입법 등)	**일부** 행정작용 (적용범위에 대하여는 학설대립)
법률의 범위	모든 법규범 (성문법+불문법/ 단 **행정규칙은 제외**)	국회 제정 법률+법규명령 **(불문법 제외)**

3. ③

① (O) 헌법재판소는 경찰비례의 원칙의 3가지 요소인 **적합성의 원칙, 필요성의 원칙, 상당성의 원칙** 외에 '**목적의 정당성**'도 포함시키고 있다.

② (O) 최소침해적 수단인 부관의 부가만으로도 목적달성이 가능함에도, 허가 자체를 거부하는 것은 필요성의 원칙에 위배된다.

③ (X) 행정처분이 3가지 원칙 중 **하나라도 위반**한 때에

는 **위법**한 처분이 된다.

④ (O) 서울고법 1967. 1. 12., 66구329

4. ①

① (O) 특별권력관계의 4가지 종류와 예시를 이해해두 어야 한다.

공법상 근무관계	**공무원의 근무관계**(임용·승진·징계 등), 군인의 군복무관계
공법상 영조물 이용 관계	**국·공립학교 학생의 재학관계**(입학·학년승급·징계 등), 국·공립도서관 이용관계, **감염병환자의 국·공립병원 입원관계**
공법상 특별감독관계	공공조합, 특허기업자, 공무수탁사인 등에 대한 국가가 감독하는 관계
공법상 사단관계	공공조합과 조합원과의 관계

② (X) 특별권력관계에서는 특별권력에 따른 **명령권**과 **징계권**이 인정된다. 형벌은 사법기관만이 부과할 수 있다.

③ (X) 오늘날에는 특별행정법관계 내의 행위에 대해서도 사법심사가 허용된다.

④ (X) 항고소송의 대상이 된다.[대판 2014. 2. 13., 2013 두20899]

5. ②

【행정기본법】제6조(행정에 관한 기간의 계산) ① 행정에 관한 기간의 계산에 관하여는 이 법 또는 다른 법령등에 특별한 규정이 있는 경우를 제외하고는「민법」을 준용한다.
② 법령등 또는 처분에서 국민의 권익을 제한하거나 의무를 부과하는 경우 권익이 제한되거나 의무가 지속되는 기간의 계산은 다음 각 호의 기준에 따른다. 다만, 다음 각 호의 기준에 따르는 것이 국민에게 불리한 경우에는 그러하지 아니하다.
1. 기간을 일, 주, 월 또는 연으로 정한 경우에는 기간의 **첫날을 산입**한다.
2. 기간의 말일이 토요일 또는 공휴일인 경우에도 기간은 **그 날로 만료**한다.

① (O)

② (X) 산입하지 아니한다. → **산입한다**.

③ (O) 행정기본법 제6조 제2항 제1호

④ (O) 행정소송법에는 취소소송의 제기기간의 계산에 관한 규정이 없으므로 민법의 규정이 적용되는데, 민법상 기간의 계산에서는 **초일불산입**이 원칙이다. (행정기본법에서의 초일 산입규정은 불이익처분의 기간에 대한 것이므로 구별 필요)

【민법】제157조(기간의 기산점) 기간을 일, 주, 월 또는 연으로 정한 때에는 기간의 초일은 산입하지 아니한다.

6. ②

① (X) **대통령, 총리,** 각 부의 **장관**만이 법규명령을 제정할 수 있다. 법제처장, 경찰청장과 같은 처·청장은 법규명령 제정권이 없다.

② (O) 헌법 > 법률 > 대통령령 > 총리령, 부령

③ (X) **위법한 법규명령**은 하자의 수준과 관계없이 그저 **무효**가 된다.

④ (X) 상위법령에서 세부사항 등을 **시행규칙으로 정하도록 위임**하였음에도 이를 고시 등 **행정규칙으로 정하였다면** 그 역시 대외적 구속력을 가지는 법규명령으로서 **효력이 인정될 수 없다.** (대판 2012.7.5. 2010다72076)

  ↳ 위와 같은 법리는 **대통령령으로 정하도록 위임**하였음에도 **부령을 정한 경우**에 적용되므로, **무효인 부령**이 된다.

7. ③

① (X) 외적 → **내적**

재량권의 일탈	재량권의 **외적** 한계 위반 **예** 법령에서 정하고 있는 과태료의 상한액을 넘은 금액을 부과한 경우
재량권의 남용	재량권의 **내적** 한계 위반 **예** 조리위반, 동기부정, 사실오인 등

② (X) 단순한 재량위반의 경우는 부당행위가 될 뿐이므

로, 사법심사의 대상이 되지 않는다.

③ (O) 대판 2001. 2. 9., 98두17593

④ (X) **기속행위**의 경우 그 법규에 대한 원칙적인 기속성으로 인하여 법원이 사실인정과 관련 법규의 해석·적용을 통하여 일정한 결론을 도출한 후 그 결론에 비추어 행정청이 한 판단의 적법 여부를 독자의 입장에서 판정하는 방식에 의하게 되나, **재량행위**의 경우 행정청의 재량에 기한 공익판단의 여지를 감안하여 법원은 독자의 결론을 도출함이 없이 당해 행위에 재량권의 일탈·남용이 있는지 여부만을 심사하게 된다. (대판 2001. 2. 9., 98두17593)

8. ③

① (X) 수단이 바뀌었다.

② (X) 행정벌은 행정법상 의무 위반에 대한 사후적 제재로서 **간접적**인 의무이행확보 수단이다.

③ (O) 대판 2010. 2. 11. 2009도9807

↳ 명문의 규정이 없어도 해석상 **과실범도 벌할 뜻이 명확**한 경우, 그 과실범에 대한 처벌가능

④ (X) 통고처분을 할 것인지의 여부는 관세청장 또는 세관장의 재량에 맡겨져 있고, 따라서 관세청장 또는 세관장이 관세범에 대하여 통고처분을 하지 아니한 채 고발하였다는 것만으로는 그 고발 및 이에 기한 공소의 제기가 부적법하게 되는 것은 아니다. (대판 2007. 5. 11., 2006도199)

↳ 통고처분을 할지, 곧바로 고발을 할지는 그 기관의 재량이다.

9. ④

① (O) 대판 2008. 2. 1., 2006다6713

↳ 공무원의 가해행위에 대해 **형사상 무죄판결**이 있었더라도, 그 가해행위에 따른 **국가배상책임이 별도로 인정**될 수 있다는 의미이다.

② (O) 대판 1996. 3. 8. 94다23876

③ (O) 공무원이 고의 또는 과실로 그에게 부과된 직무상 의무를 위반하였을 경우 국가는 그러한 직무상의 의무 위반과 피해자가 입은 손해 사이에 상당인과관계가 인정되기 위하여는 공무원에게 부과된 **직무상 의무**의 내용이 단순히 공공 일반의 이익을 위한 것이거나 행정기관 내부의 질서를 규율하기 위한 것이 아니고 **전적**으로 또는 **부수적**으로 사회구성원 **개인의 안전과 이익을 보호**하기 위하여 설정된 것이어야 한다. (대판 2010. 9. 9., 2008다77795)

④ (X) 행정사건 → **민사사건**

당사자소송 → **민사소송**

↳ 공무원의 직무상 불법행위로 손해를 받은 국민이 국가 또는 공공단체에 배상을 청구하는 경우 국가배상법이 정한 바에 따른다 하여도 이 역시 **민사상**의 손해배상 **책임**을 특별법인 국가배상법이 정한데 불과하다. (대판 1972. 10. 10. 69다701)

10. ③

① (X), ② (X)

↳ 예방적 부작위청구소송, 작위의무확인소송, 의무이행소송은 현행 행정법체계에서는 인정되지 않는다.

③ (O) 행정소송법 제3조 제1항

④ (X) 객관적 → **주관적**

↳ 모든 항고소송은 **주관적** 소송이다. 기관소송과 민중소송만이 객관적 소송이다.

03회

1. ③

① (O), ② (O) 실권 또는 실효의 법리는 법의 일반원리인 **신의성실의 원칙**에 바탕을 둔 파생원칙인 것이므로 공법관계 가운데 관리관계는 물론이고 권력관계에도 적용되어야 함을 배제할 수는 없다. (대판 1988. 4. 27., 87누915)

③ (X) 행정절차법에 실권의 법리에 따른 취소권 행사의 제한에 관한 규정은 존재하지 않는다.

④ (O) 행정기본법 제12조 제2항

2. ②

① (O) 헌재 1991.7.8, 91헌가4

② (X) 법규명령의 **위임근거가 되는 법률**에 대하여 **위헌결정이 선고**되면 그 위임에 근거하여 제정된 법규명령도 원칙적으로 **효력을 상실**한다. (대판 2001.6.12. 2000다18547)

③ (O) 대판 2016. 8. 17., 2015두51132

④ (O) 대판 2009. 6. 11. 2008두13637

3. ①

① (O) 대판 2001.7.27.99두2970

↳ 사실오인은 재량권의 내적 한계를 위반한 경우

② (X) 식품위생법상 일반음식점영업허가는 성질상 일반적 금지의 해제에 불과하므로 허가권자는 허가신청이 법에서 정한 **요건을 구비한 때에는 허가하여야** 하고 관계 법령에서 정하는 제한사유 외에 공공복리 등의 사유를 들어 허가신청을 거부할 수는 없다. (대판 2000.3.24. 97누12532)

③ (X) **재량행위**인 과징금부과처분이 법이 정한 **한도액을 초과**하여 위법할 경우 법원으로서는 그 **전부를 취소**할 수밖에 없다. (대판 1998. 4. 10., 98두2270)

④ (X) 토지의 형질변경허가는 그 금지요건이 불확정개념으로 규정되어 있어 그 금지요건에 해당하는지 여부를 판단함에 있어서 행정청에게 재량권이 부여되어 있

으므로, 토지의 **형질변경행위를 수반**하는 건축허가는 결국 **재량행위에 속한다.** (대판 2005. 7. 14., 2004두6181)

4. ③

㉠ (O) 계고가 반복된 경우, 오로지 **1차 계고**만이 행정소송의 대상이 되는 행정처분이다.

㉡ (O) 대판 2017. 4. 28., 2016다213916

㉢ (O) **직접강제**는 **모든 행정상 의무**불이행에 대하여 가능

㉣ (X) 경찰관직무집행법은 '경찰상 **즉시강제**'의 일반적인 근거법으로 이해된다.

㉤ (X) 체납처분은 **강제징수**의 절차에 해당한다.

㉥ (O) 행정기본법 제33조 제2항

5. ④

① (O) **반대방향**의 의사표시 합치로 성립된다.

② (O) 행정기본법 제27조

③ (O) **공법상 계약**에는 공정력, 자력집행력과 같은 행정행위의 효력이 인정되지 않는다.

④ (X) 공법상 계약도 행정작용의 일종이므로 **법률우위의 원칙에서 벗어날 수 없다.** 다만 법률유보의 원칙은 적용되지 않으므로, 법률의 근거가 없이도 체결할 수 있다.

6. ②

㉠ (O) 행정기본법 제17조 제2항

㉡ (X) 행정기본법 제17조 제4항 제2호

↳ 해당 처분과 **실질적인 관련**이 있어야 한다.

㉢ (O) **부담**은 **독자성**이 있으므로 독립하여 행정상 **강제집행의 대상**이 될 수 있다.

㉣ (X) 부담 → **조건**

↳ 정확히는 정지조건이다. 주차장확보 **조건이 충족**되면 자동차운수사업면허의 효력이 발생한다.

㉤ (X) 정지조건 → **해제조건**

↳ 정지조건은 행정행위의 효력 **발생**을 장래의 불확실한 사실에 의존시키는 부관

7. ③

① (O) 행정조사기본법 제2조 제1호

② (O) 행정조사기본법 제2조 제2호

③ (X)

> 【행정조사기본법】제14조(공동조사) ① 행정기관의 장은 다음 각 호의 어느 하나에 해당하는 행정조사를 하는 경우에는 공동조사를 하여야 한다.
> 1. 당해 행정기관 내의 2 이상의 부서가 동일하거나 유사한 업무분야에 대하여 동일한 조사대상자에게 행정조사를 실시하는 경우
> 2. 서로 다른 행정기관이 대통령령으로 정하는 분야에 대하여 동일한 조사대상자에게 행정조사를 실시하는 경우

④ (O) 대판 2013. 9. 26., 2013도7718

8. ①

① (X) 전염병환자의 강제격리, 마약중독자의 격리 및 치료, 「경찰관직무집행법」상의 보호조치와 같은 이른바 대인적 즉시강제도 허용된다.

② (O) 헌재 전원 2002. 10. 31 2000헌가12,

③ (O)

④ (O) 위법한 즉시강제는 권력적 사실행위로서 처분성이 인정되나 이미 행위가 완료되는 경우가 많기 때문에, 즉시강제에 따른 조치가 계속되지 않는 이상 소의 이익이 부인되는 경우가 대부분이다. 따라서 위법한 즉시강제에 대한 직접적이고도 실질적인 권리구제수단으로서 국가배상법에 의한 행정상 손해배상 청구 또는 원상회복의 청구를 제기할 수 있다.

9. ②

① (X) 국가배상법상 국가와 지방자치단체이 국가배상책임의 주체가 될 수 있다. 따라서 국가공무원인 경찰관의 직무상 불법행위로 인한 손해배상청구는 국가를 피고로 제기하여야 한다.

② (O) 소송실무상 국가배상청구소송은 민사소송으로 행해지고 있다

③ (X) 대판 1993. 7. 13., 92다47564

↳ 국가 및 지자체 소속 청원경찰의 직무상의 불법행위에 대하여는 민법이 아닌 국가배상법이 적용

④ (X) 국가배상청구의 요건인 '공무원의 직무'에는 권력적 작용만이 아니라 비권력적 작용도 포함되며 단지 행정주체가 사경제주체로서 하는 활동만 제외된다. [대판 2001.1.5., 98다3906]

↳ 국가의 철도운행사업은 사경제적 작용이므로, 철도운행으로 인한 발생한 사고에서 국가배상책임 부정

10. ④

① (O) 도로교통법 제142조

② (O) 국가공무원법 제16조

POINT ▶ 필요적 행정심판전치주의 대상

> Ⓐ '도로교통법'에 따른 운전면허관련처분
> Ⓑ '국가공무원법·지방공무원, 교육공무원법'에 따른 공무원·교원 징계 등 불이익처분
> Ⓒ '국세기본법, 지방세기본법, 관세법'에 따른 조세·관세 부과처분

③ (O) 행정심판법 제3조 제2항

④ (X) 경찰청에 두는 행정심판위원회 → 중앙행정심판위원회

> 【행정심판법】② 다음 각 호의 행정청의 처분 또는 부작위에 대한 심판청구에 대하여는 국민권익위원회에 두는 중앙행정심판위원회에서 심리·재결한다.
> 1. 제1항에 따른 행정청 외의 국가행정기관의 장 또는 그 소속 행정청

04회

1. ②

① (O), ② (X) 행정절차법 제40조에서는 자기완결적
신고를 규정하고 있다.

> 【행정절차법】40조(신고) ① 법령등에서 **행정청에** 일정한
> 사항을 **통지함으로써 의무가 끝나는** 신고를 규정하고 있
> 는 경우 신고를 관장하는 행정청은 신고에 필요한 구비서
> 류, 접수기관, 그 밖에 법령등에 따른 신고에 필요한 사항
> 을 게시(인터넷 등을 통한 게시를 포함한다)하거나 이에 대한
> 편람을 갖추어 두고 누구나 열람할 수 있도록 하여야 한다.
> ② 제1항에 따른 신고가 다음 각 호의 요건을 갖춘 경우에
> 는 **신고서가** 접수기관에 **도달된 때**에 신고 **의무가 이행**된
> 것으로 본다.

③ (O) 대판 '2010. 11. 18. 2008두167
  대판 2011. 6. 10. 2010두7321
④ (O) 행정절차법 제40조 제4항

2. ④

① (X) 남북 사이의 화해와 불가침 및 교류협력에 관한
  합의서는 남북한 당국이 특수관계인 남북관계에 관하
  여 채택한 합의문서로서, 이를 국가 간의 **조약 또는 이**
  에 준하는 것으로 볼 수 없고, 따라서 **국내법과 동일**
  한 효력이 인정되는 것도 아니다. (대판 1999. 7. 23., 98두
  14525)

② (X) 헌법에 의하여 체결·공포된 조약이나 일반적으로
  승인된 국제법규는 별도의 시행법률이 없어도 한국 내
  에서 국내법과 동일한 효력을 갖는다. 즉 별도의 입법절
  차(국내법 제정절차) 없이**도 국내법적 효력이 인정된다**.

③ (X) '1994년 관세 및 무역에 관한 일반협정(GATT)'과,
  '정부조달에 관한 협정(AGP)는 각 헌법 제6조 제1항에
  의하여 국내법령과 동일한 효력을 가지므로 지방자치
  단체가 제정한 조례가 GATT나 AGP에 위반되는 경우
  에는 그 **효력이 없다**. (대판 2005.9.9. 2004추1014525)

④ (O) 국제법과 국내법이 충돌하는 경우에도, 성문의
  법규범들 상호간의 모순·저촉이 발생한 경우의 법해

석원칙인 상위법 우선의 원칙, 신법 우선원칙 및 특별
법 우선의 원칙을 적용한 해석으로 해결하면 된다.

3. ①

① (X) 개발제한구역 내의 건축허가는 이른바 '예외적 승
  인(예외적 허가)'로서, 사회적으로 유해하거나 바람직하
  지 않아 억제적(절대적)으로 금지되어 있는 경우를 해
  제하여 주는 것이다.

② (O)

③ (O), ④ (O) '예외적 승인(예외적 허가)'은 재량행위이다.

	허가	예외적 승인(허가)
성질	• 상대적·예방적 금지의 해제 • 기속행위	• **절대적·억제적** 금지의 해제 • **재량**행위
예	• 일반음식점영업허가 • 건축허가 • 의사·약사면허 • 자동차운전면허	• **교육환경보호**구역 내 **유흥주점영업허가** • **개발제한**구역 내 **건축허가** • **마약류취급**허가

4. ②

① (O) 대판 1997. 5. 28., 95다15735
  ↳ 취소와 무효의 구별에 관한 중대명백설을 취한 판시
② (X) 취소사유 → **무효사유** [대판 1997. 5. 16., 97누
  2313]
③ (O) 대판 1997. 5. 9., 95다46722
④ (O) 대판 1987. 4. 14., 86누459.
  ↳ 임용결격자가 공무원으로 임용되어 사실상 근무하
  여 오다가 사후에 결격사유가 발견되었더라도 그 임
  용행위는 당연무효이다.

5. ①

① (O)
② (X) 행정청이 「도시 및 주거환경정비법」 등 관련 법령
  에 근거하여 행하는 **주택재건축정비사업조합 설립인**

가처분은 단순히 사인들의 조합설립행위에 대한 보충행위로서의 성질을 갖는 것에 그치는 것이 아니라, 재건축조합에 대하여 「도시 및 주거환경정비법」상 주택재건축사업을 시행할 수 있는 권한을 갖는 행정주체(공법인)로서의 **지위를 부여**하는 일종의 **설권적 처분**의 성격을 갖는다고 보아야 한다. (대판 2010.2.25. 2007다73598)

③ (X) 개인택시운송사업면허는 특허에 해당한다. 따라서 일반적 금지의 해제(허가)가 아니라, **특정인에 대한 권리를 설정**하는 행위에 해당한다.

④ (X) 태물적 → **대인적**

　　태인적 → **대물적**

↳ 특허의 효과가 일신전속적인 경우, 즉 대인적 특허의 경우는 이전성이 없는 반면에, 대물적 특허의 경우에는 자유로이 또는 일정한 제한(행정청에의 신고 또는 승인)하에 이전될 수 있다.

6. ②

① (X) 정지조건부 행정행위와 달리, 부담부 행정행위는 부담의 이행여부를 불문하고 처음부터 효력이 발생한다.

② (O) 건축허가를 하면서 일정 토지를 기부채납하도록 하는 내용의 허가조건은 부관을 붙일 수 없는 기속행위 내지 기속적 재량행위인 건축허가에 붙인 부담이거나 또는 법령상 아무런 근거가 없는 부관이어서 **무효**이다. (대판 1995. 6. 13. 94다56883)

③ (X) 귀화허가나 공무원의 임명행위 등과 같은 **신분설정행위**에는 **부관을 붙일 수 없다**는 것이 통설적 견해이다.

④ (X) 부담을 이행하지 않는다고 해서 주된 행정행위의 효력이 곧바로 상실되지는 않고, 부담의 불이행을 이유로 주된 행정행위를 철회할 수 있다. 이 때에도 철회권 제한의 법리가 적용되므로 철회에 관한 일반적 요건이 충족되는 경우에만 철회할 수 있다.

7. ①

㉠ (X) 의무를 명하는 명령권의 근거법규 외에 **강제집행**을 할 수 있게 하는 **근거법규**가 별도로 있어야 가능하다.

㉡ (O)

㉢ (X) 행정대집행은 공법상 **대체적 작위의무**의 불이행을 대상으로 한다

㉣ (O) 행정대집행법 제6조(비용징수)

㉤ (O) 이행강제금(집행벌)은 행정법상 의무를 이행하지 아니한 때에 일정한 금전급부의무의 부과라는 **심리적 압박**에 의하여 장래에 의무이행을 강제하는 수단이다.

8. ④

① (O) 대판 1998. 5. 8., 97다54482

② (O) 대판 2005. 1. 14., 2004다26805

③ (O) 대판 2011. 3. 10., 2010다85942,

④ (O) 공무원의 직무집행상의 불법행위로 인한 손해배상의 경우에 '직무집행'의 판단기준은 외형주의(외형설, 외관설)에 의하기 때문에, 객관적으로 직무행위로서의 외형을 갖추고 있으면 되고 주관적으로 공무집행의 의사는 없어도 된다. 따라서 제복을 착용하고 불심검문을 가장하였다면, 직무집행의 외관을 갖추고 있는 경우이므로 국가배상책임을 물을 수 있다.

↳ 국가배상법 제2조 제1항의 '직무를 집행함에 당하여'를 판단함에 있어서는 행위 자체의 **외관을 객관적**으로 관찰하여 공무원의 직무행위로 **보여질 때**에는 비록 그것이 실질적으로 직무행위가 아니거나 또는 행위자로서는 주관적으로 **공무집행의 의사가 없었다고 하더라도** 그 행위는 공무원이 '**직무를 집행함에 당하여' 한 것**으로 보아야 한다. (대판 1995. 4. 21., 93다14240)

9. ②

㉠ (X) 승계 인정 [1975. 12. 9. 75누123]

㉡ (O) 승계 부정 [1984. 9. 11., 84누191]

㉢ (X) 승계 인정 [1961. 2. 21. 4293행상31]

ⓔ (X) 승계 인정 [2008. 8. 21., 2007두13845]

ⓜ (O) 승계 부정 [1982. 7. 27. 81누293]

10. ④

① (X) 경찰공무원 시험승진후보자명부에서의 삭제행위는 결국 그 명부에 등재된 자에 대한 승진 여부를 결정하기 위한 행정청 내부의 준비과정에 불과하고, 그 자체가 행정처분이 된다고 할 수 없다. (대판 1997.11.14. 97누7325)

② (X) 상급행정기관의 하급행정기관에 대한 **승인·동의·지시** 등은 행정기관 상호간의 **내부행위**로서 행정처분에 해당한다고 볼 수 없다. (대판 2008. 5. 15. 2008두2583)

③ (X) 운전면허 행정처분처리대장상 벌점의 배점은 자동차운전면허의 취소, 정지처분의 기초자료로 제공하기 위한 것이고 행정처분이라고 할 수 없다. (대판 1994. 8. 12., 94누2190)

④ (O) 청소년보호법에 따른 청소년유해매체물 결정 및 고시처분은 **일반 불특정 다수인**을 상대방으로 일률적으로 표시의무, 포장의무, 청소년에 대한 판매·대여 등의 금지의무 등 각종 의무를 발생시키는 **행정처분**이다.(대판 2007.6.14., 2004두619)

↳ 일반처분으로서 항고소송의 대상이 된다.

05회

1. ③

① (O) **보충적 효력설**이 다수설이다. (캐페적 X)

② (O) 헌법재판소법 제47조 제1항

③ (X) 우리나라와 같은 대륙법계(성문법계) 국가에서는 판례의 법원성은 부정되므로, 하급심은 해당 사건에서만 상급심의 판단에 구속되고, 동종사건에서는 구속되지 않는다.

【법원조직법】제8조(상급심 판결의 기속력) 상급법원 재판에서의 판단은 **해당 사건**에 관하여 하급심을 **기속**한다.

④ (O) 평등의 원칙이 대표적이다. [헌법 제11조 ① 모든 국민은 법 앞에 평등하다.]

2. ②

① (O) 행정기본법 제14조 제1항

② (X) 조세법령불소급의 원칙이라 함은 그 조세법령의 **효력발생 전에 완성**된 과세**요건 사실**에 대하여 당해 법령을 **적용할 수 없다**는 의미일 뿐, **계속된 사실**이나 그 **이후에 발생**한 과세**요건 사실**에 대한 **새로운 법령 적용**까지를 제한하는 것은 아니다. (대법원 2002.7. 6, 2001두11168)

③ (O) 법령을 소급적용하더라도 일반 국민의 이해에 직접 관계가 없는 경우, 오히려 그 이익을 증진하는 경우, 불이익이나 고통을 제거하는 경우 등의 특별한 사정이 있는 경우에 한하여 **예외적으로** 법령의 **소급적용이 허용**된다. (대판 2005. 5. 13., 2004다8630)

④ (O) 일반적으로 국민이 소급입법을 예상할 수 있었거나 법적 상태가 불확실하고 혼란스러워 보호할 만한 신뢰이익이 적은 경우와 소급입법에 의한 당사자의 손실이 없거나 아주 경미한 경우 그리고 신뢰보호의 요청에 **우선**하는 심히 중대한 **공익상의 사유**가 소급입법을 정당화하는 경우 등에는 예외적으로 진정소급입법이 허용된다. (헌재 1999. 7. 22. 97헌바76 등)

3. ④

① (O) 행정절차법 제15조 제1항

② (O) 우편물이 **등기취급의 방법**으로 발송된 경우 반송되는 등의 특별한 사정이 없는 한 그 무렵 수취인에게 **배달되었다고 보아야** 한다. (대판 1992.3.27. 91누3819

↳ 보통우편은 송달 추정 X

③ (O) 행정절차법 제15조 제2항

④ (X) 20일 → **14일**

> **【행정절차법】 제14조(송달)** ④ 다음 각 호의 어느 하나에 해당하는 경우에는 송달받을 자가 알기 쉽도록 관보, 공보, 게시판, 일간신문 중 **하나 이상**에 공고하고 **인터넷**에도 공고하여야 한다.
> 1. 송달받을 자의 주소등을 통상적인 방법으로 확인할 수 없는 경우
> 2. 송달이 불가능한 경우
> **제15조(송달의 효력 발생)** ③ 제14조 제4항의 경우에는 다른 법령등에 특별한 규정이 있는 경우를 제외하고는 공고일부터 14일이 지난 때에 그 효력이 발생한다.

↳ 이른바 '**공시송달**'에 의한 공고의 경우 **공고일부터 14일** 지난 때에 그 **효력이 발생**

4. ②

㉠ (X) 인가는 '법률행위'에 대해서만 가능

㉡ (O) 인가는 기본행위가 효력을 발생하기 위한 효력요건이므로 요인가행위임에도 인가를 받지 않고 한 행위는 효력을 발생하지 않는다.

㉢ (X) 수정인가는 불가능하다.

㉣ (X) 인가의 대상인 **기본행위가 무효**인 경우에는 행정청의 인가가 있더라도 기본행위가 유효하게 되지 않고, 그 인가행위도 무효이다.

↳ 사립학교법인 임원의 선임행위가 무효이면 **선임행위는 여전히 무효**이며, 사립학교법인 임원의 선임에 대한 **승인도 무효**가 된다

㉤ (X) 기본행위에 하자가 있다고 하더라도 인가처분 자체에 하자가 없다면 따로 그 기본행위의 하자를 다투는 것은 별론으로 하고 **기본행위의 하자를 내세워 바**로 그에 대한 행정청의 인가처분의 취소를 구할 수는 없다. (대판 2005.10.14. 2005두1046)

㉥ (O) 사립학교 임원의 취임승인은 법적 성질은 **인가**

㉦ (O) 토지거래허가구역 내의 토지거래계약에 대한 허가는 인가이다. 따라서 토지거래허가가 있게되며 유효한 거래계약이 된다.

5. ②

① (X) 기속행위이든지 재량행위든지를 불문하고, 절차상의 하자만으로 독립된 취소사유가 된다.

② (O) 대판 1985. 4. 9., 84누431,

③ (X) 행정청이 청문서 도달기간을 다소 어겼다하더라도 영업자가 이에 대하여 이의하지 아니한 채 스스로 청문일에 출석하여 그 의견을 진술하고 변명하는 등 방어의 기회를 충분히 가졌다면 청문서 도달기간을 준수하지 아니한 **하자는 치유**되었다고 봄이 상당하다. (대판 1992. 10. 23., 92누2844)

④ (X) 사실심 변론종결시까지 → **쟁송제기 이전까지**

↳ 세액산출근거 등이 누락된 납세고지서에 의한 과세처분의 하자의 치유를 허용하려면 늦어도 과세처분에 대한 불복여부의 결정 및 불복신청에 편의를 줄 수 있는 상당한 기간 내에 하여야 한다. (대판 1983.7.26. 82누420)

6. ③

① (X) 본처분을 할 수 있는 권한에 확약에 대한 권한이 포함되어 있으므로, 확약에 관한 별도의 명문의 규정이 없더라도 확약을 할 수 있다.

② (X) 행정절차법 제40조의2(확약)

③ (O) 대판 1995. 1. 20., 94누6529

④ (X) 행정청이 상대방에게 장차 어떤 처분을 하겠다고 확약을 하였다고 하더라도, 그 자체에서 상대방으로 하여금 언제까지 처분의 발령을 신청을 하도록 정한 유효기간 내에 상대방의 신청이 없었다거나 확약이 있은 후에 사실적·법률적 상태가 변경되었다면, 그와 같은 확약은 행정청의 별다른 의사표시를 기다리지 않고

실효된다. (대판 1996. 8. 20., 95누10877)

7. ④

① (X) 과징금부과처분은 제재적 **행정처분**으로서, 행정목적의 달성을 위하여 행정법규 위반이라는 객관적 사실에 착안하여 가하는 제재이므로 반드시 현실적인 행위자가 아니라도 법령상 책임자로 규정된 자에게 부과되고 원칙적으로 위반자의 **고의·과실을 요하지 아니한다.** (대판 2014. 10. 15., 2013두5005)

② (X) 행정벌과 과징금은 **병과가 가능**하다.

↳ 공정거래법에서 형사처벌과 아울러 과징금의 병과를 예정하고 있더라도 이중처벌금지원칙에 위반된다고 볼 수 없다. (헌재 2003.7.24. 2001헌가25)

③ (X), ④ (O) 과징금부과처분은 행정처분의 일종이다. 따라서 과징금부과처분의 절차에는 행정절차법이 적용되고, 과징금 부과행위의 다툼은 행정쟁송의 대상이 된다.

8. ①

㉠ (X) 당사자심판 → **의무이행심판**

↳ 현행법상 취소심판, 무효등확인심판, 의무이행심판 3종류만 인정된다.

㉡ (X) 무효등확인소송에는 행정심판전치주의가 적용되지 않는다. 따라서 행정심판을 거치지 않고도 바로 무효등확인소송을 제기할 수 있다.

㉢ (X) 요하는 → **요하지 않는**

↳ 행정소송의 전치요건인 행정심판청구는 엄격한 형식을 **요하지 아니하는** 서면행위로 해석되므로, 처분의 취소나 변경을 구하는 서면이 제출되었을 때에는 표제와 제출기관의 여하를 불문하고 이를 행정심판청구로 본다. (대판 2000. 6. 9., 98두2621)

㉣ (X) 정당한 → **법률상**

↳ 행정심판법 제13조(청구인 적격) 참고

㉤ (O) 행정심판법 제17조

9. ④

① (X) 위법한 → **적법한**

② (X) 없는 경우에도 → **있어야만**

③ (X) 생명, 신체 등의 비재산권에 대한 침해는 손실보상의 대상이 아니다.

④ (O)

> **【헌법】 제23조** ③ **공공필요**에 의한 재산권의 **수용·사용 또는 제한** 및 그에 대한 보상은 법률로써 하되, **정당한 보상**을 지급하여야 한다.

↳ '행정상 손실보상'이란 **적법한** 공권력의 행사로 인하여 개인의 재산권에 특별한 희생이 가해진 때에, 그 특별한 손실에 대한 재산적 보상을 하는 것이다.

10. ①

① (O) 행정소송법 제8조

② (X) 취소소송의 대상인 처분에는 거부처분도 포함되는바, 거부처분취소소송의 형태로 제기된다.

③ (X) 무효등확인소송에는 제소기간이 적용되지 않으므로, 제소기간에 구애받지 않고 제기할 수 있다.

④ (X) 우리 행정소송법은 집행**부정지**의 원칙을 채택하고 있으므로, 행정소송이 제기되더라도 소송의 대상인 처분의 효력 등이 정지되지 않는다.

↳ 행정소송법 제23조(집행정지) ① 취소소송의 제기는 처분등의 효력이나 그 집행 또는 절차의 속행에 영향을 주지 아니한다.

06회

1. ①

㉠ (O)

㉡ (X) 신뢰보호의 원칙과 법률적합성의 원칙이 충돌하는 경우에는, 행정작용으로 달성하려는 공익과, 개인의 신뢰에 따른 사익을 **비교형량**하여 결정하여야 한다.

㉢ (O) 대법원은 선행조치로서 공적인 견해표명에 대해서 **명시적** 또는 **묵시적**인 경우도 인정하고 있다. (대판 1984. 12. 26. 81누266)

　↳ 선행조치에는 명시적, 묵시적, 적극적, 소극적, 적법, 위법 등을 따지지 않는다.

㉣ (X) 행정청의 공적 견해표명이 있었는지의 여부를 판단하는 데 있어 반드시 행정조직상의 형식적인 권한분장에 구애될 것은 아니고 담당자의 **조직상의 지위와 임무,** 당해 언동을 하게 된 구체적인 **경위** 및 그에 대한 상대방의 신뢰가능성에 비추어 실질에 의하여 판단하여야 한다. (대판 1997. 9. 12., 96누18380)

㉤ (X) 헌법재판소의 위헌결정은 행정청이 개인에 대하여 신뢰의 대상이 되는 공적인 견해를 표명한 것이라고 할 수 없다. (대판 2003. 6. 27., 2002두6965)

2. ①

① (O)

② (X), ③ (X) **도로점용**의 허가(하천부지 점용허가)는 특정인에게 일정한 내용의 공물사용권을 설정하는 **설권**행위로서, 허가를 할 것인지의 여부를 결정하는 **재량**행위이다. (대판 2002. 10. 25., 2002두5795, 대판 1990. 2. 13. 89다카23022)

　↳ 도로점용허가, 하천점용허가, 공유수면점용허가와 같은 점용허가는 강학상 특허로서, 재량행위에 해당하는 것으로 정리한다.

④ (X) 출입국관리법상 체류자격 변경허가는 신청인에게 당초의 체류자격과 다른 체류자격에 해당하는 활동을 할 수 있는 권한을 부여하는 일종의 **설권적** 처분

의 성격을 가진다. (대판 2016.7.14., 2015두48846)

3. ①

① (O) 대판 2010. 7. 15., 2009두19069

② (X) 개인택시운송사업면허는 특정인에게 권리나 이익을 부여하는 행정행위로서 법령에 특별한 규정이 없는 한 재량행위이고 그 면허에 필요한 기준을 정하는 것 역시 법령에 규정이 없는 한 행정청의 재량에 속한다. (대판 2007. 3. 15., 2006두15783)

③ (X) 체류자격 변경허가는 일종의 설권적 처분의 성격을 가지므로, 허가권자는 허가 여부를 결정할 수 있는 **재량**을 가진다. (대판 2016.7.14., 2015두48846)

④ (X) 해임처분은 적정(재량권의 일탈·남용 X)

　↳ 대판 2006. 12. 21. 2006두16274

4. ④

① (X) 부담부 행정처분에 있어서 처분의 상대방이 부담을 이행하지 아니한 경우 처분행정청은 부담불이행을 이유로 당해 처분을 철회할 수 있다.

② (X) 행정행위의 부관은 부담의 경우를 제외하고는 독립하여 행정소송의 대상이 될 수 없는 것인바, 지방국토관리청장이 일부 공유수면매립지에 대하여 한 국가 또는 직할시 귀속처분은 위 법리와 같이 독립하여 행정소송 대상이 될 수 없다. (대판 1993. 10. 8., 93누2032)

③ (X) 부담이 처분 당시 법령을 기준으로 적법하다면 처분 후 부담의 전제가 된 주된 행정처분의 근거 법령이 개정됨으로써 행정청이 더 이상 부관을 붙일 수 없게 되었다 하더라도 곧바로 위법하게 되거나 그 효력이 소멸하게 되는 것은 아니다. (대판 2009.2.12., 2005다65500)

④ (O) 기속행위에 붙은 부관은 무효이므로, 그 부관을 이행할 의무가 없다.

5. ③

① (X) 구 토지수용법상 피수용자 등이 기업자에 대하여 부담하는 수용대상 토지의 인도(명도를 포함한다.)의무

는 대체적 작위의무라고 볼 수 없으므로 대집행의 대상이 될 수 없다. (대판 2005. 8. 19., 2004다2809)

② (X) **1장**의 문서(철거명령+계고처분)로도 **가능**하다. (대판 1992. 6. 12., 91누13564)

③ (O) 대집행계고를 함에 있어서는 대집행할 행위의 내용 및 범위가 구체적으로 특정되어야 하나, 그 행위의 내용 및 범위는 반드시 대집행**계고서에 의하여서만 특정되어야 하는 것이 아니고** 계고처분 전후에 송달된 문서나 기타 사정을 종합하여 행위의 내용이 특정되면 족하다. (대판 1994. 10. 28., 94누5144)

④ (X) 생략할 수 없다. → **생략할 수 있다.**

> **【행정대집행법】제3조(대집행의 절차)**
> ③ 비상시 또는 위험이 절박한 경우에 있어서 당해 행위의 급속한 실시를 요하여 전2항에 규정한 수속(계고, 영장통지)을 취할 여유가 없을 때에는 그 수속을 거치지 아니하고 대집행을 할 수 있다.

6. ②

㉠ (X) 친일재산은 친일반민족행위자 재산조사위원회가 국가귀속결정을 하여야 비로소 국가의 소유로 되는 것이 아니라 특별법의 시행에 따라 그 취득·증여 등 원인행위시에 소급하여 당연히 국가의 소유로 된다. (대판 2008.11.13., 2008두13491)

㉡ (O) 대판 1991. 8. 13., 90누9414

㉢ (O) 대판 1994. 10. 25., 93누21231

㉣ (X) 대판 1977. 5. 24., 76누295
  ↳ **등록, 발급, 교부** 등은 **공증**행위에 속한다.

㉤ (X) 법률**행위**적 행정행위
  ↳ 준법률행위적 행정행위

㉥ (O) 독촉은 행정행위의 효과가 행정청의 의사표시와 무관하게 직접 법규범에 의하여 발생하는 준법률행위적 행정행위 중 '**통지**'에 해당한다.

7. ④

① (X) 하자의 치유는 취소사유인 행정행위를 대상으로 하고, 하자의 전환은 무효사유인 행정행위를 대상으로

한다.

② (X) 달라야 → **같아야**

③ (X) 전환시점을 기준으로 장래에 향하여
  ↳ **당초 행정행위의 발령 당시로 소급하여**

④ (O) 대판 1969. 1. 21., 68누190

8. ④

① (X) 각하 → **기각**

② (X) 처분서 → **사실심변론종결시**

③ (X) 사정판결은 오로지 **취소소송에서만 인정**

④ (O) 행정소송법 제32조

9. ②

㉠ (X) 처분 X [대판 2007.7.27., 2006두8464]

㉡ (O) 처분 O [대판 2009.12.24., 2009두14507]

㉢ (X) 처분 X [대판 1995.11.14. 95누2036]

㉣ (X) 처분 X [대판 1995.5.12. 94누13794]

㉤ (O) 처분 O [대판 1993. 11. 26. 93누7341]

㉥ (X) 처분 X [대판 2000. 2. 11. 99다61675]

	사용(수익)허가	대부계약
대상	**행정**재산	**일반**재산 (구 잡종재산)
법률관계	★ **공법**관계	★ **사법**관계 (국고관계)
예시	경찰서 내 매점 사용 허가	**국유림** 대부
법적 성질	행정처분 (강학상 **특허**)	사법상 계약
재산이용에 따른 반대급부	사용료	대부료
반대급부 부과 (납입고지)의 성질	행정처분	사법상 (채무) 이행청구

분쟁해결 방식	행정소송 (항고소송)	민사소송

10. ④

㉠ (O), ㉡ (O), ㉢ (O), ㉣ (O), ㉤ (X), ㉥ (O)

	무효사유인 행정행위	취소사유인 행정행위
공정력	불인정	인정
선결문제	행정사건을 선결문제로 하는 민·형사소송에서 효력부인 **가능**	행정사건을 선결문제로 하는 민·형사소송에서 효력부인 **불가능**
쟁송요건	• 제소기간 제한 有 • 행정심판전치 **불필요**	• 제소기간 제한 無 • 행정심판전치 **필요**
사정판결	불인정	인정
하자의 승계	승계 O	승계 X
하자의 치유와 전환	하자의 **전환** 대상	하자의 **치유** 대상

↳ 위법사유 중 무효사유와 취소사유를 구별하는 기준은 '중대명백설'로서 동일하다.

07회

1. ②

㉠ (O) 헌재 전원 97헌바74, 2000. 6. 1

㉡ (X) 대판 1981. 4. 28., 81도874

　　　대판 전원 1997. 4. 17., 96도3376

　↳ⓐ 계엄선포의 요건 구비 여부나 선포의 당·부당에 대한 판단은 통치행위이므로 사법심사 불가

　　ⓑ 단 비상계엄의 선포나 확대가 국헌문란의 목적으로 행하여진 경우, 범죄행위에의 해당 여부에 관한 사법심사 가능

㉢ (O) 헌재 전원 2003헌마814, 2004. 4. 29

㉣ (X) 대판 2004. 3. 26., 2003도7878,

　↳ⓐ 남북정상회담의 개최는 사법심사 불가

　　ⓑ 남북정상회담의 개최과정에서의 대북송금행위는 사법심사 가능

㉤ (X) 헌재 전원 1996. 2. 29. 93헌마186

　↳ⓐ 대통령의 긴급재정·경제명령 발동은 통치행위

　　ⓑ 단 기본권 침해와 직접 관련되는 경우 사법심사 가능

2. ③

① (O) 헌법이 인정하고 있는 위임입법의 형식은 **예시적**인 것으로 보아야 할 것이고, 그것은 법률이 행정규칙에 위임하더라도 그 행정규칙은 위임된 사항만을 규율할 수 있으므로, 국회입법의 원칙과 상치되지도 않는다. (헌재 전원 2004. 10. 28. 선고 99헌바91)

② (O) 행정기본법 제2조 제1호 가목 3)

③ (X) 당해 처분의 기준이 된 주택건설촉진법**시행령** 제10조의3 제1항 [별표 1]은 주택건설촉진법 제7조 제2항의 위임규정에 터잡은 규정형식상 **대통령령**이므로 그 성질이 **부령**인 시행규칙이나 또는 지방자치단체의 규칙과 같은 행정조직 내부에서의 행정명령에 지나지 않는 것이 아니라 대외적으로 **국민이나 법원을 구속**하는 힘이 있는 **법규명령**에 해당한다. (대판 1997. 12. 26., 97누15418)

↳ⓐ 대통령령(시행령)으로 규정한 경우, 법규명령으로
　보아 대외적 구속력 인정
　ⓑ 부령(시행규칙)으로 규정한 경우, 행정규칙으로
　보아 대외적 구속력 불인정
④ (O) 대판 2018. 6. 15., 2015두40248

3. ③

① (O), ② (O) 서울특별시립무용단 단원의 위촉은 **공법상의 계약**이라고 할 것이고, 따라서 그 단원의 해촉에 대하여는 **공법상의 당사자소송**으로 그 무효확인을 청구할 수 있다. (대판1995. 12. 22. 95누4636)

③ (X) 공법상 계약에는 자력집행력이 없으므로 행정상 강제집행의 대상이 될 수 없다.

④ (O) 계약직공무원 채용계약해지의 의사표시는 일반 공무원에 대한 징계처분과는 달라서 일정한 사유가 있을 때에 국가 또는 지방자치단체가 채용계약 관계의 한쪽 당사자로서 대등한 지위에서 행하는 의사표시로 취급되는 것으로 이해되므로, 행정처분과 같이 행정절차법에 의하여 근거와 이유를 제시하여야 하는 것은 아니다. (대판 2002. 11. 26. 2002두5948)

4. ②

	불가쟁력	불가변력
별칭	형식적 존속력	실질적 존속력
대상	상대방 및 이해관계인에 대한 구속력	처분청 등 행정기관에 대한 구속력
발생 범위	무효가 아닌 모든 행정행위	**확인행위**, 재결 등
관계	**양자는 상호 무관하다. 따라서** • 불가쟁력이 발생한 경우에도 **직권취소 가능** • 불가변력이 발생한 경우에도 **쟁송제기 가능**	

↳ 특정한 사실 또는 법률관계에 관하여 의문이 있는 경우에 행정청이 그 존부 또는 정부를 판단하는 행위 ='확인행위'

5. ③

① (O)

【행정심판법】 제27조(심판청구의 기간) ① 행정심판은 처분이 있음을 알게 된 날부터 90일 이내에 청구하여야 한다.
② 청구인이 천재지변, 전쟁, 사변(事變), 그 밖의 불가항력으로 인하여 제1항에서 정한 기간에 심판청구를 할 수 없었을 때에는 그 사유가 소멸한 날부터 14일 이내에 행정심판을 청구할 수 있다. 다만, 국외에서 행정심판을 청구하는 경우에는 그 기간을 30일로 한다.
③ 행정심판은 처분이 있었던 날부터 180일이 지나면 청구하지 못한다. 다만, 정당한 사유가 있는 경우에는 그러하지 아니하다.

② (O) 행정심판법 제51조(행정심판 재청구의 금지)

③ (X) 재결의 기속력에 따라 행정청과 관계 행정청은 재결이 구속되므로, 인용재결을 대상으로 행정소송을 제기할 수가 없다.

【행정심판법】 제49조(재결의 기속력 등) ① 심판청구를 인용하는 재결은 피청구인과 그 밖의 관계 행정청을 기속(羈束)한다.

④ (O) 재결에는 불가변력이 발생하기 때문이다.

6. ③

㉠ (X) 인가　　㉡ (X) 허가
㉢ (O) 특허　　㉣ (X) 허가
㉤ (O) 특허　　㉥ (O) 특허

7. ④

① (X) 처분청은 그 처분의 성립에 하자가 있는 경우 이를 취소할 별도의 법적 근거가 없더라도 직권으로 이를 취소할 수 있다. (대판 2002. 5. 28., 2001두9653)

② (X) 직권취소의 권한은 처분청과 **감독청(상급행정청)**이 가진다. 따라서 상급행정청은 하급행정청의 위법하거나 부당한 행정행위를 취소할 수 있다.
↳ 한편 철회권은 처분청만 가진다.

③ (X) 외형상 하나의 행정처분이라 하더라도 **가분성**이 있거나 그 처분대상의 **일부가 특정**될 수 있다면 일부

<u>만의 취소도 가능하고 그 일부의 취소는 당해 취소부</u>
<u>분에 관하여 효력이 생긴다.</u> (대판 전원 1995. 11. 16. 95누
8850)

↳ 위 판례는 정확히 일부철회에 관한 판례인데, 하나
의 처분 안에서 <u>가분성이 있는 일부</u>가 있다면, 그 일
부에 대한 <u>취소나 철회가 가능한</u> 것으로 정리한다.

④ (O) 대판 2009. 5. 28. 2007두17427

8. ④

국가배상법상 공무원에 해당하는 사인
• **시청소차 운전수**(80다1051)
• **국가·지방자치단체** 소속 **청원경찰**(92다47564)
• **전입신고**서에 확인인을 찍는 **통장**(98다39060)
• **소집 중**인 향토**예비군**(70다471)
• 학교 앞 **교통할아버지**(98다39060)
국가배상법상 공무원에 해당하지 않는 사인
• **시영버스** 운전수(68다2225)
• **의용소방대**(73다1896)

9. ②

① (O) 대판 2000.5.12. 99다1890

② (X) 행정법규 위반에 대하여 가하는 제재조치는 행
정목적의 달성을 위하여 행정법규 위반이라는 객관적
사실에 착안하여 가하는 제재이므로 반드시 **현실적인
행위자가 아니라도** 법령상 책임자로 규정된 자에게 부
과되고 특별한 사정이 없는 한 <u>위반자</u>에게 고의나 과
실이 **없더라도** 부과할 수 있다. (대판 2012.5.10., 2012두
1297)

③ (O) 헌재 전원 2009헌바140, 2011. 10. 25

④ (O) 헌재 전원 2002헌가14, 2003. 6. 26

10. ③

	㉮ 위임명령	㉯ 집행명령
위임 요부	법률의 구체적 위임 필요 (법률의 명시적 수권규정 필요)	법률의 구체적 위임 불필요 (법률의 명시적 수권규정 불필요)
규율 의 차 이	새로운 입법(법규)사항 규정 가능 (= 국민의 권리·의무에 관한 규정 가능)	새로운 입법(법규)사항 규정 불가능 (= 국민의 권리·의무에 관한 규정 불가능)

↳ 위임명령이 법률에서 <u>위임받은 사항을 전혀 규정하</u>
<u>지 않고 그대로 재위임</u>하는 것은 <u>복위임금지 원칙</u>
<u>에 반한다.</u> (대판 2015. 1. 15., 2013두14238)

08회

1. ④

① (O) 행정기본법 제21조

② (O) 대판 1997. 12. 26., 97누15418

③ (O) 술에 취한 상태에 있다고 인정할 만한 상당한 이유가 있음에도 불구하고 경찰공무원의 측정에 응하지 아니한 때에는 필요적으로 운전면허를 취소하도록 되어 있어 처분청이 그 취소 여부를 선택할 수 있는 재량의 여지가 없음이 그 법문상 명백하므로, 운전면허취소처분에 있어서 재량권의 일탈 또는 남용의 문제는 생길 수 없다. (2004. 11. 12., 2003두12042)

④ (X) 행정청이 개인택시운송사업의 면허를 발급함에 있어 **택시 운전경력자를 일정 부분 우대**하는 처분을 하게 된 것이라면, 그 때문에 택시 이외의 운전경력자에게 반사적인 불이익이 초래된다는 결과만을 들어 그러한 행정청의 조치가 불합리 혹은 부당하여 재량권을 일탈·남용한 위법이 있다고 볼 수는 없다. (대판 2009. 7. 9., 2008두11099)

2. ②

① (O) 헌재 전원 2005헌바59, 2006. 12. 28

② (X) 고시가 법령의 수권에 의하여 **법령을 보충**하는 사항을 정하는 경우에는 그 근거 법령규정과 결합하여 대외적으로 구속력이 있는 **법규명령**으로서의 성질과 효력을 가진다. (대판 2007. 5. 10., 2005도591)

③ (O) 헌재 전원 2001헌마894, 2004. 1. 29

④ (O) 헌재 전원 1998. 4. 30. 97헌마141

3. ④

㉠ (X) 거부처분은 사전통지의 대상 X

㉡ (X) 불이익처분을 하는 경우, 청문이나 공청회를 실시하지 않는 경우에는 최소한 상대방에게 의견제출의 기회를 주어야 하는 것이므로, 청문이나 공청회를 실시하는 때에는 의견제출 기회부여가 불필요하다.

㉢ (X) 사전통지의 면제사유에 해당하는 경우에는, 의견

청취도 생략가능 [행정절차법 제22조 제4항]

㉣ (O) 행정절차법 개정('22.7.12.~)으로 동법 제22조 제1항 제3호 **각목에 해당하는 처분을 하는 경우**에는, 당사자의 신청여부와 관계없이 **의무적으로 청문을 실시**하도록 개정되었다.

　↳ 가. **인허가** 등의 **취소**

　　나. **신분·자격**의 **박탈**

　　다. **법인이나 조합 등의 설립허가**의 **취소**

㉤ (O) 대판 2001. 4. 13. 2000두3337

4. ④

공법관계
• 국·공유 행정재산의 사용(수익)허가 관계 　(국립의료원 부설주차장의 위탁관리운영계약) • 산업단지 입주변경계약의 취소 • 농지개량조합과 직원과의 근무관계 • 수도료 부과·징수 등 공공하수도 이용관계 • 국가 및 지방자치단체 소속 청원경찰의 근무관계 • 국유재산 무단점유자에 대한 변상금 부과처분 관계 • 서울시 경찰국 산하 서울대공전술연구소장 채용 계약
사법관계
• 국·공유 일반재산(국유림 등)의 매각, 임대 • 공기업과 직원의 근무관계 　(서울지하철공사, 한국방송공사, 종합유선방송위원회 등) • 한국마사회의 조교사나 기수에 대한 면허취소·정지 • 수도료 부과·징수 등 공공하수도 이용관계 • 전화가입 계약·해지 • 입찰보증금 국고귀속조치

5. ④

① (O) 따라서 과거의 의무위반에 대한 제재인 행정벌과 구별된다.

② (O) 대판 2005.8.19, 2005마30

③ (O) 구 건축법상의 이행강제금은 간접강제의 일종으로서 그 **이행강제금 납부의무**는 상속인 기타의 사람에게 승계될 수 없는 **일신전속적**인 성질의 것이므로 이미 사망한 사람에게 이행강제금을 부과하는 내용의

처분이나 결정은 **당연무효**이다. (대판 2006.12.8. 2006마 470)

↳ 이행강제금과 달리 과징금 납부의무는 상속인에게 승계될 수 있으므로 구별해둔다.

④ (X) 이행강제금은 대체적 작위의무의 위반에 대하여 도 부과될 수 있다. (헌재 2004. 2. 26. 2001헌바80, 84, 102, 103, 2002헌바26)

6. ①

① (O) 허가 등의 행정처분은 원칙적으로 **처분시의 법령 과 허가기준**에 의하여 처리되어야 하고 허가신청 당시 의 기준에 따라야 하는 것은 아니다. (대판 2006. 8. 25. 2004두2974)

② (X) 허가자체의 존속기간 → **허가조건의 존속기간**

↳ 일반적으로 행정처분에 효력기간이 정하여져 있는 경우에는 그 기간의 경과로 그 행정처분의 효력은 상실되고, 다만 허가에 붙은 기한이 그 허가된 사업 의 성질상 부당하게 짧은 경우에는 이를 그 허가 자 체의 존속기간이 아니라 그 **허가조건의 존속기간**으 로 보아야 한다. (대판 2007. 10. 11. 2005두12404 판결)

③ (X) 유료직업 소개사업의 허가갱신은 허가취득자에 게 종전의 지위를 계속 유지시키는 효과를 갖는 것에 불과하고 갱신 후에는 갱신 전의 법위반사항을 불문에 붙이는 효과를 발생하는 것이 아니므로 일단 **갱신**이 있은 후에도 **갱신 전의 법위반사실을 근거**로 허가를 **취소**할 수 있다. (대판 1982. 7. 27., 81누174)

④ (X) 경찰허가의 효과는 해당 허가의 근거법상 금지를 해제하는 효과만 있을 뿐, 다른 법령상의 금지까지 해 제하는 효과가 있는 것은 아니다.

7. ③

① (O) 헌재 전원 2002헌마337, 2003. 6. 26

② (O) 상대방이 행정지도에 응하지 아니하였다는 점을 이유로, 행정기관이 상대방에게 불이익한 조치를 하였 다면 행정절차법 제48조 제2항을 위반한 경우이므로, 그 조치는 **위법**한 행위가 된다.

③ (X) 위법한 행정지도로 인하여 손해가 발생한 경우, 행정지도와 손해발생 사이의 **인과관계성은 부정**된다 는 점에서 피해자의 국가배상청구권이 **인정되지 않음** 이 일반적이다.

↳ 다만 한계를 일탈한 행정지도로 인해 상대방에게 손해가 발생한 경우 행정기관은 손해배상책임이 진 다. (대판 2008. 9. 25., 2006다18228)

④ (O) 행정관청이 토지거래계약신고에 관하여 공시된 기준지가를 기준으로 매매가격을 신고하도록 행정지 도하여 온 경우 그와 같은 **위법한 관행**에 따라 토지의 매매가격을 허위로 신고한 행위는 **범법행위**로서 사회 상규에 위배되지 않는 **정당한 행위라고 볼 수 없다**. (대 판 1992.4.24., 91도1609)

➤ **위법한 행정지도에 따른 사인의 행위**

↳ **범법**행위 O = 위법성 조각 X

8. ①

① (O)

② (X) 된다. → **되지 않는다.**

↳ 문화적, 학술적 가치는 특별한 사정이 없는 한 손실 보상의 대상이 될 수 없다. (대판 1989. 9. 12., 선고, 88 누11216)

③ (X) 민사소송 → **공법상 당사자소송**

↳ 하천구역 편입토지 보상에 관한 특별조치법에 정 한 하천편입 토지소유자의 손실보상금청구권은 공 법상의 권리로서 그 소송절차는 행정소송법상 당 사자소송에 의하여야 한다. (대판 2006. 11. 9., 2006다 23503)

④ (X) 속한다고 볼 수 없다. → **속한다고 볼 수 있다.**

↳ 개발제한구역의 지정으로 인한 개발가능성의 소멸 과 그에 따른 지가의 하락이나 지가상승률의 상대 적 감소는 토지소유자가 감수해야 하는 사회적 제 약의 범주에 속한다. (헌재 전원 89헌마214, 1998. 12. 24)

9. ①

① (O) <u>조세부과처분이 당연무효임을 전제로 하여 **이미 납부한 세금의 반환**을 청구하는 것은 민사상의 부당이득반환청구로서 **민사소송절차**에 따라야 한다.</u> (대판 1995. 4. 28. 94다55019)

② (X) 대판 2008. 7. 24., 2007다25261

③ (X) 대판 1992. 12. 24., 92누3335

↳ 반면 '<u>민주화운동관련자 명예회복 및 보상 심의위원회</u>'의 보상금 등의 지급 대상자에 관한 결정은 행정처분으로서 항고소송의 대상인바, 당사자소송의 대상인 광주민주화운동 사건과 구별해둔다.

④ (X) <u>공무원의 신분의 확인, 국·공립학교 학생의 신분의 확인</u>과 같은 **공법상 신분이나 지위**와 같은 권리관계(법률관계)의 확인청구소송은 당사자소송의 전형적인 사례이다.

10. ①

① (O) <u>재결은 행정행위로서의 성격도 가지고 있으므로 행정행위의 일반적 효력</u>을 가진다.

② (X) 커각 → **각하**

③ (X) 인용 → **기각**

④ (X) <u>취소명령재결은 삭제되어 존재하지 않는다.</u>

【행정심판법】 제43조(재결의 구분)

① 위원회는 심판청구가 적법하지 아니하면 그 심판청구를 <u>각하</u>(却下)한다.

② 위원회는 심판청구가 이유가 없다고 인정하면 그 심판청구를 <u>기각</u>(棄却)한다.

③ 위원회는 취소심판의 청구가 이유가 있다고 인정하면 처분을 <u>취소</u> 또는 다른 처분으로 <u>변경</u>하거나 처분을 다른 처분으로 변경할 것을 피청구인에게 명한다.

↳ 취소심판의 인용재결: ①처분<u>취소</u>재결, ②처분변경재결, ③처분변경명령<u>내</u>결

---

1. ②

① (X) 처분 당시 → **신청 당시**

↳ 당사자의 신청에 따른 처분은 **처분 당시**의 법령 등에 따라야 한다. 다만 법령 등에서 특별히 <u>신청 당시의 법령에 따른다는 **경과규정**을 두거나 처분 당시의 법령 등을 **적용하기 곤란**한 경우에는 **신청 당시**의 법령 등에 따른다.</u> (행정기본법 제14조 제2항)

② (O) 행정기본법 제14조 제3항

③ (X) 변경되가 전의 법령등 → **변경된** 법령등

↳ <u>법령등을 위반한 행위 후 법령등의 변경에 의하여 그 행위가 법령등을 위반한 행위에 해당하지 아니하거나 제재처분 기준이 가벼워진 경우로서 해당 법령등에 특별한 규정이 없는 경우에는 **변경된** 법령등을 적용한다.</u>

④ (X) 위반 행위시가 아닌 처분시

       ∟ 행위시

↳ <u>과징금 부과처분을 하는 경우, 구체적인 부과기준에 대하여 처분시의 법령이 행위시의 법령보다 **불리**하게 개정되었고 어느 법령을 적용할 것인지에 대하여 특별한 규정이 없다면 **행위시의 법령**을 적용하여야 한다.</u> (대판 2002. 12. 10., 2001두3228)

2. ③

① (X) <u>조합설립추진위원회 구성승인처분은 추진위원회의 구성행위를 **보충**하여 그 효력을 부여하는 처분이다.</u> (대판 2013. 1. 31., 2011두11112, 2011두11129)

↳ 특허가 아닌 <u>인가</u>

② (X) 대판 2013. 5. 9., 2012두2279

↳ 인가가 아닌 <u>특허</u>

③ (O) 대판 2010. 12. 9. 2009두4555

④ (X) '<u>공법상 대리</u>'에는 체납처분절차상 압류재산의 공매처분, 감독청에 의한 공법인의 정관작성·공법인의 임원임명, 토지수용위원회의 재결, 행려병자의 **유류품처분** 등이 있다.

↳ 행려병자 보호·관리는 공법상 사무관리

3. ④

㉠ (O) 대판 1989. 3. 28., 87누436

㉡ (X) 구 출입국관리법 제76조의3 제1항 제3호는 **거짓 진술이나 사실은폐** 등으로 난민인정 결정을 하는 데 하자가 있음을 이유로 이를 취소하는 처분이 재량권을 일탈·남용하였다고 **할 수 없다**. (대판 2017. 3. 15., 2013두16333)

㉢ (O) 대판 2001. 12. 11., 99두1823

㉣ (X) 공정한 업무처리에 대한 사의로 두고 간 돈 30만원을 피동적으로 수수하였다가 돌려 준 20여년 근속의 경찰공무원에 대한 해임처분이 **재량권의 남용**에 해당한다. (대판 1991. 7. 23., 90누8954)

㉤ (X) **수입 녹용** 중 전지 3대를 절단부위로부터 5cm까지의 부분을 절단하여 측정한 회분함량이 기준치를 0.5% 초과하였다는 이유로 수입 녹용 전부에 대하여 전량 폐기 또는 반송처리를 지시한 처분이 재량권을 일탈·남용한 경우에 **해당하지 않는다**. (대판 2006.4.14., 2004두3854)

4. ②

① (O)

② (X) '객관적 소송'은 원칙적으로 행정소송의 대상이 되지 않고, 법령에서 특별히 정하고 있는 예외적인 경우에만 행정소송의 대상으로 인정된다. 우리 행정소송법은 객관적 소송으로서 민중소송과 기관소송 2가지 유형을 규정하고 있고, 각 개별법(공직선거법, 지방자치법 등)에서 정하고 있다.

③ (O) 개인적 공권이 침해된 경우 행정소송을 통한 구제가 가능하나, 반사적 이익이 침해된 경우 행정소송을 통한 구제가 가능하지 않다.

④ (O) 과거의 역사적 사실관계의 존부나 공법상의 구체적인 법률관계가 아닌 사실관계에 관한 것들은 항고소송의 대상이 되지 아니하는 것이다. (대판 1990. 11.23., 90누3553)

5. ③

① (O) 행정기본법에는 행정계획에 관한 내용이 없다.

② (O) 이른바 계획재량은 일반적인 재량행위에 비해 폭넓은 재량이 부여된다.

③ (X) '도시기본계획(처분성 ★부정)'을 제외한 도시계획 표현('도시·군관리계획', '도시계획시설결정', 도시관리계획, '도시관리계획결정)은 처분성이 ★인정되는 것으로 정리하면 된다.

④ (O) 도시계획과 같이 장기성, 종합성이 요구되는 행정계획에 있어서는 그 계획이 일단확정된 후에 어떤 사정의 변경이 있다 하여 지역주민에게 일일이 그 계획의 변경을 청구할 권리를 인정해 줄 수도 없다. (대판 1989.10.24. 89누725)

↳ 계획보장청구권도 불인정

6. ①

① (X) 거부처분에 대해서는 거부처분취소심판과 의무이행심판을 제기할 수 있다.

② (O) 행정심판법 제43조 제2항

③ (O) 행정소송법 제19조 단서

↳ 행정심판법 제51조(재청구의 금지)에 따라 재결에 고유한 위법이 있더라도 재결을 상대로 다시 행정심판 청구를 할 수는 없고, 재결에 고유한 위법이 있는 경우에는 재결취소소송 또는 재결무효확인소송을 제기하여야 한다.

④ (O) 행정심판법 제44조 제3항

7. ④

모두 적용되지 않는 사항이다. (행정절차법 제3조 제2항)

8. ①

① (O) 헌재 전원 2002헌마579, 2004. 12. 16

② (X) 사립대학교가 국비의 지원을 받는 범위 내에서만 공공기관의 성격을 가진다고 볼 수 없다. (대판 2006. 8. 24., 2004두2783)

↳ 사립대학교 = 정보공개법상 공공기관

③ (X) 한국방송공사는 정보공개법상 <u>공공기관</u> O

한국증권업협회는 정보공개법상 공공기관 X

↳ 2010. 12. 23., 선고, 2008두13101

2010. 4. 29., 선고, 2008두5643

④ (X) 정보공개법(약칭) 제21조 제2항

↳ <u>제3자의 비공개요청</u>에도 불구하고 **공개결정** 가능

9. ①

① (O) 국가배상법은 <u>국가 또는 지방자치단체의 행정상</u>
<u>손해배상</u>에 관한 <u>일반법</u>이다.

② (X) 공공단체 → **지방자치단체**

헌법 제29조	공무원의 직무상 불법행위로 손해를 받은 국민은 법률이 정하는 바에 의하여 **국가** 또는 **공공단체**에 정당한 **배상**을 청구할 수 있다.
국가배상법 제2조 (배상책임)	**국가**나 **지방자치단체**는 … (중략) … 이 법에 따라 그 <u>손해를 **배상**</u>하여야 한다.

↳ 공공단체의 범위 > 지방자치단체의 범위

③ (X) 축소 → **확대**

④ (X) 대법원은 <u>시위진압</u> 과정에서 불법행위를 한 <u>가해</u>
<u>공무원(전투경찰)</u>이 **특정할 수 없는 경우**에도 국가의 <u>손</u>
<u>해배상</u>**책임이 인정**된다고 판시하였다. (대판 1995. 11. 10.
95다23897)

10. ①

① (O) <u>법규명령</u>은 법률과 동일하게 조문 형식을 갖추어
야 함이 원칙이다.

② (X) 법률종속적 명령 → **법률대위 명령**

↳ 긴급명령의 효력은 <u>법률과 대등</u>

③ (X) <u>대통령령</u>은 통상 'OO법 시행령', 'OO에 관한 규
정'과 같은 형식으로 제정된다.

↳ <u>부령</u>이 통상 '시행규칙'으로 제정된다.

④ (X) 법률 > 대통령령 > 총리령=부령

↳ 실무상 총리령과 부령은 사실상 대등한 수준에 있
고, <u>총리령과 부령</u> 모두 <u>대통령령의 위임 범위 내에</u>
<u>서 제정되어야</u> 한다.

10회

1. ②

㉠ (X) **4년** 동안 그 보세운송면허세를 부과할 수 있는 정을 알면서도 피고가 수출확대라는 공익상 필요에서 한 건도 이를 부과한 일이 없었다면 납세자인 원고는 그것을 믿을 수 밖에 없고 그로써 **비과세의 관행이 이루어졌다고** 보아도 무방하다. (대판 전원 1980. 6. 10., 80누6)

㉡ (O) 대판 2002. 11. 8. 2001두1512

㉢ (X) "중대한 교통사고"를 이유로 사고로부터 1년 10개월 후 사고택시에 대하여 한 택시운송사업면허의 취소가 재량권유탈에 해당하지 않는다. (대판 1989. 6. 27., 88누6283)

㉣ (O) 대판 1987. 9. 8., 87누373

> **정리** **택시면허취소 기간 관련 위반 여부**
> - 1년 10개월 후 취소: 신뢰보호원칙 위반 X
> - 3년 후 취소: 신뢰보호원칙 위반 O

㉤ (O) 대판 2005. 4. 28., 2004두8828

> **정리** **폐기물처리업 적정통보 관련 위반여부**
> - 적정통보를 받고도 '청소업자의 난립'을 이유로 폐기물처리업 불허가처분 받은 경우
>   ↳ 신뢰보호원칙 **위반**(비례의 원칙도 위반)
> - 적정통보를 받고도 국토이용계획변경신청을 거부 받은 경우
>   ↳ 신뢰보호원칙 **위반 X**(신청을 승인해주겠다는 공적견해 표명이 아니기 때문)

2. ④

① (O) 새로운 법규사항을 정할 수 있는 위임명령을 제정하기 위해서는 법률의 구체적 위임, 즉 법률유보가 필요하다.

② (O) 집행명령은 상위법령의 집행에 필요한 절차나 형식을 정하는 데 그치므로, 상위 법령의 수권 없이 제정될 수 있다. 다만 당연하게도 법률우위의 원칙은 준수되어야 한다.

③ (O) ④ (X) 행정규칙 또한 법률에 위반되지 않아야 한다. 그러나 법령에서 인정된 직무권한 범위 내에서 발령하는 것이므로 법령의 개별적, 구체적 수권을 요하지 않는다.

	법규명령		행정규칙
	위임명령	집행명령	
법률우위의 원칙	적용		
법률유보의 원칙	적용 O		적용 X

3. ①

"국유재산 중 행정재산에 해당하는 경찰서 청사 내의 시설에 대한 사용허가에 관한 사례임을 추론할 수 있다."

① (O), ② (X) 행정재산의 사용허가는 강학상 **특허**로서, 재량행위이므로, 신청에 대하여 반드시 허가처분을 해주어야 하는 것은 아니다.

③ (X) '○○푸드'의 허가신청을 거부한 행위 또한 행정처분에 해당하므로, 거부처분취소소송의 대상이 된다.

④ (X) 행정재산의 사용허가에 따른 사용료 부과행위도 행정**처분**이다.

> ↳ 국·공유재산 중 일반재산의 대부계약에 따른 대부료 부과행위가 사경제주체로서 행하는 사법상의 행위에 해당

4. ④

① (O) 행정심판법 제5조 제1호

② (O) 행정심판법 제5조 제2호

③ (O) 행정심판법 제5조 제3호

④ (X) 부작위위법확인심판은 존재하지 않는다.

> ↳ 현행법상 취소심판, 무효등확인심판, 의무이행심판 3종류만 인정

5. ①

① (O) 취소 [사기, 강박, 증수뢰 등 부정행위에 의한 행정행위는 취소사유]

② (X) 철회 [법령위반행위에 따른 철회사유 발생]

③ (X) 철회 [부관으로 유보된 철회사유의 발생]

④ (X) 철회 [사실관계나 법적상황의 변경에 따른 철회사유 발생]

6. ④

① (O) 조직법상 소관범위 내에서만 행정지도 가능

② (O)

③ (O) 대판 1996.3.22., 96누433

④ (X) 행정지도가 강제성을 띠지 않은 비권력적 작용으로서 행정지도의 한계를 **일탈하지 아니하였다면**, 그로 인하여 상대방에게 어떤 손해가 발생하였다 하더라도 행정기관은 그에 대한 손해배상**책임이 없다**. (대판 2008.9.25.,2006다18228)

　↳ 반대로 **한계를 일탈**한 행정지도로 손해를 발생케한 경우 손해배상**책임이 있다**.

7. ①

㉠ (O) 이 법을 적용함에 있어서 **행정청**에는 법령에 의하여 ★ 행정 **권한의 위임 또는 위탁**을 받은 행정기관, 공공단체 및 그 기관 또는 **사인**이 포함된다. (행정소송법 제2조 제2항)

　↳ **공무수탁사인**의 위법한 처분에 불복이 있는 사람은 **공무수탁사인을 피고**로 항고소송을 제기 가능

㉡ (O) 대판 2001. 1. 5., 98다39060,

㉢ (X) 견인업자는 단순한 행정보조인 내지 행정대행인으로서 공무수탁사인 X

㉣ (O) 항공보안법 제22조

　↳ 교정업무를 위탁받은 민간교도소, 항공기의 기장, 토지수용을 하는 사업시행자, 선장 등은 대표적인 공무수탁사인이다.

㉤ (X) **원천징수의무자**가 비록 과세관청과 같은 행정청이더라도 그의 원천징수행위는 법령에서 규정된 징수 및 납부의무를 이행하기 위한 것에 불과한 것이지, 공권력의 행사로서의 **행정처분을 한 경우에 해당되지 아니한다**. (대판 1990.3.23. 89누4789)

　↳ 위 판례를 두고 대법원이 소득세법상 원천징수의무자를 단순 행정보조인으로 보아 **공무수탁사인성을 부정한 것으로 보는 견해가 다수설**

8. ③

㉠ (X) 승계 부정 [1961.10.26. 4292행상73]

㉡ (O) 승계 인정 [1994. 1. 25. 93누8542]

㉢ (X) 승계 부정 [2002. 12. 10., 2001두5422]

㉣ (O) 승계 인정 [1993. 11. 9., 93누14271]

　↳ 대집행절차(계고, 통지, 실행, 비용징수) 사이에서는 모두 승계인정

㉤ (O) 승계 인정

　↳ 강제징수절차(독촉·재산압류·매각·충당) 사이에서는 모두 승계인정

9. ①

① (X) 가령 경찰서장이 범칙행위에 대하여 통고처분(범칙금 부과)을 하게 되면, **범칙금 납부기간까지는** 경찰서장이 즉결심판을 청구하거나 검사가 그 범칙행위에 대하여 **공소를 제기할 수도 없다**.

② (O), ③ (O) 범법자가 통고처분에 불복하여 범칙금 납부기간까지 범칙금을 **납부하지 않으면**, 통고처분의 **효력은 상실**되고, 그 범칙행위에 대한 고발절차나 사건송치 등에 따라 **정식 형사소송절차**로 진행되어 처벌받게 된다.

④ (O) 한편 통고받은 **범칙금을 납부**한 사람의 경우 **일사부재리**의 원칙이 적용되어, 그 범칙행위에 대하여 다시 처벌받지 않는다.

10. ②

① (X) 법관의 재판에 법령의 규정을 따르지 아니한 잘못이 있다 하더라도 이로써 **바로** 그 재판상 직무행위가 국가배상법 제2조 제1항에서 말하는 위법한 행위로 되어 국가의 **손해배상책임이 발생하는 것은 아니고**, 그 국가배상책임이 인정되려면 당해 법관이 위법 또는 부당한 목적을 가지고 재판을 하였

다거나 법이 법관의 직무수행상 준수할 것을 요구하고 있는 기준을 현저하게 위반하는 등 법관이 그에게 부여된 권한의 취지에 명백히 어긋나게 이를 행사하였다고 인정할 만한 특별한 사정이 있어야 한다. (대판 2003. 7. 11., 99다24218)

② (O) 국회의원의 입법행위는 그 입법 내용이 헌법의 문언에 명백히 위반됨에도 불구하고 국회가 굳이 당해 입법을 한 것과 같은 **특수한 경우가 아닌 한** 국가배상법 제2조 제1항 소정의 **위법행위에 해당된다고 볼 수 없다**. (대판 1997. 6. 13., 96다56115)

③ (X) 국가배상책임에 있어 공무원의 가해행위는 법령을 위반한 것이어야 하고, 법령을 위반하였다 함은 엄격한 의미의 법령 위반뿐 아니라 **인권존중, 권력남용 금지, 신의성실**과 같이 공무원으로서 마땅히 지켜야 할 준칙이나 규범을 지키지 아니하고 위반한 경우를 포함하여 널리 그 행위가 **객관적인 정당성을 결여**하고 있음을 뜻하는 것이다. (대판 2008. 6. 12., 2007다64365)

④ (X) 국가배상법은 **과실책임주의**를 취하고 있으므로 당해 공무원에게 고의·과실이 없으면 배상청구를 할 수 없다.

【국가배상법】 제2조(배상책임) ① 국가나 지방자치단체는 공무원 또는 공무를 위탁받은 사인이 직무를 집행하면서 **고의 또는 과실**로 법령을 위반하여 타인에게 손해를 입히거나, 「자동차손해배상 보장법」에 따라 손해배상의 책임이 있을 때에는 이 법에 따라 그 손해를 배상하여야 한다

11회

1. ②

① (O) 일반처분으로서 행정행위에 속한다.

② (X) 횡단보도의 설치는 보행자의 통행방법을 규제하는 것으로서 국민의 권리·의무에 직접 관계가 있는 **행정처분**이다(대판 2000.10.27. 98두8964).

③ (O) 대판 1999. 8. 20., 97누6889

④ (O) 행정절차법 제5조

2. ③

하자의 승계 논의의 전제요건	
①	**선행행위와 후행행위**가 **모두 처분**일 것
②	**선행행위**의 하자가 **취소사유**에 해당할 것
③	**후행행위** 그 자체에는 어떠한 **하자가 없을 것**
④	**선행행위에 불가쟁력**이 발생하였을 것

3. ③

① (O) 개인정보보호법 제2조 제5호

② (O) 개인정보보호법 제25조 제5항

③ (X) 개인정보보호위원회
    └ 개인정보 **분쟁조정위원회**
        ↳ 개인정보보호법 제40조 제1항

④ (O) 개인정보보호법 제39조 제1항

4. ④

① (O) 대판 2008. 6. 12., 2007다64365

② (O) 대판 2016. 8. 25., 2014다225083

③ (O) 대판 2009. 12. 24., 2009다70180

④ (X) 경찰관이 구체적 상황하에서 그 인적·물적 능력의 범위 내에서의 적절한 조치라는 판단에 따라 범죄의 진압 및 수사에 관한 직무를 수행한 경우, 그것이 객관적 정당성을 상실하여 **현저하게 불합리하다고 인정**

되지 않는다면 그와 다른 조치를 취하지 아니한 부작위를 내세워 국가배상책임의 요건인 **법령 위반에 해당한다고 할 수 없다.** (대판 2007. 10. 25., 2005다23438)

5. ①

① (X) 공포일 → **시행일**

② (O) 행정기본법 제7조 제1호

↳ 통상 공포일과 시행일이 다르지만, 공포일=시행일인 경우도 있다.

③ (O) 행정기본법 제7조 제2호

④ (O) 행정기본법 제7조 제3호

6. ②

	자기완결적 신고 (수리를 요하지 않는 신고)	행위요건적 신고 (수리를 요하는 신고)	
근거	행정절차법 제40조	행정기본법 제34조	
적법한 신고의 효과발생 시점	접수기관(행정청)에 **도달**하면 = 신고 **효과** 발생	접수기관(행정청)에 **도달**하고 + 접수기관(행정청)이 **수리**해야 = 신고 **효과** 발생	
신고서를 수리하는 행위의 성질	사실상 행위(**법률상 효과 無**) ↳ 국민의 권리·의무 영향 無	**법적** 행위(**법률상 효과 有**) ↳ 국민의 권리·의무 변동 有	
신고서의 수리를 거부하는 행위의 성질	원칙	처분성 X	처분성 O (거부처분)
	예외	처분성 O (행정청의 수리 거부로 신고자가 불안정한 법적 지위에 놓일 우려가 있을 경우 등)	

부적법한 신고를 수리한 경우	접수기관(행정청)이 **수리하여도** 신고의 **효과발생 X**	수리행위가 **무효가 아닌 이상**, 접수기관(행정청)이 **수리하였다면** 일단 신고의 **효과발생 O**

① (X), ② (O), ③ (X)

④ (X) 수리란 신고를 유효한 것으로 판단하고 법령에 의하여 처리할 의사로 이를 수령하는 수동적 행위이므로 수리행위에 신고필증 교부 등 행위가 꼭 **필요한 것은 아니다.** (대판 2011.9.8. 2009두6766)

7. ③

① (X) 적법한 것으로 → **유효한 것으로**

↳ 행정기본법 제15조

② (X) 조세의 과오납이 부당이득이 되기 위하여는 납세 또는 조세의 징수가 실체법적으로나 절차법적으로 전혀 법률상의 근거가 없거나 **과세처분의 하자가 중대하고 명백하여 당연무효이어야** 하고, **과세처분의 하자가** 단지 **취소할 수 있는 정도**에 불과할 때에는 **과세관청이** 이를 **스스로 취소하거나 항고소송**절차에 의하여 **취소되지 않는 한** 그로 인한 조세의 납부가 **부당이득이 된다고 할 수 없다.** (대판 1994. 11. 11., 94다28000)

③ (O) 개발제한구역의 지정 및 관리에 관한 특별조치법 제30조 제1항에 의하여 행정청으로부터 **시정명령을 받은 자가** 이를 위반한 경우, 그로 인하여 개발제한구역법 제32조 제2호에 정한 처벌을 하기 위하여는 **시정명령이 적법한 것이라야** 하고, **시정명령이 당연무효가 아니더라도 위법한 것으로 인정되는 한** 개발제한구역법 제32조 제2호 **위반죄가 성립될 수 없다.** (대판 2017.9.21. 2017도7321)

④ (X) **연령미달의 결격자**이던 피고인이 그의 **형의 이름으로 운전면허시험에 응시 합격**하여 받은 **운전면허**는 비록 위법하다 하더라도 도로교통법 제65조 제3호의 **허위 기타 부정한 수단**으로 운전면허를 받은 경우에 해당함에 불과하여 **취소되지 않는 한** 그 **효력이 있는 것**이라 할 것이므로 피고인의 운전행위가 도로교통법 제38조의 **무면허운전에 해당하지 아니한다**고 본 원심

판단은 정당하다. (대판 1982. 6. 8. 80도2646)

8. ③

① (O) 행정심판법 제30조 제1항

② (O) 아래와 같이 행정심판의 성격의 가지는 이의신청을 거쳤다면, 행정심판을 거친 경우나 마찬가지라는 견지에서 다시 행정심판을 청구할 수 없도록 규정하고 있다.

> **【난민법】 제21조(이의신청)**
> ① 제18조제2항 또는 제19조에 따라 난민불인정결정을 받은 사람 또는 제22조에 따라 난민인정이 취소 또는 철회된 사람은 그 통지를 받은 날부터 30일 이내에 법무부장관에게 **이의신청**을 할 수 있다.
> ② 제1항에 따른 **이의신청을 한 경우**에는 「행정심판법」에 따른 **행정심판을 청구할 수 없다.**

③ (X) 재결의 **기속력**은 오로지 **인용재결**에서만 인정되므로, 처분청은 기각재결이나 각하재결에 기속되지 않는다. 따라서 취소심판청구에 대한 **기각재결이 있는 경우**에도 정당한 이유가 있으면 처분청이 당해 처분을 **직권으로 취소 또는 변경할 수 있다.**

④ (O) 행정심판법 제36조 제1항

9. ④

① (X) 국세기본법 → **국세징수법**

② (X) 공표로 인해 대상자의 명예, 인격 등에 관한 기본권이 침해될 우려가 있다는 점에서 **법적 근거가 있어야** 한다는 것이 다수설이다.

③ (X) 병무청장이 병역법 제81조의2 제1항에 따라 병역의무 기피자의 인적사항 등을 인터넷 홈페이지에 게시하는 등의 방법으로 공개한 경우 **병무청장의 공개결정**을 항고소송의 대상이 되는 **행정처분**으로 보아야 한다. (대판 2019. 6. 27., 2018두49130)

④ (O) 대판 1993. 11. 26., 93다18389

10. ③

㉠ (X) 처분 O [대판 2002. 7. 26. 2001두3532]

㉡ (X) 처분 O [대판 2005.7.8. 2005두487]

㉢ (O) 처분 X [대판 2018.9.28. 2017두47465]

㉣ (O) 처분 X [대판 2008.5.29., 2007두23873]

㉤ (X) 처분 O [대판 2005.2.17. 2003두14765]

12회

1. ①

'행정기본법'에는 평등의 원칙, 성실의무 및 권한남용금지의 원칙, 신뢰보호의 원칙, 비례의 원칙, 부당결부금지의 원칙 6가지가 규정되어 있다.

↳ 자기구속의 원칙은 규정되어 있지 않다.

2. ②

① (X) 법령의 위임관계는 반드시 하위 법령의 개별조항에서 위임의 근거가 되는 상위 법령의 해당 조항을 구체적으로 **명시하고 있어야만 하는 것은 아니다.** (대판 1999. 12. 24., 99두5658)

② (O) **처벌법규**나 조세를 부과하는 **조세법규**와 같이 국민의 기본권을 직접적으로 제한하거나 침해할 소지가 있는 법규에서는 구체성·명확성의 요구가 **강화**되어 그 위임의 요건과 범위가 **더 엄격**하게 규정되어야 하는 반면에, 일반적인 급부행정이나 조세감면혜택을 부여하는 조세법규의 경우에는 위임의 구체성 내지 명확성의 요구가 완화되어 그 위임의 요건과 범위가 **덜 엄격하게 규정**될 수 있으며, 그리고 규율대상이 **지극히 다양**하거나 **수시로 변화**하는 성질의 것일 때에는 위임의 **구체성·명확성의 요건이 완화되어**야 할 것이다. (헌재 전원 2003헌가23, 2005. 4. 28.)

③ (X), ④ (X) 일반적으로 법률의 위임에 의하여 효력을 갖는 법규명령의 경우, 구법에 위임의 근거가 없어 무효였더라도 사후에 법개정으로 위임의 근거가 부여되면 **그 때부터는 유효**한 법규명령이 되나, 반대로 구법의 위임에 의한 유효한 법규명령이 법개정으로 위임의 근거가 없어지게 되면 **그 때부터 무효**인 법규명령이 된다. (대판 1995. 6. 30. 93추83)

3. ②

① (O) 대판 2014. 5. 16., 2012두26180

② (X) 공무원 인사관계 법령에 의한 처분에 관한 사항이라 하더라도 전부에 대하여 행정절차법의 적용이 배제되는 것이 아니라, 성질상 행정절차를 **거치기 곤란하거나 불필요하다고 인정**되는 처분이나 행정절차에 **준하는 절차를 거치도록 하고 있는** 처분의 경우에만 행정절차법의 적용이 배제되는 것으로 보아야 한다. (대판 2013. 1. 16., 2011두30687)

③ (O) 대판 2007. 9. 21., 2006두20631

④ (O) 대판 2014. 10. 15., 2012두5756

4. ①

㉠ (X) 과징금 → **제재처분**

↳ "제재처분"이란 법령등에 따른 의무를 위반하거나 이행하지 아니하였음을 이유로 당사자에게 의무를 부과하거나 권익을 제한하는 처분을 말한다. (행정기본법 제2조 제5호)

㉡ (X) 직접강제는 **행정대집행**이나 **이행강제금** 부과의 방법으로는 행정상 **의무 이행을 확보할 수 없거나 그 실현이 불가능**한 경우에 실시하여야 한다. (행정기본법 제32조 제1항)

㉢ (O) 행정기본법 제32조 제2항

㉣ (O) 행정기본법 제30조 제3항

5. ②

① (O) 행정기본법 제27조 제1항

② (X) 관할 행정청은 면허 발급 이후에도 운송사업자의 동의하에 여객자동차운송사업의 질서 확립을 위하여 운송사업자가 준수할 의무를 정하고 이를 위반할 경우 **감차명령**을 할 수 있다는 내용의 **면허 조건**을 붙일 수 있고, 운송사업자가 그러한 조건을 위반하였다면 여객자동차법 제85조 제1항 제38호에 따라 감차명령을 할 수 있으며, 이러한 **감차명령**은 행정소송법 제2조 제1항 제1호가 정한 **처분으로서 항고소송의 대상**이 된다. (대판 2016.11.24. 2016두45028)

③ (O) 갑 지방자치단체가 을 주식회사 등 4개 회사로 구성된 공동수급체를 **자원회수시설**과 부대시설의 운영·유지관리 등을 위탁할 민간사업자로 선정하고 을 회사 등의 공동수급체와 위 시설에 관한 **위·수탁 운영**

협약을 체결하였는데, 위 협약은 갑 지방자치단체가 사인인 을 회사 등에 위 시설의 운영을 위탁하고 그 위탁운영비용을 지급하는 것을 내용으로 하는 용역계약으로서 **상호 대등**한 입장에서 당사자의 합의에 따라 체결한 **사법상 계약**에 해당한다. (대판 2019. 10. 17. 2018두60588)

④ (O) 대판 1993. 9. 14., 92누4611

6. ③

① (O)

② (O) 사인의 공법행위에서도 의사능력이 필요하므로, **의사무능력자의 행위는 무효**이다.

③ (X) 전역지원의 의사표시가 진의 아닌 의사표시라 하더라도 그 무효에 관한 법리를 선언한 민법 제107조 제1항 단서의 **비진의 의사표시**에 관한 규정은 그 성질상 **사인의 공법행위에는 적용되지 않는다** 할 것이므로 그 표시된 대로 유효한 것으로 보아야 한다. (대판 1994. 1. 11., 93누10057)

④ (O) 공무원이 한 **사직 의사표시의 철회나 취소**는 그에 터잡은 **의원면직처분이 있을 때까지** 할 수 있는 것이고, 일단 **면직처분**이 있고 난 **이후**에는 철회나 취소할 **여지가 없다**. (대판 2001. 8. 24., 99두9971)

7. ①

① (X) 수출입물품 통관검사절차에서 이루어지는 **물품의 개봉, 시료채취, 성분분석** 등의 검사는 수출입물품에 대한 적정한 통관 등을 목적으로 조사를 하는 것으로서 이를 수사기관의 강제처분이라고 할 수 없으므로, 세관공무원은 **압수·수색영장 없이** 이러한 검사를 진행할 수 있다. 그러나 **마약류 불법거래 방지**에 관한 특례법 제4조 제1항에 따른 조치의 일환으로 **특정한 수출입물품을 개봉하여 검사**하고 그 **내용물의 점유를 취득**한 행위는 위에서 본 수출입물품에 대한 적정한 통관 등을 목적으로 조사를 하는 경우와는 달리, **범죄수사인 압수 또는 수색**에 해당하여 **사전 또는 사후에 영장**을 받아야 한다. (대판 2017. 7. 18., 2014도8719)

② (O) 대판 2016. 12. 27., 2014두46850

③ (O) 대판 2011. 3. 10. 2009두23617,23624

④ (O) 행정조사도 「국가배상법」상 공무원의 직무행위에 해당하므로 위법한 행정조사로 손해를 입은 국민은 국가배상을 청구할 수 있다.

8. ①

① (X) 정보공개 청구권자가 공개를 청구하는 정보와 어떤 관련성을 가질 것을 요구하거나 정보공개청구의 목적에 특별한 제한을 두고 있지 아니하므로 **정보공개청구권자**의 **권리구제 가능성** 등은 정보의 공개 여부 **결정에 아무런 영향을 미치지 못한다**. (대판 2017. 9. 7., 2017두44558)

↳ 따라서 비공개대상 정보에 해당하지 않는 이상 공개하여야 한다.

② (O) 지방자치단체는 그 소관 사무에 관하여 **법령의 범위에서** 정보공개에 관한 조례를 정할 수 있다. (정보공개법:약칭 제4조 제2항)

↳ 법률의 개별적 위임 불필요

③ (O) 대판 2003. 12. 12., 2003두8050

④ (O) **형사소송법** 제59조의2는 형사재판확정기록의 공개 여부나 공개 범위, 불복절차 등에 대하여 구 공공기관의 정보공개에 관한 법률과 달리 규정하고 있는 것으로 정보공개법 제4조 제1항에서 정한 '정보의 공개에 관하여 다른 법률에 특별한 규정이 있는 경우'에 해당한다. 따라서 **형사재판확정기록**의 공개에 관하여는 **정보공개법**에 의한 공개청구가 **허용되지 아니한다**. (대판 2016. 12. 15., 2013두20882)

9. ④

① (X) 행정청이 심판청구 기간을 제1항[처분이 있음을 안 날로부터 90일]에 규정된 기간보다 **긴 기간으로 잘못 알린 경우** 그 **잘못 알린 기간**에 심판청구가 있으면 그 행정심판은 제1항에 규정된 기간에 **청구된 것으로 본다**. (행정심판법 제27조 제5항)

② (X), ③ (X)

제1항부터 제6항까지의 규정(행정심판청구기간)은 무효

등확인심판청구와 부작위에 대한 의무이행심판청구에는 적용하지 아니한다. (행정심판법 제27조 제7항)

↳ 거부처분에 대한 의무이행심판에는 청구기간의 제한이 적용된다.

④ (O) **고시 또는 공고**에 의하여 **행정처분**을 하는 경우, **고시가 효력을 발생**하는 날인 고시 또는 공고가 있은 후 5일이 경과한 날에 행정**처분이 있음을 알았다**고 보아, 그 때로부터 90일 이내에 행정심판을 청구하여야 한다. (대판 2000. 9. 8. 99두11257) ↳ 행정소송에서도 동일하다.

10. ②

① (O) 불가쟁력과 위법성에 따른 국가배상청구소송과는 무관하다. 가령 A처분에 대해서는 제소기간이 경과하여 불가쟁력이 발생한 경우에도 A처분에 따른 손해배상청구를 제기할 수 있다.

② (X) 위법한 행정대집행이 완료되면 그 처분의 무효확인 또는 취소를 구할 소의 이익은 없다 하더라도, 미리 그 행정처분의 취소판결이 있어야만 그 행정처분의 위법임을 이유로 한 손해배상청구를 할 수 있는 것은 아니다. (대판 1972.4.28., 72다337)

↳ 국가배상청구는 처분 등의 위법을 이유로 한 행정상 손해배상청구소송이므로, 제소기간 도과 여부나 소의 이익 유무와는 무관하게 제기할 수 있는 것이다.

③ (O) 대판 2010. 1. 28., 2007다82950,82967

④ (O) 헌재 전원 2008. 4. 24. 2006헌바72

13회

1. ④

① (O) 대판 1994.1.11.,93누10057

② (O) 대판 2009. 3. 26., 2008두21300

③ (O) 65세대의 공동**주택을 건설**하려는 사업주체(지역주택조합)에게 주택건설촉진법 제33조에 의한 **주택건설사업계획의 승인처분**을 함에 있어 그 주택단지의 진입도로 부지의 소유권을 확보하여 **진입도로** 등 간선시설을 설치하고 그 부지 소유권 등을 **기부채납**하며 그 주택건설사업 시행에 따라 폐쇄되는 인근 주민들의 기존 통행로를 **대체하는 통행로**를 설치하고 그 부지 일부를 **기부채납**하도록 조건을 붙인 경우, … (중략) … 다른 특별한 사정이 없는 한 필요한 범위를 넘어 과중한 부담을 지우는 것으로서 형평의 원칙 등에 위배되는 ★ **위법한 부관이라 할 수 없다.** (대판 1997. 3. 14., 96누16698)

> 공동주택건설사업을 승인하면서, **주택단지 진입도로**와 **인근주민의 대체 통행로** 등의 기부채납을 조건으로 한 부관은 **해당 주택건설사업과 관련이 있는 것**으로서, 공익적 목적에서 부가된 것이므로, **부당결부금지의 원칙에 위배되지 않는 것**이다.
> ➤ 아무런 관련이 없는 토지를 기부채납하도록 하는 부관을 붙여 **부당결부금지의 원칙에 위반**한 사례(96다49650)와는 구별해둔다.

④ (X) **청소년유해매체물**로 결정·고시된 만화인 사실을 모르고 있던 도서대여업자가 그 고시일로부터 8일 후에 청소년에게 그 **만화를 대여**한 것을 사유로 그 도서대여업자에게 금 **700만 원의 과징금**이 부과된 경우, 그 도서대여업자에게 청소년유해매체물인 만화를 청소년에게 대여하여서는 아니된다는 금지의무의 해태를 탓하기는 가혹하다는 이유로 그 과징금부과처분은 **재량권을 일탈·남용**한 것으로서 위법하다. (대판 2001. 7. 27., 99두9490)

2. ③

① (O), ② (O) 법률이 **공법적 단체** 등의 **정관**에 **자치법적 사항을 위임**한 경우에는 헌법 제75조가 정하는 **포괄적인 위임입법의 금지**는 원칙적으로 **적용되지 않는다**고 봄이 상당하고, 그렇다 하더라도 그 사항이 국민의 권리·의무에 관련되는 것일 경우에는 적어도 **국민의 권리·의무에 관한 기본적이고 본질적인 사항은 국회가 정하여야** 한다. (대판 2007.10.12., 2006두14476)

③ (X) 조례에 대한 법률의 위임은 법규명령에 대한 법률의 위임과 같이 반드시 구체적으로 범위를 정하여 할 필요가 없으며 포괄적으로도 가능하다. (헌재 전원 2012. 11. 29. 2012헌바97)

④ (O) **국회전속입법사항**이더라도 전적으로 법률로 규율되어야만 하는 것은 아니고, 그 본질적 내용을 법률로 정하여야 함을 의미하므로 그에 관한 **세부적 사항**의 경우에는 구체적으로 범위를 정하여 법규명령에 **위임**하는 것은 가능하다.

3. ③

> 【행정기본법】제17조(부관) ④ 부관은 다음 각 호의 요건에 적합하여야 한다.
> 1. 해당 처분의 **목적**에 위배되지 아니할 것
> 2. 해당 처분과 **실질적인 관련**이 있을 것
> 3. 해당 처분의 목적을 달성하기 위하여 **필요한 최소한**의 범위일 것

↳ '당사자의 동의'는 동법 제3항에서 정하고 있는 사후부관의 요건 중 하나이다.(8문 참고)

4. ②

① (O) 행정기관은 **법령등**에서 행정조사를 **규정하고 있는 경우**에 한하여 행정**조사를 실시**할 수 있다. 다만, 조사대상자의 **자발적인 협조**를 얻어 실시하는 행정조사의 경우에는 **그러하지 아니하다**. (행정조사기본법 제5조)

② (X) '조사대상자의 **자발적인 협조를 얻어 실시**하는 행정조사'는 개별 **법령 등**에서 행정조사를 규정하고 **있는 경우**에도 실시할 수 있다. (대판 2016. 10. 27. 2016

두41811)

↳ 법령에 따라 행정조사가 가능한 경우에서도, 대상자의 자발적인 협조에 따른 행정조사의 실시도 가능

③ (O) 행정조사기본법 제11조 제2항 제1호

④ (O) 행정기관의 장은 제1항에 따른 **시료채취**로 조사대상자에게 손실을 입힌 때에는 대통령령으로 정하는 절차와 방법에 따라 그 **손실을 보상**하여야 한다. (행정조사기본법 제12조 제2항)

5. ④

① (O) 법률효과의 일부배제는 법령상 규정되어 있는 법률효과의 일부를 배제한다는 점에서 관계법령에 명시적 근거가 있는 경우에만 허용된다.

② (O) 도로점용허가의 **점용기간**은 행정행위의 **본질적인 요소**에 해당한다고 볼 것이어서 부관인 **점용기간**을 정함에 있어서 **위법사유**가 있다면 이로써 도로**점용허가 처분 전부가 위법**하게 된다. (대판 1985. 7. 9., 84누604)

③ (O) 대판 2001. 6. 15. 99두509

④ (X)

> 【행정기본법】제17조(부관) ③ 행정청은 부관을 붙일 수 있는 처분이 다음 각 호의 어느 하나에 해당하는 경우에는 그 처분을 한 후에도 부관을 새로 붙이거나 종전의 부관을 변경할 수 있다.
> 1. 법률에 **근거**가 있는 경우
> 2. 당사자의 **동의**가 있는 경우
> 3. 사정이 변경되어 부관을 새로 붙이거나 종전의 부관을 변경하지 아니하면 해당 처분의 **목적**을 달성할 수 없다고 인정되는 경우

6. ①

> **【행정심판법】 제27조(심판청구의 기간)**
> ① 행정심판은 처분이 있음을 알게 된 날부터 **90일** 이내에 청구하여야 한다.
> ② 청구인이 천재지변, 전쟁, 사변(事變), 그 밖의 불가항력으로 인하여 제1항에서 정한 기간에 심판청구를 할 수 없었을 때에는 그 사유가 소멸한 날부터 **14일** 이내에 행정심판을 청구할 수 있다. 다만, 국외에서 행정심판을 청구하는 경우에는 그 기간을 **30일**로 한다.
> ③ 행정심판은 처분이 있었던 날부터 **180일**이 지나면 청구하지 못한다. 다만, 정당한 사유가 있는 경우에는 그러하지 아니하다.
> ⑥ 행정청이 심판청구 기간을 알리지 아니한 경우에는 **제3항에 규정된 기간**에 심판청구를 할 수 있다.

7. ①

① (X) 위법한 → **적법한**

소급하여 → **장래를 향하여**

↳ 행정청은 적법한 처분이 다음 각 호의 어느 하나에 해당하는 경우에는 그 처분의 전부 또는 일부를 장래를 향하여 철회할 수 있다. (행정기본법 제19조 제1항)

② (O)

	취소	철회	
주체	처분청 + 감독청	처분청 (감독청은 법률상 근거가 있는 경우만 O)	

③ (O)

④ (O) 대판 1997. 9. 12., 96누6219

8. ②

① (X) 이해관계인 → **당사자**

↳ 행정청은 처분을 할 때에는 다음 각 호의 어느 하나에 해당하는 경우를 제외하고는 **당사자**에게 그 **근거와 이유**를 제시하여야 한다. (행정절차법 제23조 제1항)

② (O) 대판 1990. 9. 11., 90누1786,

③ (X), ④ (X) 「행정절차법」에 따른 **이유제시**의 원칙은 **부담적** 행정처분의 경우뿐만 아니라 **수익적** 행정행위의 **거부**에도 적용된다. 즉 당사자에게 어떤 근거와 이유로 불이익 처분을 부과하는지 또는 어떤 근거와 이유로 수익적 처분을 거부하는지를 제시하여야 한다.

9. ④

① (O) 행정소송법 제12조

② (O) 행정소송법 제35조

③ (O) 행정소송법 제36조

④ (X) 당사자소송은 대등한 당사자 사이의 **법률관계를 다투는** 소송이므로, 일반 민사소송의 원고적격과 유사하게 권리보호의 이익'이 있는 자, 즉 '자신에게 권리가 있다고 주장하는 사람'이면 원고가 될 수 있다.

10. ④

① (O) 대판 전원 1996. 2. 15. 95다38677

② (O) 공무원의 불법행위에 고의 또는 중과실이 있는 경우 피해자는 국가·지방자치단체나 가해공무원 중 어느 쪽에 대해서든 선택적 청구가 가능하다.

③ (O) 공무원에게 **고의** 또는 **중대한 과실**이 있으면 국가나 지방자치단체는 그 공무원에게 **구상**(求償)할 수 있다. (국가배상법 제2조 제2항)

④ (X) **경과실**이 있는 공무원이 피해자에 대하여 손해배상책임을 **부담하지 아니함에도** 피해자에게 손해를 **배상하였다면** 그것은 채무자 아닌 사람이 타인의 **채무를 변제**한 경우에 해당하고, 피해자에게 손해를 직접 배상한 경과실이 있는 공무원은 특별한 사정이 없는 한 **국가에 대하여** 국가의 피해자에 대한 손해배상책임의 범위 내에서 공무원이 **변제한 금액**에 관하여 **구상권을 취득**한다(대판 2014.8.20. 2012다54478)

14회

1. ④

① (O), ② (O) 일반적·추상적인 **법령 그 자체**로서 국민의 구체적인 권리·의무에 직접적인 변동을 초래하지 않으므로 그 **항고소송의 대상이 될 수 없으나**, 법령 등이 별도의 집행행위 없이도 국민의 권리·의무를 직접적으로 규율하는 처분적 효과를 가질 때에는, 이러한 **처분적 법규**가 예외적으로 **항고소송의 대상**이 될 수 있다.

↳ 비록 법령뿐만 아니라, 고시나 조례의 경우에도 처분적 성질을 가질 때에는 항고소송의 대상이다.

③ (O) 추상적인 **법령**에 관하여 **제정의 여부** 등은 그 자체로서 국민의 구체적인 권리의무에 직접적 변동을 초래하는 것이 아니어서 **부작위위법확인소송소송의 대상이 될 수 없다.** (대판 1992.5.8. 91누11261)

④ (X) 보건복지부장관에게 의료법 및 대통령령에 따른 **치과전문의 자격시험**에 관한 **시행규칙 제정의무**가 있음에도 불구하고 이를 방치하고 있다는 이유로 치과의사들이 청구한 **헌법소원**사건에서 **헌법재판소는 인용결정**을 내린 바 있다. (헌재 전원 1998. 7. 16. 96헌마246)

↳ ③에서 보았듯이 입법부작위는 행정소송으로 다툴 수 없기 때문에, 다른 구제절차가 없는 경우에 해당한다는 점에서 헌법소원 인정

2. ③

① (X) 장래를 향하여 → **소급하여**

↳ 행정청은 위법 또는 부당한 처분의 전부나 일부를 소급하여 취소할 수 있다. (행정기본법 제18조 제1항)

② (X) 변상금 부과처분에 대한 취소**소송이 진행중**이라도 그 부과권자로서는 위법한 처분을 **스스로 취소**하고 그 하자를 보완하여 다시 적법한 부과처분을 할 수도 있다. (대판 2006.2.10. 2003두5686)

③ (O) 개인택시운송사업자가 음주운전을 하다가 사망한 경우 그 망인에 대하여 음주운전을 이유로 운전면허 취소처분을 하는 것은 불가능하고, 음주운전은 운전면허의 취소사유에 불과할 뿐 개인택시운송사업면허의 취소사유가 될 수는 없으므로, **음주운전을 이유**로 한 개인**택시운송사업면허의 취소**처분은 **위법**하다. (대판 2008. 5. 15., 2007두26001)

④ (X) 영업의 금지를 명한 영업허가취소처분 자체가 나중에 행정쟁송절차에 의하여 취소되었다면 그 영업허가취소처분은 그 처분시에 소급하여 효력을 잃게 되며, 그 영업허가취소처분에 복종할 의무가 원래부터 없었음이 확정되었다고 봄이 타당하므로, 그 영업허가취소처분 이후의 영업행위를 무허가영업이라고 볼 수는 없다. (대판 1993. 6. 25., 93도277)

↳ 직권취소와 쟁송취소 모두 소급효를 가진다.

3. ③

① (O) 행정절차법 제8조 제1항 제3호

② (O) 행정절차법 제8조 제3항

③ (X) 응원을 요청받은 → **응원을 요청한**

↳ 행정절차법 제8조 제5항

④ (O) 행정절차법 제8조 제6항

4. ③

㉠ (O) 대판 2006. 4. 13., 2005두15151

㉡ (O) 대판 2006. 6. 30., 2005두14363

㉢ (X) **학교환경위생정화구역**(현 교육환경보호구역) 내에서 금지행위 및 시설의 해제 여부에 관한 행정처분을 하면서 학교환경위생정화위원회(현 지역교육환경보호위원회)의 **심의절차를 누락**한 흠이 있다면 특별한 사정이 없는 한 이는 행정처분을 위법하게 하는 **취소사유**가 된다. (대판 2007.3.15., 2006두15806)

㉣ (O) 대판 2007. 4. 12., 2006두20150

㉤ (X) **적법한 권한 위임 없이 세관출장소장**에 의하여 행하여진 관세부과처분이 그 하자가 중대하기는 하지만 객관적으로 명백하다고 할 수 없어 당연**무효는 아니다.** (대판 2004. 11. 26., 2003두2403)

5. ②

① (O) 대판 1986. 7. 22., 86누203

② (X) 사실상 영업이 양도·양수되었지만 아직 승계신
고 및 그 수리처분이 있기 이전에는 여전히 종전의 영
업자인 양도인이 영업허가자이고, 양수인은 영업허가
자가 되지 못한다 할 것이어서 **행정제재처분의 사유**
가 있는지 여부 및 그 사유가 있다고 하여 행하는 행정
제재처분은 영업허가자인 양도인을 기준으로 판단하
여 그 양도인에 대하여 행하여야 할 것이고, 한편 양도
인이 그의 의사에 따라 양수인에게 영업을 양도하면서
양수인으로 하여금 영업을 하도록 허락하였다면 그 **양
수인의 영업 중** 발생한 위반행위에 대한 행정적인 책
임은 영업허가자인 **양도인**에게 귀속된다. (대판 1995. 2.
24., 94누9146)

↳ 영업지위승계(양도·양수) 신고가 수리되기 전까지는
위법행위에 대한 책임 여전히 양도인에게 있다.

③ (O) 대판 2001. 6. 29., 2001두1611

④ (O) 대판 2010. 11. 11., 2009두14934

↳ 영업자지위의 승계시, 제재처분의 효과 등도 양수
인에게 승계되어 불필요한 법적분쟁의 초래에 따른
양수인의 불만이 증가하자, 양수 전 행정처분 사실
확인서 발급제 등 제도보완이 모색되고 있다.

6. ①

① (X) 서면 또는 구두로 → **서면으로**

↳ 행정조사를 실시하고자 하는 행정기관의 장은 제
9조에 따른 출석요구서, 제10조에 따른 보고요구
서·자료제출요구서 및 제11조에 따른 현장출입조사
서를 조사개시 **7일 전**까지 조사대상자에게 **서면으**
로 통지하여야 한다. (행정조사기본법 제17조 제1항)

② (O), ③ (O) 행정조사기본법 제17조 제2항 및 제3항

④ (O) 행정조사기본법 제24조

↳ 행정조사기본법상 각종 통지기한은 '**7일**'로 정리하
면 용이하다.

7. ②

① (O), ② (X) 취소소송은 다른 법률에 특별한 규정이
없는 한 그 **처분등을 행한 행정청**을 피고로 한다. 다
만, 처분등이 있은 뒤에 그 처분등에 **관계되는 권한**이
다른 행정청에 **승계된 때**에는 이를 **승계한 행정청**을
피고로 한다. (행정소송법 제13조 제1항)

③ (O) 행정소송법 제38조 제1항

↳ 취소소송의 피고적격 규정은 무효등확인소송과 부
작위위법확인소송에도 준용된다.

④ (O) 행정소송법 제39조 제1항

8. ③

① (O) 행정절차법 제9조 제2호

② (O) 행정절차법 제17조 제8호

③ (X) **다수의 대표자**가 있는 경우 그 중 **1인에 대한** 행
정청의 행위는 **모든 당사자등에게 효력**이 있다. 다만,
행정청의 통지는 대표자 **모두에게 하여야** 그 효력이
있다. (행정절차법 제11조 제6호)

④ (O)

> **【행정절차법】 제2조(정의)** 이 법에서 사용하는 용어의 뜻
> 은 다음과 같다.
> 4. "**당사자등**"이란 다음 각 목의 자를 말한다.
> 가. 행정청의 처분에 대하여 직접 그 상대가 되는 **당사자**
> 나. 행정청이 직권으로 또는 신청에 따라 행정절차에 참여
> 하게 한 **이해관계인**
> 제21조(처분의 사전 통지) ① 행정청은 당사자에게 의무를
> 부과하거나 권익을 제한하는 처분을 하는 경우에는 미리
> 다음 각 호의 사항을 **당사자등**에게 통지하여야 한다.

↳ 따라서 '**당사자 등**'(처분의 직접 **당사자** + 행정절차에 **참
여한 이해관계인**) 외의 제3자에게는 사전통지절차가
적용되지 않는다.

9. ③

① (X)

> **【행정심판법】** 제6조(행정심판위원회의 설치) ① 다음 각 호의 행정청 또는 그 소속 행정청의 처분 또는 부작위에 대한 행정심판의 청구에 대하여는 다음 **각 호의 행정청에 두는 행정심판위원회**에서 심리·재결한다.
> 1. 감사원, **국가정보원장**, 그 밖에 대통령령으로 정하는 대통령 소속기관의 장

② (X) **위원회는** 필요하면 당사자가 주장하지 아니한 사실에 대하여도 **심리할 수 있다.** (행정심판법 제39조)

③ (O) 행정심판위원회는 심판**청구의 대상**이 되는 **처분보다** 청구인에게 **불리한 재결을 하지 못한다.** (행정심판법 제47조 제2항)

> ↳ 국가공무원법 제14조 제8항에서도 소청절차에서의 불이익변경금지 원칙을 명시하고 있다.

④ (X) 거부처분취소재결이 이루어지더라도, 처분청의 응답을 다시 기다려야 하고, 또한 재차 잘못된 거부처분을 당할 수도 있으므로, 직접처분재결을 내릴 수 있는 **의무이행심판**이 더욱 직접적이고도 효과적인 권리구제 수단이다.

10. ①

① (X) 실체법상 → **절차법상**

② (O) 대판 1990. 9. 11., 90누1786

③ (O) 대판 1989. 12. 12., 88누8869

④ (O) 하자가 치유되면, 처분의 **처음 당시부터** 하자가 없이 **적법하였던 처분**이 된다.

---

1. ④

① (X) 행정절차법상 행정지도에 대한 의견제출 절차에 관한 규정은 있으나, 행정지도의 사전통지 절차는 규정되어 있지 않다.

② (X) **법률우위**의 원칙은 **모든 행정작용**에 적용된다.

③ (X) **세무당국**이 소외 회사에 대하여 원고와의 **주류거래를 일정기간 중지**하여 줄 것을 **요청한 행위**는 권고 내지 협조를 요청하는 **권고적 성격**의 행위로서 소외 회사나 원고의 법률상의 지위에 직접적인 법률상의 변동을 가져오는 행정처분이라고 볼수 없는 것이므로 **항고소송의 대상이 될 수 없다.** (대판 1980.10.27., 80누395)

④ (O) 행정지도는 비강제적 사실행위라는 점에서 작용법적 근거가 필요없다고 보는 것이 일반적 견해이나, 규제적 행정지도와 억제적 조치와 같은 행위는 법적 근거가 있어야 한다는 유력한 견해도 있다.

2. ③

> **【행정절차법】** 제21조(처분의 사전 통지) ④ 다음 각 호의 어느 하나에 해당하는 경우에는 제1항에 따른 **통지를 하지 아니할 수 있다.**
> 1. **공공의 안전 또는 복리**를 위하여 **긴급**히 처분을 할 필요가 있는 경우
> 2. 법령등에서 요구된 자격이 없거나 없어지게 되면 반드시 일정한 처분을 하여야 하는 경우에 그 **자격이 없거나 없어지게 된 사실**이 법원의 재판 등에 의하여 **객관적으로 증명**된 경우
> 3. 해당 처분의 성질상 **의견청취가 현저히 곤란**하거나 **명백히 불필요**하다고 인정될 만한 상당한 이유가 있는 경우
> 제23조(처분의 이유 제시) ① 행정청은 처분을 할 때에는 다음 각 호의 어느 하나에 해당하는 **경우를 제외하고는** 당사자에게 그 근거와 이유를 제시하여야 한다.
> 1. **신청 내용을 모두 그대로 인정**하는 처분인 경우
> 2. **단순·반복적인 처분 또는 경미한 처분**으로서 당사자가 그 이유를 명백히 알 수 있는 경우
> 3. **긴급**히 처분을 할 필요가 있는 경우
> ↳ **사전통지 예외사유와**(두문자: 공·의·객)
> **이유제시 예외사유**(두문자: 그·단·긴)를
> **구별해두어야 한다.**

3. ②

① (O) 대판 2009. 12. 24., 2009두7967

② (X) 입법부에서 제정한 **법률**, 행정부에서 제정한 **시행령이나 시행규칙** 및 사법부에서 제정한 **규칙** 등은 그것들이 별도의 집행행위를 기다리지 않고 **직접 기본권을 침해**하는 것일 때에는 모두 **헌법소원심판의 대상**이 될 수 있는 것이다. (헌재 전원 89헌마178, 1990. 10. 15.)

③ (O) **명령·규칙 또는 처분**이 **헌법이나 법률에 위반**되는 여부가 **재판의 전제**가 된 경우에는 **대법원은** 이를 **최종적으로 심사**할 권한을 가진다. (헌법 제107조 제2항)

↳ 이른바 '**구체적 규범통제**' 원칙을 규정하고 있는 것이다.

④ (O) 대판 1996. 9. 20., 95누8003

4. ②

① (O) 조세부과처분에 중대하고도 명백한 하자가 있어 **무효**인 경우에는 그 부과처분의 집행을 위한 **체납처분**도 **무효**라 할 것이다. (대판 1987.9.22., 87누383)

↳ **선행행위의 무효의 하자**는 당연히 **후행행위에 승계**된다.

② (X) 계고처분의 후속절차인 **대집행에 위법**이 있다고 하더라도, 그와 같은 후속절차에 위법성이 있다는 점을 들어 **선행절차인 계고처분이 부적법**하다는 **사유로 삼을 수는 없다**. (대판 1997.2.14., 96누15428)

↳ 하자의 승계론은 **선행행위의 하자**를 이유로 **후행행위를 다툴 수 있는지**에 관한 문제인바, **후행행위의 하자를 들어 선행행위를 다툴 수 없다**.

③ (O) 대판 1994. 1. 25., 93누8542

④ (O) 대판 2013. 3. 14., 2012두6964

↳ ③, ④는 **선행처분과 후행처분이 각기 독립**하여 **별개의 효과를 목적**으로 하는 때에도, 처분대상자에 대한 선행처분의 효과가 ★**수인가능성이나 예측가능성을 기대할 수 없을 정도**로 가혹한 경우, ★**예외적으로 하자의 승계를 인정**한 판시이다.

5. ②

① (O) 대판 2008. 9. 25., 2008두8680

② (X), ③ (O) '**진행 중인 재판에 관련**된 정보'에 해당한다는 사유로 정보공개를 **거부**하기 위하여는 반드시 그 정보가 진행 중인 **재판의 소송기록 자체에 포함된 내용일 필요는 없다**. 그러나 **재판에 관련된 일체의 정보가 그에 해당하는 것은 아니고** 진행 중인 **재판의 심리 또는 재판결과에 구체적으로 영향을 미칠 위험**이 있는 정보에 한정된다고 보는 것이 타당하다. (대판 2011. 11. 24., 2009두19021)

④ (O)

┌─────────────────────────────────┐
【정보공개법:약칭】 제9조(비공개 대상 정보) ① 공공기관이 보유·관리하는 정보는 공개 대상이 된다. 다만, 다음 각 호의 어느 하나에 해당하는 정보는 **공개하지 아니할 수 있다.** 1. 다른 법률 또는 **법률에서 위임한 명령**(국회규칙·대법원규칙·헌법재판소규칙·중앙선거관리위원회규칙·**대통령령** 및 조례로 한정한다)에 따라 비밀이나 비공개 사항으로 규정된 정보
└─────────────────────────────────┘

↳ 총리령, 부령, 행정규칙 등은 상기 위임명령 미포함

6. ③

㉠ (O) **모든 공행정작용**(권력작용+비권력작용+사실행위 등)에 따른 침해를 대상으로 한다.

㉡ (O) 결과제거청구권은 공행정작용이 **직접적으로 결과한 위법상태**의 제거를 대상으로 한다. 즉 가해행위와 위법상태 사이에 상당인과관계성이 있는지까지도 요구하지 않는다.

㉢ (X) 결과제거청구권에서는 가해행위가 위법한지 적법한지는 묻지 않으며, 가해행위자에게 고의나 과실이 있었는지도 묻지 않는다.

㉣ (O) 결과제거청구권은 재산적 피해는 물론이고 비재산적 피해(예 명예감)의 제거까지 그 대상으로 한다.

㉤ (X) 결과제거청구권은 **원상회복이 법적·사실적으로 가능**한 경우에만 성립할 수 있다. 설문상 사례의 경우 자동차가 완파되어 경찰관이 빌려타기 이전의 상태로 회복이 사실상 불가능하게 되었으므로 인정될 수 없다 할 것이고, 경찰관직무집행법상의 손실보상이 고려될

수 있을 것이다.

ⓗ (O) 결과제거청구권은 **위법한 상태가 계속 존재**하고 있어야만 그 위법상태의 제거를 위하여 행사할 수 있다.

7. ④

① (O) 행정심판법 제43조 제4항

↳ 무효등확인심판의 인용재결: 확인재결

② (O) 행정심판법 제43조 제5항

↳ 의무이행심판의 인용재결: 처분재결+처분명령재결

③ (O) 행정심판법 제45조 제1항

④ (X) 위원회는 심판**청구의 대상**이 되는 처분 또는 부작위 **외의** 사항에 대하여는 재결하지 못한다. (행정심판법 제47조 제1항)

↳ '불고불리의 원칙'을 규정한 것

8. ①

대인적 허가	예 **약사면허**, 의사면허, **자동차운전 면허** 등	이전성 X
대물적 허가	예 **차량검사**, 건축허가, **건축물준공 검사** 등	이전성 O
혼합적 허가	예 **가스사업허가**, 총포·도검·화약류 판매업허가 등	이전성 △ (사안별 상이)

9. ③

① (X) 무효등확인소송도 취소소송에서와 같이 **집행부정지**의 원칙이 적용되므로, 무효등확인소송이 제기되더라도 처분의 효력이나 집행 등에 영향을 주지 아니한다.

② (X) 처분의 내용이 가분적인 경우에는 처분의 일부에 대하여도 집행정지를 할 수 있으나, 집행정지의 대상인 처분이 **존재하지 않는 경우**(처분의 효력이 발생하기 전이나 처분의 효력이 소멸한 후 등)에는 집행정지가 **불가능**하다.

③ (O) 행정소송법 제23조 제2항 단서

↳ 처분의 효력정지는 가장 강한 수단이기 때문에, 처

분의 집행이나 처분절차의 속행으로 목적달성이 가능하다면 처분의 효력까지 정지시킬 필요가 없다.

④ (X) 행정심판법과 행정소송법에서는 집행정지의 적극적 요건 중 손해의 성격에 관하여 다음과 같이 다르게 규정하고 있다. 지문은 행정심판법의 내용인바, 구별해두어야 한다.

행정 심판법	"**중대한** 손해가 생기는 것을 예방할 필요성이 긴급하다고 인정할 때"
행정 소송법	"**회복하기 어려운** 손해를 예방하기 위하여 긴급한 필요가 있다고 인정할 때"

10. ①

㉠ (X) 과태료와 이행강제금 병과 가능

㉡ (X) 과태료와 행정형벌 병과 가능

㉢ (X) 행정형벌과 징계벌 병과 가능

↳ 공무원의 행정법상 의무위반행위는 징계의 대상이면서 행정형벌의 대상일 수도 있다.

16회

1. ④

① (O) 대판 2007. 11. 29., 2006다3561

↳ 행정부가 정당한 이유 없이 법무관의 보수에 관하여 시행령을 제정하지 않은 것은 위 보수청구권을 침해하는 불법행위에 해당하므로 **국가**배상청구의 대상이 된다.

② (O) 헌재 전원 2002. 10. 31. 2001헌라1

③ (O) 대판 2012. 12. 20., 2011두30878,

④ (X) 경찰공무원의 채용시험 또는 경찰간부후보생공개경쟁선발시험에서 부정행위를 한 응시자에 대하여는 당해 시험을 정지 또는 무효로 하고, 그로부터 5년간 이 영에 의한 시험에 응시할 수 없도록 규정하고 있는 경찰공무원임용령 제46조 제1항은 행정청 내부의 사무처리기준을 규정한 재량준칙이 아니라 일반 국민이나 법원을 구속하는 **법규명령**에 해당한다. (대판 2008. 5. 29., 2007두18321)

2. ④

① (O) 집행정지사건 자체에 의하여도 신청인의 **본안청구가 적법한 것**이어야 한다는 것을 **집행정지의 요건**에 포함시켜야 할 것이다. (대결 1995. 2. 28., 자, 94두36)

② (O) 행정소송법 제23조 제2항

↳ 집행정지결정은 당사자의 신청에 의하거나 법원의 직권으로도 가능

③ (O) 본안소송에서 처분의 취소가능성이 없음에도 처분의 효력이나 집행의 정지를 인정한다는 것은 제도의 취지에 반하므로 효력정지나 집행정지사건 자체에 의하여도 신청인의 **본안청구가 이유 없음이 명백하지 않아야** 한다는 것도 효력정지나 집행정지의 **요건**에 포함시켜야 한다. (대결 1997.4.28., 자, 96두75)

④ (X) 집행정지의 결정 또는 기각의 결정에 대하여는 **즉시항고**할 수 있다. 이 경우 집행정지의 결정에 대한 **즉시항고**에는 결정의 집행을 정지하는 **효력이 없다.** (행정소송법 제23조 제5항)

3. ③

① (O) 대판 2002. 2. 8., 2000두4057

↳ 평등의 원칙에 위배되어 위법한 행위이나, 그 하자가 명백하지는 않아 당연무효는 아니라고 판시하였다.

② (O) 대판 1988. 4. 27., 87누915

③ (X) 주유소 영업의 양도인이 **등유가 섞인 유사휘발유를 판매한 바를 모르고** 이를 양수한 석유판매영업자에게 전 운영자인 양도인의 위법사유를 들어 사업정지기간 중 **최장기인 6월의 사업정지**에 처한 영업정지처분이 석유사업법에 의하여 실현시키고자 하는 공익목적의 실현보다는 **양수인이 입게 될 손실**이 훨씬 커서 재량권을 일탈한 것으로서 위법하다. (대판 1992. 2. 25., 91누13106)

④ (O) 대법원은 2016두47659 판결에서 세무조사의 실질이 본연의 목적이 아니라 세무공무원이 **개인적 이익**을 위한 **부정한 목적**으로 행하여진 것이라면, 행정**권한을 남용**한 사례에 해당한다고 보았다. 따라서 권한남용금지의 원칙은 행정권한을 행사하는 공무원의 **내심의 의도까지 통제**하려는 원칙이라 볼 수 있다.

4. ③

【행정절차법】 제40조의3(위반사실 등의 공표) ③ 행정청은 위반사실등의 공표를 할 때에는 미리 당사자에게 그 사실을 통지하고 의견제출의 기회를 주어야 한다. 다만, 다음 각 호의 어느 하나에 해당하는 경우에는 그러하지 아니하다.

1. **공공의 안전 또는 복리**를 위하여 **긴급**히 공표를 할 필요가 있는 경우

2. 해당 공표의 성질상 **의견청취가 현저히 곤란**하거나 **명백히 불필요**하다고 인정될 만한 타당한 이유가 있는 경우

3. 당사자가 **의견진술의 기회를 포기**한다는 뜻을 명백히 밝힌 경우   *(두문자: 긴-포-의)

제46조(행정예고) ① 행정청은 정책, 제도 및 계획을 수립·시행하거나 변경하려는 경우에는 이를 **예고하여야** 한다. 다만, 다음 각 호의 어느 하나에 해당하는 경우에는 예고를 하지 아니할 수 있다.

1. 신속하게 국민의 권리를 보호하여야 하거나 예측이 어려운 특별한 사정이 발생하는 등 긴급한 사유로 예고가 현저히 곤란한 경우

2. 법령등의 단순한 집행을 위한 경우

3. 정책등의 내용이 국민의 권리·의무 또는 일상생활과 관련이 없는 경우

4. 정책등의 예고가 공공의 안전 또는 복리를 현저히 해칠 우려가 상당한 경우

↳ 2022년 행정절차법의 개정으로 '**위반사실 공표**' 제도가 신설되었다. **위반사실 공표제도의 사전통지 예외사유**는 다른 행정절차제도에서의 예외사유와 구별하여 암기해두어야 한다.

5. ②

	위법성 판단 기준시점
취소소송의 대상처분	처분시 (처분당시의 법령과 사실상태를 기준)
거부처분취소소송의 대상처분	
무효등확인소송의 대상처분	
사정판결의 대상처분	
부관	
부작위위법확인소송	사실심변론종결시 (판결시)
사정판결의 필요성	

6. ④

① (O) 건축법 제80조 제3항

② (O) 행정청은 의무자가 행정상 의무를 이행할 때까지 이행강제금을 반복하여 부과할 수 있다. (행정기본법 제31조)

③ (O) 건축법 제80조 제7항

④ (X)

	성질	불복방법
건축법상 이행강제금	행정**처분** O	항고소송
농지법상 이행강제금	행정**처분** X	비송사건절차법에 의한 재판

7. ②

① (O) 행정소송법 제20조 제1항 및 제2항

② (X) 행정처분의 당연무효를 선언하는 의미에서 그 취소를 청구하는 행정소송을 제기한 경우에도 **전심절차**와 **제소기간의 준수** 등 취소소송의 **제소요건을 갖추어야** 한다. (대판 1990. 12. 26., 90누6279)

③ (O) 부작위위법확인의 소는 **부작위상태가 계속되는 한** 그 위법의 확인을 구할 이익이 있다고 보아야 하므로 원칙적으로 **제소기간의 제한을 받지 않는다.** (대판 2009.7.23. 2008두10560)

④ (O) 일반적으로 행정처분의 **무효확인을 구하는 소에는** 원고가 그 처분의 취소를 구하지 아니한다고 밝히지 아니한 이상 그 처분이 만약 당연**무효가 아니라면 그 취소를 구하는 취지도 포함**되어 있는 것으로 보아야 한다. (대판 1994. 12. 23., 94누477)

8. ③

① (O) 대판 2003. 12. 12., 2003두8050

② (O) 대판 2008. 11. 27., 2005두15694

③ (X) 정보공개청구권자 → **공공기관**

↳ **공개청구자**는 그가 공개를 구하는 정보를 **공공기관이 보유·관리하고 있을** 상당한 개연성이 있다는 점에 대하여 입증할 책임이 있으나, 공개를 구하는 정보를 공공기관이 한때 보유·관리하였으나 후에 그 정보가 담긴 문서들이 폐기되어 존재하지 않게 된 것이라면 그 정보를 **더 이상 보유·관리하고 있지 않다**는 점에 대한 증명책임은 **공공기관**에 있다. (대판 2013. 1. 24., 2010두18918)

④ (O) 대판 2004. 12. 9., 2003두12707

9. ①

① (X) 구 도시 및 주거환경정비법상 **재개발조합과 조합장 또는 조합임원 사이의 선임·해임 등**을 둘러싼 법률관계는 **사법상**의 법률관계로서 그 **조합장 또는 조합임원의 지위**를 다투는 소송은 **민사소송**에 의하여야 할 것이다. (대판 2009. 9. 24., 자, 2009마168,169)

② (O) 대판 2013.3.21. 2011다95564

③ (O) 대판 2013.3.28. 2012다102629

④ (O) 대판 2004. 12. 24., 2003두15195

> ↳ 한편 공무원연금공단의 '급여지급 결정'[지급(거부)
> 결정, 일부지급결정]은 항고소송의 대상(2008두
> 5636)

10. ②

㉠ (X) 없어도 → **있어야**

> ↳ **모든 국가배상책임**이 성립하려면, **가해요인**(위법한
> 직무집행행위 또는 영조물의 설치·관리상 하자) 손해의 발
> 생 사이에는 상당인과관계 성립 필요)

㉡ (O) 대판 2010. 9. 9. 2008다77795

㉢ (O) 국가배상책임의 대상이 되는 손해는 재산상의 손
해이든 비재산적 손해(생명·신체·정신상의 손해)이든, 적극
적 손해이든 소극적 손해이든 불문하는바, 법익침해로
인한 **모든 불이익**을 말한다.

㉣ (X) 국가배상법 제5조 제1항의 **영조물의 설치. 관리
상의 하자**로 인한 **손해**가 발생한 경우 같은 법 제3조
제1항 내지 제5항의 해석상 피해자의 **위자료 청구권**
이 반드시 **배제되지 아니한다.** (대판 1990. 11. 13. 90다카
25604)

> ↳ 영조물의 설치·관리상 하자로 인한 정신상 손해발생
> 에 따라 피해자가 위자료를 청구할 수 있다는 판시

㉤ (O) 국가배상법 제4조

17회

1. ①

㉠ (O) "개인정보처리자"란 업무를 목적으로 개인정보
파일을 운용하기 위하여 스스로 또는 다른 사람을 통
하여 개인정보를 처리하는 공공기관, **법인, 단체 및 개
인** 등을 말한다. (개인정보보호법 제2조 제5호)

㉡ (O), ㉢ (O) 헌재 전원 99헌마513, 2005.5.26

㉣ (X)

> **【개인정보 보호법】** 제2조(정의) 이 법에서 사용하는 용어의
> 뜻은 다음과 같다.
> 1. **"개인정보"**란 살아 있는 개인에 관한 정보로서 다음 각
> 목의 어느 하나에 해당하는 정보를 말한다.
> 가. 성명, 주민등록번호 및 영상 등을 통하여 개인을 알아
> 볼 수 있는 정보
> 나. 해당 정보만으로는 특정 개인을 알아볼 수 없더라도 다
> 른 정보와 쉽게 결합하여 알아볼 수 있는 정보
> 다. 가목 또는 나목을 제1호의2에 따라 **가명처리함으로써**
> 원래의 상태로 복원하기 위한 **추가 정보의 사용·결합 없이**
> 는 **특정 개인을 알아볼 수 없는** 정보(이하 "가명정보"라 한다)

㉤ (X) 행정안전부 → **국무총리**

> ↳ 개인정보보호법 제7조 제1항

2. ④

① (O) 대판 2006. 5. 25., 2006두3049

② (O) 대판 2016. 11. 10., 2016두44674

③ (O) 대판 2017. 9. 7., 2017두44558

④ (X) **직무를 수행한 공무원의 성명·직위**는 '성명 등과
같은 **비공개대상정보'**에 해당하지 않는다. [정보공개
법(약칭) 제1항 제6호 라목]

3. ①

㉠ (X) 불법행위를 원인으로 한 **손해배상청구권**은 국가
배상법 제8조에 따라 민법 제766조 제1항이 준용되어
피해자나 그 법정대리인이 손해와 가해자를 안 날로부
터 **3년간** 이를 행사하지 아니하면 **시효로 소멸**하는 것

이다. (대판 1998. 7.10, 98다7001)

ⓛ (O) 이 법에 따른 손해배상의 소송은 **배상심의회에 배상신청을 하지 아니하고도** 제기할 수 있다. (국가배상법 제9조)

ⓒ (O) 국가배상법 제3조의2 제1항

ⓔ (X) **어떠한 행정처분이 뒤에 항고소송에서 취소**되었다고 할지라도 그 **자체만으로** 그 행정처분이 곧바로 **공무원의** 고의 또는 과실로 인한 **불법행위를 구성한다고 단정할 수는 없다.** (대판 2001. 3. 13., 2000다20731)

ⓜ (O) 대판 2003. 2. 14. 2002다62678

ⓗ (O) **공무원**이 통상적으로 근무하는 **근무지로 출근**하기 위하여 **자기 소유의 자동차를 운행**하다가 자신의 과실로 **교통사고를 일으킨** 경우에는 특별한 사정이 없는 한 국가배상법 제2조 제1항 소정의 공무원이 '**직무를 집행함에 당하여**' 타인에게 **불법행위를 한 것이라고 할 수 없으므로** 그 공무원이 소속된 국가나 지방공공단체가 국가배상법상의 손해배상책임을 부담하지 않는다. (대판 1996.5.31., 94다15271)

↳ 공무수행을 위한 운행이 아니었으므로, 직무집행 관련성이 부정

4. ③

① (X) **민사소송에** 있어서 어느 행정처분의 당연**무효** 여부가 **선결문제**로 되는 때에는 **이를 판단**하여 당연무효임을 전제로 판결할 수 있다. (대판 2010. 4. 8., 2009다90092)

② (X) **부작위위법확인의 소**는 부작위상태가 계속되는 한 그 위법의 확인을 구할 이익이 있다고 보아야 하므로 **원칙적으로 제소기간의 제한을 받지 않는다.** 그러나 행정소송법 제38조 제2항이 **제소기간을 규정한** 같은 법 제20조를 부작위위법확인소송에 **준용**하고 있는 점에 비추어 보면, 행정심판 등 **전심절차(의무이행심판)를 거친 경우**에는 행정소송법 제20조가 정한 **제소기간 내에** 부작위위법확인의 소를 제기하여야 한다. (대판 2009. 7. 23. 2008두10560)

③ (O) 당사자소송은 공권력의 행사 또는 불행사 자체를 다투는 소송이 아니라 **공법상의 법률관계 자체를 다**

투는 소송

④ (X) 기관소송 → 민중소송

↳ 행정소송법 제3조 제4호

5. ②

ⓛ (X) 신청에 대한 **거부처분의 효력을 정지하더라도** 거부처분이 없었던 것과 같은 상태, 즉 **거부처분이 있기 전의 신청시의 상태로 되돌아가는 데에 불과**하고 행정청에게 신청에 따른 처분을 하여야 할 의무가 생기는 것이 아니므로, **거부처분의 효력정지는** 그 거부처분으로 인하여 신청인에게 생길 손해를 방지하는 데 아무런 보탬이 되지 아니하여 그 효력정지를 **구할 이익이 없다.** (대결 1995. 6. 21.자 95두26)

ⓒ (O) 부작위법확인소송에서는 집행정지 제도가 준용될 수 없다. 왜냐하면 부작위란 아무런 처분이 없었던 상태로서, **집행정지의 대상 자체가 존재하지 않기 때문**이다.

ⓒ (X) **당사자소송에** 대하여는 행정소송법 제23조 제2항의 **집행정지에 관한 규정이 준용되지 아니하므로,** 이를 본안으로 하는 **가처분에** 대하여는 행정소송법 제8조 제2항에 따라 민사집행법상 **가처분에 관한 규정이 준용되어야** 한다. (대결 2015. 8. 21.자 2015무26)

↳ 당사자소송은 처분이 아닌 법률관계를 곧바로 다투므로, 집행정지 규정이 준용되지 않는다.

ⓔ (O) 행정소송법 제23조 제6항

↳ 집행정지결정도 취소판결에서와 같이 당사자인 행정청과 그 밖의 관계행정청을 기속

ⓜ (O) **행정처분의 집행정지결정을 하려면** 이에 대한 **본안소송이 법원에 제기되어 계속 중임을** 요건으로 하는 것이므로 집행정지결정을 한 후에라도 **본안소송이 취하되어** 소송이 계속하지 아니한 것으로 되면 **집행정지결정은 당연히 그 효력이 소멸**되는 것이고 별도의 취소조치를 필요로 하는 것이 아니다. (대판 1975.11.11., 75누97)

6. ②

① (X) 당사자가 신청하는 허가 등을 거부하는 처분을 하면서 당사자가 그 근거를 **알 수 있을 정도로 이유를 제시**한 경우에는 처분의 **근거와 이유를 구체적으로 명시하지 않았더라도** 그로 말미암아 그 처분이 **위법하다고 볼 수는 없다.** (대판 2017. 8. 29., 2016두44186)

② (O), ③ (X)

> **【행정절차법】제23조(처분의 이유 제시)** ① 행정청은 처분을 할 때에는 다음 각 호의 어느 하나에 해당하는 경우를 제외하고는 당사자에게 그 근거와 이유를 제시하여야 한다.
> 1. 신청 내용을 모두 그대로 인정하는 처분인 경우
> 2. **단순·반복적인 처분 또는 경미한 처분**으로서 당사자가 그 이유를 명백히 알 수 있는 경우
> 3. 긴급히 처분을 할 필요가 있는 경우
> ② 행정청은 제1항 **제2호** 및 **제3호**의 경우에 처분 후 **당사자가 요청**하는 경우에는 그 근거와 이유를 제시하여야 한다.

↳ 당사자의 신청을 그대로 인정하는 처분의 경우에는, 당사자가 이유제시를 요청하는 경우에도 이유제시를 하지 않아도 된다.

④ (X) 처분청이 처분을 하면서 처분의 고지의무를 위반하였더라도 당해 처분이 위법하게 되는 것은 아니다.

> ↳ **처분청**이 위 규정에 따른 **고지의무를 이행하지 아니하였다고** 하더라도 경우에 따라서는 행정심판의 제기기간이 연장될 수 있는 것에 그치고 이로 인하여 심판의 대상이 되는 행정처분에 어떤 **하자가 수반된다고 할 수 없다.** (대판 1987. 11. 24. 87누529)

7. ③

㉠ (O) 대집행은 대체적 작위의무를 대상으로 하므로, 부작위의무(금지의무)를 위반하였다고 하여 곧바로 대집행을 할 수는 없고, **부작위의무를 대체적 작위의무로 전환**한 후에 가능해진다. 이러한 **작위의무를 부과**하기 위한 법령의 **근거**는 당연히 **부작위의무**를 명하는 **규정과 별도로** 존재하고 있어야 한다는 것이 판례의 입장이다(대판 1996.6.28., 96누4374)

㉡ (X) 대한주택공사가 대집행권한을 위탁받아 공무인

대집행을 실시하기 위하여 지출한 비용을 행정대집행법 절차에 따라 **국세징수법의 예에 의하여 징수**할 수 있음에도 **민사소송절차**에 의한 그 **비용 상환의 청구**는 소의 이익이 없어 **부적법**하다. (대판 2011.9.8., 2010다48240)

㉢ (O) **직접강제는 권력적 사실행위**로서 **처분**성을 가지지만, 통상의 직접강제는 신속히 종료되므로 **소의 이익이 없는 경우**가 일반적이다.

㉣ (O) 조세의 부과처분과 **압류 등의 체납처분**은 별개의 **행정처분으로서 독립성**을 가진다. (대판 1987. 9. 22., 87누383)

㉤ (X)

> **【국세징수법】제3조(징수의 순위)** 체납액의 징수 순위는 다음 각 호의 순서에 따른다.
> 1. **강제징수비**
> 2. **국세**(가산세는 제외한다)
> 3. **가산세**

㉥ (X) 행정청은 의무자가 행정상 의무를 이행할 때까지 이행강제금을 반복하여 부과할 수 있다. 다만, **의무자가 의무를 이행하면 새로운 이행강제금의 부과를 즉시 중지**하되, **이미 부과한 이행강제금은 징수하여야** 한다. (행정기본법 제31조 제5항)

8. ②

① (X) **"질서위반행위"**란 **법률**(지방자치단체의 **조례를 포함**한다. 이하 같다)상의 의무를 위반하여 **과태료를 부과하는 행위**를 말한다. (질서위반행위규제법 제2조 제1호)

② (O) 질서위반행위규제법 제2조 제1호 나목

> ↳ 대통령령으로 정하는 사법(私法)상·소송법상 의무를 위반하여 과태료를 부과하는 행위나 대통령령으로 정하는 법률에 따른 징계사유에 해당하여 과태료를 부과하는 행위는 **"질서위반행위"에서 제외**된다.

③ (X) 이 법은 대한민국 **영역 밖**에서 질서위반행위를 한 대한민국의 **국민에게 적용**한다. (질서위반행위규제법 제4조 제2항)

④ (X) 과태료의 부과·징수, 재판 및 집행 등의 절차에

관한 **다른 법률**의 규정 중 **이 법의 규정에 저촉**되는 것은 **이 법**으로 정하는 바에 따른다. (질서위반행위규제법 제4조 제2항)

9. ②

㉠ (O) 행정심판법 제4조 제2항

㉡ (X) 진정서에는 처분청과 청구인의 이름 및 주소가 기재되어 있고, 청구인의 기명날인이 되어 있으며 그 진정서의 기재내용에 의하여 심판청구의 대상이 되는 행정처분의 내용과 심판청구의 취지 및 이유를 알 수 있으므로, 처분청에 제출한 처분의 취소를 구하는 취지의 진정서를 **행정심판청구로 보아야** 한다. (대판 1995.9.5., 94누16250)

↳ 진정서의 실질은 행정심판청구

㉢ (X) 이의신청을 제기해야 할 사람이 처분청에 표제를 '행정심판청구서'로 한 서류를 제출한 경우라 할지라도 서류의 내용에 이의신청 요건에 맞는 불복취지와 사유가 충분히 기재되어 있다면 표제에도 불구하고 이를 처분에 대한 **이의신청**으로 볼 수 있다. (대판 2012. 3. 29., 2011두26886)

↳ 행정심판청구서의 실질은 이의신청

㉣ (O) 행정심판법 제31조 제1항, 제3항

㉤ (X)

행정심판법(제44조 제2항)	위원회는 사정재결을 할 때에는 청구인에 대하여 **상당한 구제방법**을 취하거나 상당한 구제방법을 **취할 것을** 피청구인에게 명할 수 있다.
행정소송법(제28조 제2항, 제3항)	• 법원이 제1항의 규정에 의한 판결을 함에 있어서는 미리 원고가 그로 인하여 입게 될 손해의 정도와 배상방법 그 밖의 사정을 **조사**하여야 한다. • 원고는 피고인 행정청이 속하는 국가 또는 공공단체를 상대로 **손해배상, 제해시설의 설치** 그 밖에 적당한 **구제방법의 청구**를 당해 취소소송등이 계속된 법원에 **병합**하여 제기할 수 있다.

↳ 키워드에 주목하여 양자를 잘 구별해두어야 한다.

㉧ (X) 행정심판의 청구와 달리, 재결은 **문서의 형식으로만** 하여야 하는 엄격한 요식행위인바, 서면으로 하지 않은 재결의 형식상 하자는 **무효**사유이다.

10. ③

① (O) 대판 2006. 9. 8, 2003두5426

② (O) 대판 2015.3.26. 2014두42742

③ (X) 국토이용계획은 장기성, 종합성이 요구되는 행정계획이어서 원칙적으로는 그 계획이 일단 확정된 후에 어떤 사정의 변동이 있다고 하여 그러한 사유만으로는 지역주민이나 일반 이해관계인에게 일일이 그 계획의 변경을 신청할 권리를 인정하여 줄 수는 없을 것이지만, **장래 일정한 기간 내**에 관계 법령이 규정하는 **시설 등을 갖추어** 일정한 행정**처분을 구하는 신청**을 할 수 있는 **법률상 지위**에 있는 자의 국토이용계획변경신청을 거부하는 것이 실질적으로 당해 행정**처분 자체를 거부**하는 결과가 되는 경우에는 예외적으로 그 신청인에게 국토이용**계획변경을 신청할 권리가 인정**된다고 봄이 상당하므로, 이러한 신청에 대한 거부행위는 항고소송의 대상이 되는 행정처분에 해당한다. (대판 2003. 9. 23., 2001두10936)

④ (O) 헌재 전원 99헌마538, 2000. 6. 1

18회

1. ③

① (○) <u>시위대 해산명령(작위하명), 통행금지(부작위하명)</u>
등이 그 예이다.

② (○) 하명은 <u>법률행위(야간영업행위 금지)나 사실행위(통
행금지) 모두를</u> 대상으로 한다.

③ (Ⅹ) 통상의 하명은 행정행위의 형식이나 구체적인 형
식으로 행해지나, 예외적으로 **법규 그 자체에 의하여**
도 행해질 수 있다.(도로교통법 제63조: 이륜자동차의 고속
도로 통행금지, 청소년보호법 제13조: 청소년유해매체물 유해
표시의무 등)

④ (○) 하명을 위반한 사법상 효력은 유지되지만, 하명
을 위반한 자는 <u>하명에 내재된 집행력에 따라 행정상</u>
<u>강제집행</u> 등의 대상이 된다.

2. ②

㉠ (○) 법규명령(대판 1997.12.26., 97누15418)

㉡ (Ⅹ) 행정규칙(대판 1998.3.27. 97누20236)

㉢ (○) 법규명령(대판 2001.3.9., 99두5207)

㉣ (○) 법규명령(대판 1988. 5. 10., 87누1028)

    ↳ 법령보충적 행정규칙으로서 법규성을 가짐

㉤ (Ⅹ) 행정규칙(대판 1997.1.21., 95누12941)

㉥ (○) 법규명령(대판 2017.5.31., 2017두30764)

    ↳ 법령보충적 행정규칙으로서 법규성을 가짐

3. ③

① (○) 행정절차법 제41조 제1항

② (○), ③ (Ⅹ) 중앙행정기관의 장은 법률에서 위임한
사항이나 법률을 집행하기 위하여 필요한 사항을 규정
한 **대통령령·총리령·부령·훈령·예규·고시** 등이 **제**
정·개정 또는 폐지되었을 때에는 **10일** 이내에 이를 국
회 소관 **상임위원회에 제출**하여야 한다. 다만, **대통령**
령의 경우에는 **입법예고**를 할 때에도 그 입법예고안을
<u>10일</u> 이내에 제출하여야 한다.(국회법 제98조의2 제1항)

    ↳ 입법예고의 국회 상임위 제출은 <u>대통령령</u>에 한함

④ (○) 헌법 제107조 제2항

    ↳ 이른바 '구체적 규범통제'의 원칙을 천명한 것이다.

4. ②

㉠ (Ⅹ) **총포·도검·화약류**단속법 제12조 소정의 총포 등
<u>소지허가</u>는 총포·도검·화약류단속법 제13조 제1항 소
정의 결격자에 해당되지 아니하는 경우 반드시 <u>허가</u>
<u>를 하여야 하는 기속행위라고는 할 수 없고</u>, 관할 관청
에 허가에 관한 **재량권이 유보**되어 있는 것이다.(대판
1993.5.14., 92도2179)

㉡ (○) 대판 2010. 5. 13. 2010두2296

㉢ (Ⅹ) 행정처분에 효력기간이 정하여져 있는 경우에는
그 기간의 경과로 그 행정처분의 효력은 상실되고, 다
만 허가에 붙은 기한이 그 허가된 사업의 성질상 부
당하게 짧은 경우에는 이를 그 허가 자체의 존속기간
이 아니라 그 **허가조건의 존속기간**으로 보아 그 기한
이 도래함으로써 그 **조건의 개정을 고려**한다는 뜻으
로 해석할 수는 있지만, 그와 같은 경우라 하더라도 그
허가기간이 연장되기 위하여는 그 종기가 도래하기 전
에 그 허가기간의 연장에 관한 신청이 있어야 하며, 만
일 그러한 **연장신청이 없는 상태에서 허가기간이 만료**
<u>하였다면 그 허가의 효력은 **상실**된다</u> (대판 2007. 10. 11.,
2005두12404)

㉣ (○) 종전의 허가가 기한의 도래로 실효한 이상 원고
가 **종전 허가의 유효기간이 지나서** 신청한 이 사건 기
간연장신청은 그에 대한 종전의 허가처분을 전제로 하
여 단순히 그 유효기간을 연장하여 주는 행정처분을
구하는 것이라기 보다는 종전의 허가처분과는 **별도의**
새로운 허가를 내용으로 하는 **행정처분을 구하는 것**
이라고 보아야 할 것이다. (대판 1995.11.10., 94누11866)

㉤ (○) **[허가]** 부작위의무의 해제

        [면제] <u>작위의무, 급부의무, 수인의무</u> 해제

5. ③

① (○) 행정심판법 제49조 제1항

② (O) **기속력은 인용재결**에서만 발생하는바, 처분청으로서는 기각재결에는 구속되지 않는다. 따라서 기각재결이 내려진 후에도 **처분청 스스로** 해당 처분을 **직권취소**할 수 있다.

③ (X) 재결의 기속력은 처분에 관하여 재결**주문 및 그 전제가 된 요건사실**의 인정과 판단에만 미친다. (대판 1998. 2. 27., 96누13972)

↳ 재결의 주문 뿐만 아니라, 재결의 이유 중 처분 등의 구체적 위법사유에 관한 판단에도 미친다.

④ (O) 당사자의 신청을 받아들이지 않은 거부처분이 재결에서 취소된 경우에 행정청은 종전 **거부처분 또는 재결 후에 발생한 새로운 사유**를 내세워 **다시 거부처분**을 할 수 있다. 그 재결의 취지에 따라 이전의 신청에 대하여 다시 어떠한 처분을 하여야 할지는 **처분을 할 때의 법령과 사실을 기준**으로 판단하여야 하기 때문이다 (2017.10.31. 2015 45045)

↳ 당초 거부처분 당시의 법령과 사실상태가 변경되어, 현재의 법령과 사실상태를 기준으로 다시 신청을 거부할 사유가 존재한다면, 그 사유를 이유로 재거부처분을 내릴 수도 있다.

6. ②

① (O) 이 사건 규정은 **자동차 등을 이용**하여 **범죄행위를 하기만 하면** 그 범죄행위가 얼마나 중한 것인지, 그러한 범죄행위를 행함에 있어 자동차 등이 당해 범죄행위에 **어느 정도로 기여**했는지 등에 대한 아무런 고려 없이 **무조건 운전면허를 취소**하도록 하고 있으므로 이는 그 위법의 정도나 비난의 정도가 극히 미약한 경우까지도 운전면허를 취소할 수밖에 없도록 하는 것으로 **최소침해성의 원칙**에 위반된다 할 것이다. 한편, 이 사건 규정에 의해 운전면허가 취소되면 2년 동안은 운전면허를 다시 발급 받을 수 없게 되는바, 이는 지나치게 기본권을 제한하는 것으로서 **법익균형성원칙에도 위반**된다. (헌재 2005.11.24. 2004헌가28)

② (X) **음주운전**으로 인한 **교통사고를 방지할 공익상의 필요**는 더욱 중시되어야 하고 운전면허의 취소는 일반의 수익적 행정행위의 취소와는 달리 그 취소로 인하여 입게 될 당사자의 불이익보다는 이를 방지하여야 하는 **일반예방적 측면이 더욱 강조**되어야 한다. (대판 2019. 1. 17., 2017두59949)

③ (O) 가스총을 사용하는 경찰관으로서는 인체에 대한 위해를 방지하기 위하여 상대방과 근접한 거리에서 상대방의 얼굴을 향하여 이를 발사하지 않는 등 가스총 사용시 요구되는 **최소한의 안전수칙**을 준수함으로써 장비 사용으로 인한 사고 발생을 미리 막아야 할 주의의무가 있다. (대판 2003. 3. 14., 2002다57218)

↳ 비례의 원칙을 위반한 위법한 직무행위이므로, 국가배상책임 성립

④ (O) '도로교통법 제44조 제1항을 2회 이상 위반한' 것에 **개정된 도로교통법**이 **시행**된 2011. 12. 9. 이전에 구 도로교통법 제44조 제1항을 **위반한 음주운전 전과까지 포함**되는 것으로 해석하는 것이 형벌불소급의 원칙이나 일사부재리의 원칙 또는 **비례의 원칙에 위배된다고 할 수 없다.** (대판 2012.11.29., 2012도10269)

7. ④

① (O) 대판 2009. 2. 12., 2005다65500

② (O) 대판 2009. 2. 12., 2005다65500

③ (O) 행정처분에 부담인 부관을 붙인 경우 부관의 무효화에 의하여 본체인 행정처분 자체의 효력에도 영향이 있게 될 수는 있지만, 그 처분을 받은 사람이 **부담의 이행**으로 **사법상 매매 등의 법률행위**를 한 경우에는 그 부관은 특별한 사정이 없는 한 법률행위를 하게 된 동기 내지 연유로 작용하였을 뿐이므로 이는 법률행위의 취소사유가 될 수 있음은 별론으로 하고 그 **법률행위 자체를 당연히 무효화하는 것은 아니다.** (대판 2009. 6. 25., 2006다18174)

④ (X) 토지소유자가 토지형질변경행위허가에 붙은 기부채납의 부관에 따라 토지를 국가나 지방자치단체에 기부채납(증여)한 경우, 기부채납의 **부관이 당연무효이거나 취소되지 아니한 이상** 토지소유자는 위 부관으로 인하여 **증여계약의 중요부분에 착오가 있음을 이유로 증여계약을 취소할 수 없다.** (대판 1999.5.25., 98다53134)

8. ②

㉠ (X) **도로구역의 결정 또는 변경**과 그에 관한 고시는 행정절차법상의의 **사전통지나 의견청취의 대상이 되는 처분은 아니라고 할 것**이다. (대판 2008. 6. 12., 2007두1767)

㉡ (O) **퇴직연금의 환수결정**은 당사자에게 의무를 과하는 처분이기는 하나, 관련 **법령에 따라 당연히 환수금액이 정하여지는 것**이므로, 퇴직연금의 환수결정에 앞서 당사자에게 **의견진술의 기회를 주지 아니하여도 행정절차법** 제22조 제3항이나 **신의칙에 어긋나지 아니한다.** (대판 2000. 11. 28., 99두5443)

㉢ (X) 행정청이 당사자와 사이에 도시계획사업의 시행과 관련한 **협약을 체결**하면서 관계 법령 및 행정절차법에 규정된 청문의 실시 등 **의견청취절차를 배제하는 조항**을 두었다고 하더라도, 위와 같은 협약의 체결로 청문의 실시에 관한 규정의 적용을 배제할 수 있다고 볼 만한 법령상의 규정이 없는 한, 이러한 협약이 체결되었다고 하여 **청문의 실시에 관한 규정의 적용이 배제된다거나 청문을 실시하지 않아도 되는 예외적인 경우**에 해당한다고 할 수 없다. (대판 2004.7.8., 2002두8350)

㉣ (X) **묘지공원과 화장장의 후보지를 선정**하는 과정에서 서울특별시, 비영리법인, 일반 기업 등이 공동발족한 협의체인 **추모공원건립추진협의회**가 후보지 **주민들의 의견을 청취**하기 위하여 그 명의로 개최한 **공청회**는 행정청이 도시계획시설결정을 하면서 개최한 공청회가 아니므로, 위 공청회의 개최에 관하여 **행정절차법에서 정한 절차를 준수하여야 하는 것은 아니다.** (대판 2007. 4. 12., 2005두1893)

㉤ (O) 대판 2014. 10. 27., 2012두7745

㉥ (O) 대판 2004. 5. 28., 2004두1254

  ↳ 건축법상의 공사중지명령에 앞서 사전통지를 하고 의견제출의 기회를 주어야 한다.

9. ②

㉠ (X) 행정청이 공무원에 대하여 **새로운** 직위해제사유에 기한 **직위해제처분**을 한 경우 그 **이전에 한 직위해**

제처분은 이를 **묵시적으로 철회**하였다고 봄이 상당하므로, 그 이전 처분의 취소를 구하는 부분은 **존재하지 않는 행정처분**을 대상으로 한 것으로서 그 **소의 이익이 없어 부적법**하다. (대판 2003.10.10., 2003두5945)

㉡ (O) 제재적 행정처분이 그 처분에서 정한 제재기간의 경과로 인하여 그 효과가 소멸되었으나, **부령인 시행규칙 또는 지방자치단체의 규칙**의 형식으로 정한 처분기준에서 제재적 행정처분을 받은 것을 **가중사유나 전제요건**으로 삼아 **장래의 제재적 행정처분을 하도록** 정하고 있는 경우, 제재적 행정처분의 가중사유나 전제요건에 관한 규정이 법령이 아니라 **규칙의 형식**으로 되어 있다고 하더라도, 관할 행정청이나 담당공무원은 이를 준수할 의무가 있으므로 이들이 그 규칙에 정해진 바에 따라 행정작용을 할 것이 당연히 예견되고, 그 결과 행정작용의 상대방인 **국민으로서는 그 규칙의 영향을 받을 수밖에 없다.** 따라서 그러한 규칙이 정한 바에 따라 선행처분을 받은 상대방이 그 처분의 존재로 인하여 장래에 받을 불이익, 즉 후행처분의 위험은 구체적이고 현실적인 것이므로, 상대방에게는 **선행처분의 취소**소송을 통하여 그 **불이익을 제거할 필요**가 있다고 할 것이다. (대판 전합 2006. 6. 22., 2003두1684)

㉢ (X) 치과의사국가시험 불합격처분 이후 **새로 실시된 국가시험에 합격**한 자들로서는 더 이상 위 불합격처분의 취소를 구할 **법률상의 이익이 없다.** (대판 1996.2.23., 95누2685)

㉣ (X) **현역병입영**대상자로 **병역처분**을 받은 자가 그 **취소소송중 모병**에 응하여 **현역병으로 자진 입대**한 경우, 그 처분의 위법을 다툴 실제적 효용 내지 이익이 없다는 이유로 **소의 이익이 없다.** (대판 1998. 9. 8., 98두9165)

㉤ (O) 방사성물질에 의하여 보다 직접적이고 중대한 피해를 입으리라고 예상되는 원자로 시설부지 인근 주민들에게는 방사성물질 등에 의한 생명·신체의 안전침해를 이유로 부지사전승인처분의 취소를 구할 원고적격이 있다. (대판 1998.9.4., 97누19588)

㉥ (O) 환경영향평가대상지역 **안의** 주민 개개인에 대하여 개별적으로 보호되는 **직접적·구체적 이익**이라고 보아야 하므로, 환경영향평가대상지역 **안의** 주민에게는

전원(電源)개발사업실시계획승인처분의의 취소를 구할 **원고적격이 있다**. (대판 1998. 9. 22., 97누19571)

10. ④

① (O) 질서위반행위규제법 제12조 제3항

② (O) 질서위반행위규제법 제24조 제1항

③ (O) 질서위반행위규제법 제20조 제2항

④ (X) **과태료 부과처분**은 행정청을 피고로 하는 행정소송의 대상이 되는 **행정처분이라고 볼 수 없다**. (대판 2012. 10. 11. 2011두19369).

↳ 과태료부과처분에 대한 불복은 비송사건절차법을 준용한 법원의 과태료 재판에 의해 처리된다.

19회

1. ④

① (O) 지방자치법 제28조 제1항 단서

② (O) **대통령령**을 제정하기 위해서는 행정조직 내부적으로 '법제처의 심사와 **국무회의 심의**'를 거쳐야 하나, 총리령·부령의 제정은 '법제처의 심사'만 거치면 된다.

③ (O) 대판 2006. 9. 22., 2005두2506

↳ 고시도 처분적 효과를 가질 때에는 행정처분에 해당하는바, '보건복지부 고시인 **약제급여·비급여목록 및 급여상한금액표**'와 '**항정신병 치료제의 요양급여 인정기준**에 관한 보건복지부 고시'가 대표적이다.

④ (X) 행정규칙은 법규성이 없으므로 그에 위반한 행정행위가 위법한 것은 아니지만, **공무원 행정규칙을 위반**하는 행위는 직무상의 의무위반으로 **징계의 대상**이 될 수 있다.

2. ③

① (O) 행정심판법 제49조 제2항

② (O) 행정심판법 제49조 제3항

③ (X) 행정심판법 제50조 제1항

↳ 직접처분은 거부처분에 대한 처분명령재결에서만 허용된다.

④ (O) 행정심판법 제50조의2 제1항

구분	대상재결
행정심판위원회의 **직접처분** (행정심판법 제50조 제1항)	• **거부처분**에 대한 **처분명령재결** • **부작위**에 대한 **처분명령재결**
행정심판위원회의 **간접강제** (행정심판법 제50조의2 제1항)	• **거부처분**에 대한 **취소재결·무효확인·부존재확인재결** • **거부처분**에 대한 **처분명령재결** • **부작위**에 대한 **처분명령재결** • **절차상 위법·부당**을 이유로 한 **취소재결**

3. ④

① (X) **소멸시효완성 후**에 부과된 부과처분은 **납세의무 없는 자**에 대하여 부과처분을 한 것으로서 그와 같은 하자는 중대하고 명백하여 그 처분의 효력은 **당연무효**이다. (대판 1985. 5. 14. 83누655

② (X) 행정**처분이 발하여진 후**에 헌법재판소가 그 행정처분의 **근거가 된 법률을 위헌으로 결정**하였다면 결과적으로 행정처분은 법률의 근거가 없이 행하여진 것과 마찬가지가 되어 하자가 있는 것이 되나, 하자 있는 행정처분이 당연무효가 되기 위하여는 그 하자가 중대할 뿐만 아니라 명백한 것이어야 하는데, 일반적으로 **법률이 헌법에 위반된다는 사정**이 헌법재판소의 **위헌결정이 있기 전**에는 **객관적으로 명백한 것이라고 할 수는 없으므로** 헌법재판소의 위헌결정 전에 행정처분의 근거되는 당해 법률이 헌법에 위반된다는 사유는 특별한 사정이 없는 한 그 행정처분의 취소소송의 전제가 될 수 있을 뿐 **당연무효사유는 아니라고 봄이 상당하**다. (대판 1994. 10. 28., 92누9463)

③ (X) 헌법재판소가 어떤 법률에 대한 **위헌결정을 한 이후**에 이루어진 그 법률에 근거하여 발령된 행정처분은 **중대·명백**하여 **당연무효**이다. 위헌인 법률에 근거한 행정처분은 위헌결정의 기속력에 위반되는 것이고, 헌법재판소의 위헌결정으로 **법률이 헌법에 위반**된다는 사정이 **객관적으로 명백**해졌기 때문이다.

④ (O) 대판 2002. 8. 23., 2001두2959

4. ①

㉠ (O) 행정절차법 제32조

㉡ (X) 커퍼 → 회피

  ↳ ② 청문 주재자에게 공정한 청문 진행을 할 수 없는 사정이 있는 경우 당사자등은 행정청에 **기피신청**을 할 수 있다.

    ③ **청문 주재자**는 제1항 또는 제2항의 사유에 해당하는 경우에는 행정청의 승인을 받아 **스스로 청문의 주재를 회피**할 수 있다.

㉢ (O) 행정절차법 제30조

㉣ (X) 청문 주재자는 **직권으로 또는 당사자의 신청에** 따라 **필요한 조사**를 할 수 있으며, **당사자등이 주장하지 아니한 사실**에 대하여도 조사할 수 있다. (행정절차법 제33조 제1항)

㉤ (O) 행정절차법 제35조 제2항

5. ②

① (O) 도로교통법 시행규칙 제26조 [별표 14]에 의하면, 제1종 대형면허 소지자는 제1종 보통면허로 운전할 수 있는 자동차와 원동기장치자전거를, 제1종 보통면허 소지자는 원동기장치자전거까지 운전할 수 있도록 규정하고 있어서 **제1종 보통면허로 운전할 수 있는 차량**의 음주운전은 당해 운전면허뿐만 아니라 **제1종 대형면허로도** 가능하고, 또한 제1종 대형면허나 제1종 보통면허의 취소에는 당연히 **원동기장치자전거의 운전까지 금지하는 취지**가 포함된 것이어서 이들 세 종류의 운전면허는 서로 관련된 것이라고 할 것이므로 **제1종 보통면허로 운전할 수 있는 차량을 음주운전**한 경우에 이와 관련된 면허인 **제1종 대형면허와 원동기장치자전거면허까지 취소**할 수 있는 것으로 보아야 한다 (대판 1997.5.16, 97누2313)

② (X) **제1종 보통, 대형 및 특수 면허**를 가지고 있는 자가 **레이카크레인을 음주운전**한 행위는 **제1종 특수면허의 취소사유에 해당될 뿐 제1종 보통 및 대형 면허의 취소사유는 아니다.** (대판 전원 1995. 11. 16., 95누8850)

③ (O) **이륜자동차**로서 **제2종 소형면허**를 가진 사람만이 운전할 수 있는 **오토바이**는 제1종 대형면허나 보통면허를 가지고서도 이를 운전할 수 없는 것이어서 **이륜자동차를 음주운전**한 사유만 가지고서는 **제1종 대형면허나 보통면허의 취소나 정지를 할 수 없다.** (대판 1992. 9. 22., 91누8289)

④ (O) 도로교통법시행규칙 제26조 [별표 14]에 의하면 원고가 운전한 **12인승 승합자동차**는 제1종보통 및 제1종대형자동차운전면허로는 운전이 가능하나 **제1종특수자동차운전면허로는 운전할 수 없으므로**, 원고는 자신이 소지하고 있는 자동차운전면허 중 **제1종보통 및 제1종대형자동차운전면허만으로 운전**한 것이 되어, 제1종 특수자동차운전면허는 위 승합자동차의 운전과는 아무런 관련이 없고, 또한 위 [별표 14]에 의하

면 추레라와 레이카는 제1종 특수자동차운전면허를 받은 자만이 운전할 수 있어 제1종보통이나 제1종대형 자동차운전면허의 취소에 **제1종특수자동차운전면허로 운전할 수 있는 자동차의 운전까지 금지하는 취지**가 당연히 **포함되어 있는 것은 아니라 할 것**이다. (대판 1998. 3. 24. 98두1031)

6. ③

㉠ (O) **건축협의 취소**는 상대방이 다른 지방자치단체 등 행정주체라 하더라도 '행정청이 행하는 구체적 사실에 관한 법집행으로서의 공권력 행사'로서 **처분에 해당**한다고 볼 수 있고, **지방자치단체인 원고**가 이를 다툴 실효적 해결 수단이 없는 이상, 원고는 **건축물 소재지 관할 허가권자인 지방자치단체의 장**을 상대로 항고소송을 통해 **건축협의 취소의 취소**를 구할 수 있다. (대판 2014. 2. 27., 2012두22980)

㉡ (O) **자연물인 도롱뇽** 또는 그를 포함한 **자연 그 자체로서는** 이 사건을 수행할 **당사자능력을 인정할 수 없다.** (대결 2006. 6. 2.자 2004마1148, 1149

㉢ (X) 사증발급의 법적 성질, 출입국관리법의 입법 목적, 사증발급 신청인의 대한민국과의 실질적 관련성, 상호주의원칙 등을 고려하면, 우리 출입국관리법의 해석상 **외국인에게는 사증발급 거부처분의 취소를 구할 법률상 이익이 인정되지 않는다.** (대판 2018.5.15., 2014두42506)

㉣ (X) **국가**가 국토이용계획과 관련한 지방자치단체의 장의 **기관위임사무**의 처리에 관하여 **지방자치단체의 장**을 상대로 **취소소송**을 제기하는 것은 **허용되지 않는다.** (대판 2007. 9. 20., 2005두6935)

㉤ (O) **인터넷 포털사이트** 등의 개인정보 유출사고로 피해자의 의사와 무관하게 자신들의 주민등록번호 등 **개인정보가 불법 유출**된 경우에는 조리상 **주민등록번호의 변경을 요구할 신청권을 인정**함이 타당하고, **구청장의 주민등록번호 변경신청 거부행위**는 항고소송의 대상이 되는 **행정처분**에 해당한다고 한 사례. (대판 2017. 6. 15., 2013두2945)

㉥ (O) **대학생**들이 전공이 **다른 교수를 임용**함으로써 학습권을 침해당하였다는 이유를 들어 교수임용처분의 취소를 구할 **소의 이익이 없다**고 한 사례. (대판 1993. 7. 27. 93누8139)

7. ①

㉠ (X) 카산금 → **가산세**

세법상 **가산세**는 납세자가 정당한 이유 없이 **법에 규정**된 신고, 납세 등 **각종 의무를 위반**한 경우에 개별세법이 정하는 바에 따라 부과되는 행정상의 제재로서 **납세자의 고의, 과실은 고려되지 않는** 반면, 이와 같은 제재는 납세의무자가 그 의무를 알지 못한 것이 무리가 아니었다고 할 수 있어서 그를 정당시할 수 있는 사정이 있거나 그 의무의 이행을 당사자에게 기대하는 것이 무리라고 하는 사정이 있을 때 등 그 **의무해태를 탓할 수 없는 정당한 사유**가 있는 경우에는 이를 **과할 수 없다.**

㉡ (O) 성업공사(현 한국자산관리공사)가 **체납압류된 재산을 공매**하는 것은 **세무서장**의 공매권한 위임에 의한 것으로 보아야 할 것이므로, 성업공사가 한 그 공매처분에 대한 취소 등의 항고소송을 제기함에 있어서는 수임청으로서 실제로 공매를 행한 **성업공사를 피고로** 하여야 하고, 위임청인 세무서장은 피고적격이 없다. (대판 1997. 2. 28., 96누1757)

㉢ (X) 구 사회안전법 제11조 소정의 **동행보호규정**은 재범의 위험성이 현저한 자를 상대로 긴급히 보호할 필요가 있는 경우에 한하여 **단기간의 동행보호**를 허용한 것으로서 그 요건을 엄격히 해석하는 한, 동 규정 자체가 **사전영장주의**를 규정한 헌법규정에 반한다고 볼 수는 없다. (대판 1997. 6. 13., 96다56115)

↳ 위 사안과 별개로, 헌법재판소는 다음과 같이 즉시 강제에 대한 영장주의 불요설을 취함으로써 대법원과 견해를 달리한다.

대법원 (절충설)	사전영장주의를 고수하다가는 도저히 그 목적을 달성할 수 없는 ★지극히 예외적인 경우에만 형사절차에서와 같은 영장주의의 예외가 인정된다.
헌법재판소 (영장불요설)	즉시강제는 상대방의 임의이행을 기다릴 시간적 여유가 없을 때 하명없이 바로 실력을 행사하는 것으로서, 그 본질상 급박성을 요건으로 하고 있어 영장주의가 ★적용되지 않는다.

㉣ (O) 경찰관직무집행법 제11조의2 제1항 제1호

㉤ (O) 대판 2018. 1. 25., 2015두35116

㉥ (X) **단수처분**은 항고소송의 대상이 되는 행정**처분에 해당**한다. (대판 1979.12.28. 79누218)

  ↳ 단수처분은 즉시강제와 무관하다.

8. ④

① (O) 행정절차법 제17조 제1항

② (O) 행정절차법 제25조

③ (O) 행정절차법 제20조 제2항

④ (X) 당사자등은 처분 전에 그 처분의 관할 행정청에 **서면**이나 **말로** 또는 **정보통신망**을 이용하여 **의견제출**을 할 수 있다. (행정절차법 제27조 제1항)

9. ①

㉠ (O) 질서위반행위규제법 제42조

㉡ (O) 대판 1996. 4. 12., , 96도158

㉢ (X) 과태료를 부과한 행정청의 소재지를

       ↳, **당사자의 주소지**

  ↳ 과태료 사건은 다른 법령에 특별한 규정이 있는 경우를 제외하고는 **당사자의 주소지**의 지방법원 또는 그 지원의 관할로 한다. (질서위반행위규제법 제25조)

㉣ (O) 질서위반행위규제법 제24조

㉤ (X) 집행정지의 효력이 없다.

       ↳, 집행정지의 효력이 **있다.**

  ↳ 질서위반행위규제법 제38조 제1항

10. ③

① (O) 대판 2007. 7. 12., 2007두6663

② (O) 수산업법 제15조에 의하여 어업의 면허 또는 허가에 붙이는 부관은 그 성질상 허가된 어업의 본질적 효력을 해하지 않는 한도의 것이어야 하며 수산업법시행령 제14조의4 제3항의 규정내용은 기선선망어업에는 그 어선규모의 대소를 가리지 않고 등선과 운반선을 갖출 수 있고, 또 갖추어야 하는 것이라고 해석되므로 **기선선망어업의 허가**를 하면서 **운반선, 등선 등 부속선을 사용할 수 없도록 제한**한 부관은 그 **어업허가**의 목적달성을 사실상 어렵게 하여 그 **본질적 효력을 해하는 것**이다. (대판 1990. 4. 27., 89누6808)

③ (X) 기부채납받은 공원시설의 **사용·수익허가에서 허가기간**은 허가의 효력을 제한하기 위한 부관으로서 행정행위의 **본질적 요소**에 해당한다고 볼 것이므로 그 허가기간에 위법사유가 있다면 **허가 전부가 위법**하게 된다. (대판 2001. 6. 15., 99두509)

④ (O) 대판 2009. 12. 10., 2007다63966,

20회

1. ③

㉠ (X) 제1항부터 제3항까지의 규정에도 불구하고 제21조 제4항 각 호의 어느 하나에 해당하는 경우와 당사자가 **의견진술의 기회를 포기**한다는 뜻을 **명백히 표시**한 경우에는 **의견청취**를 하지 **아니할 수 있다.** (행정절차법 제22조 제4항)

㉡ (O) 행정절차법 제21조 제6항

㉢ (O) 행정절차법 제22조 제6항

㉣ (X) 당사자등은 **의견제출의 경우**에는 처분의 사전 통지가 있는 날부터 의견제출기한까지, **청문의 경우**에는 청문의 통지가 있는 날부터 청문이 끝날 때까지 행정청에 해당 사안의 조사결과에 관한 문서와 그 밖에 해당 처분과 관련되는 문서의 **열람 또는 복사**를 요청할 수 있다. (행정절차법 제37조 제1항)

  ↳ 종래에는 처분 관련 문서의 열람 또는 복사 요청권은 청문의 경우에만 인정되었으나, 2022 행정절차법 개정으로 **의견제출의 경우**에도 당사자가 처분 관련 문서에 대한 **열람 또는 복사**의 요청할 수 있게 되었다.

㉤ (O) 행정절차법 제27조의2 제1항

2. ③

① (O) 행정심판법 제8조 제1항

② (O) 사건의 심리·의결에 관한 사무에 관여하는 위원 아닌 **직원에게도** 제1항부터 제7항(제척, 기피, 회피)까지의 규정을 **준용**한다. (행정심판법 제10조 제8항)

③ (X) 다음 각 호의 행정청의 처분 또는 부작위에 대한 심판청구에 대하여는 「부패방지 및 국민권익위원회의 설치와 운영에 관한 법률」에 따른 국민권익위원회에 두는 **중앙행정심판위원회**에서 심리·재결한다.
  1. 제1항에 따른 행정청 외의 국가행정기관의 장 또는 그 소속 행정청

④ (O) 행정심판법 제18조 제1항

3. ④

① (O) 경찰특허는 **신청(=출원)을 전제**로 하므로, 신청취지에 반하는 특허는 완전한 효력을 발생할 수 없게 된다.

② (O) **법규에 의한 경찰특허**(例 한국도로공사법에 의한 한국도로공사의 설립)는 논리상 신청을 전제로 하지 않는다.

③ (O) 특허는 인하여 설정되는 권리는 **공권**인 경우도 보통이나, **사권**(例 광업허가에 따른 광업권)인 경우도 있다

④ (X) 경찰특허는 **특정인**을 대상으로 하고, 불특정 다수를 상대로는 행해질 수 없다

4. ②

㉠ (O)

> **【행정조사기본법】 제7조(조사의 주기)** 행정조사는 법령등 또는 행정조사운영계획으로 정하는 바에 따라 정기적으로 실시함을 원칙으로 한다. 다만, 다음 각 호 중 어느 하나에 해당하는 경우에는 수시조사를 할 수 있다.
> 1. **법률**에서 **수시조사**를 규정하고 있는 경우
> 2. **법령등의 위반**에 대하여 **혐의**가 있는 경우
> 3. 다른 행정기관으로부터 **법령등의 위반**에 관한 **혐의**를 **통보** 또는 **이첩**받은 경우
> 4. **법령등의 위반**에 대한 **신고**를 받거나 **민원이 접수**된 경우
> 5. 그 밖에 행정조사의 필요성이 인정되는 사항으로서 대통령령으로 정하는 경우

㉡ (X) 실시할 수 있다. → **실시하여야 한다.**

> **【행정조사기본법】 제14조(공동조사)** ① 행정기관의 장은 다음 각 호의 어느 하나에 해당하는 행정조사를 하는 경우에는 공동조사를 하여야 한다.
> 1. 당해 행정기관 내의 **2 이상의 부서가 동일하거나 유사**한 업무분야에 대하여 **동일한 조사대상자**에게 행정조사를 실시하는 경우
> 2. 서로 **다른** 행정기관이 대통령령으로 정하는 분야에 대하여 **동일한 조사대상자**에게 행정조사를 실시하는 경우

㉢ (X) 동의한 것으로 본다. → **거부한 것으로 본다.**

  ↳ 제1항에 따른 행정조사에 대하여 조사대상자가 조사에 응할 것인지에 대한 **응답을 하지 아니하는** 경우에는 법령등에 특별한 규정이 없는 한 그 **조사를 거부**한 것으로 본다. (행정조사기본법 제20조 제2항)

㉣ (O) 행정조사기본법 제22조 제2항

㉤ (O) **세무조사**가 과세자료의 수집 또는 신고내용의 정확성 검증이라는 본연의 목적이 아니라 부정한 목적을 위하여 **위법**하게 행하여진 경우, 세무조사에 의하여 수집된 과세자료를 기초로 한 **과세처분은 위법**하다. (대판 2016.12.15., 2016두47659)

5. ②

㉠ (O) 일반적으로 공무원이 직무를 집행함에 있어서 **관계법규를 알지 못하거나 필요한 지식을 갖추지 못하여** 법규의 해석을 그르쳐 잘못된 행정처분을 하였다면 그가 법률전문가가 아닌 **행정직 공무원**이라고 하여 **과실이 없다고 할 수 없으나,** 법령에 대한 해석이 그 문언 자체만으로는 명백하지 아니하여 여러 견해가 있을 수 있는 데다가 이에 대한 선례나 학설, 판례 등도 귀일된 바 없어 의의(疑義)가 없을 수 없는 경우에 관계 공무원이 그 **나름대로 신중을 다하여 합리적인 근거**를 찾아 그 중 **어느 한 견해를 따라** 내린 해석이 후에 대법원이 내린 입장과 같지 않아 결과적으로 잘못된 해석에 돌아가고, 이에 따른 처리가 역시 결과적으로 위법하게 되어 그 법령의 부당집행이라는 결과를 가져오게 되었다고 하더라도, 그와 같은 처리 방법 이상의 것을 성실한 평균적 공무원에게 기대하기는 어려운 일이고, 따라서 이러한 경우에까지 국가배상법상 공무원의 **과실을 인정할 수는 없다**. (대판 1995. 10. 13., 95다32747)

㉡ (O) 헌법재판소 재판관이 **청구기간 내에 제기**된 **헌법소원심판청구** 사건에서 청구기간을 오인하여 **각하결정**을 한 경우, 이에 대한 불복절차 내지 시정절차가 없는 때에는 **국가배상책임(위법성)을 인정**할 수 있다. (대판 2003.7.11., 99다24218)

㉢ (X) 주관적 → **객관적**

↳ 행정처분의 담당공무원이 **보통 일반의 공무원**을 표준으로 하여 볼 때 **객관적** 주의의무를 결하여 그 행정처분이 **객관적** 정당성을 상실하였다고 인정될 정도에 이른 경우에 국가배상법 제2조 소정의 국가배상책임의 요건을 충족한다. (대판 2000. 5. 12., 99다70600)

㉣ (X) 대판 1984. 7. 24., 84다카597

↳ 공무원이 이른바 '재량준칙'에 따라 행정처분을 하였다면, 그 처분이 결과적으로 재량권을 일탈 또는 남용하여 위법하게 된 경우에도 공무원의 직무상 **과실로 보지 않는 것**이 대판의 태도이다.

㉤ (O) 국가배상책임은 공무원의 직무집행이 법령에 위반한 것임을 요건으로 하는 것으로서, 공무원의 직무집행이 **법령이 정한 요건과 절차**에 따라 이루어진 것이라면 특별한 사정이 없는 한 이는 법령에 적합한 것이고 그 과정에서 **개인의 권리가 침해**되는 일이 생긴다고 하여 그 **법령적합성**이 곧바로 **부정되는 것은 아니다.**

경찰관이 **교통법규 등을 위반하고 도주**하는 차량을 **순찰차로 추적**하는 직무를 집행하는 중에 그 **도주차량**의 주행에 의하여 **제3자가 손해**를 입었다고 하더라도 추적의 개시·계속 혹은 추적의 방법이 상당하지 않다는 등의 특별한 사정이 없는 한 그 **추적행위를 위법하다고 할 수는 없다**. (대판 2000. 11. 10., 2000다26807)

6. ③

① (O) 대판 2007. 2. 8., 2006두4899

↳ 정보의 내용을 구체적으로 확인·검토하여 정보공개법 제7조 제1항 몇 호에서 정하고 있는 비공개사유에 해당하는지를 주장·입증하여야 한다.

② (O) 대판 2013. 1. 24., 2010두18918,

③ (X) 20일 → **30일**

공공기관은 제3자의 비공개 요청에도 불구하고 공개 결정을 할 때에는 공개 **결정일**과 공개 **실시일** 사이에 최소한 **30일**의 간격을 두어야 한다. (정보공개법(약칭) 제21조 제3항)

④ (O) 정보공개법(약칭) 제22조

7. ④

① (X) 행정안전부장관 → **개인정보보호위원회**

↳ **개인정보보호위원회**는 개인정보의 처리에 관한 기준, 개인정보 침해의 유형 및 예방조치 등에 관한 표

준 개인정보 보호지침을 정하여 개인정보처리자에게 그 준수를 권장할 수 있다. (개인정보 보호법 제12조 제1항)

② (X) 개인정보처리자는 **만 14세 미만** 아동의 개인정보를 처리하기 위하여 이 법에 따른 동의를 받아야 할 때에는 그 법정대리인의 동의를 받아야 한다. 이 경우 법정대리인의 **동의를 받기 위하여 필요한 최소한의 정보**는 법정대리인의 **동의 없이** 해당 **아동으로부터 직접 수집할 수 있다.** (개인정보보호법 제22조 제6항)

③ (X) **누구든지** 불특정 다수가 이용하는 목욕실, 화장실, 발한실(發汗室), 탈의실 등 **개인의 사생활을 현저히 침해할 우려**가 있는 장소의 내부를 볼 수 있도록 영상정보처리기기를 **설치·운영하여서는 아니 된다.** (개인정보보호법 제25조 제2항)

↳ CCTV 설치안내판 설치여부와 관계없이, 당연히 상기 장소 등에서는 CCTV를 설치할 수 없다.

④ (O) 개인정보보호법 제39조 제3항

8. ③

㉠ (X) 법령의 규정이 특정 행정기관에 그 법령 내용의 구체적 사항을 정할 수 있는 권한을 부여하면서 그 **권한 행사의 절차나 방법을 특정하고 있지 아니하여** 수임행정기관이 **행정규칙의 형식**으로 그 법령의 내용이 될 사항을 **구체적으로 정하고 있는 경우**에는 그 행정규칙은 그것이 당해 법령의 위임한계를 벗어나지 아니하는 한 당해 법령과 결합하여 대외적으로 구속력이 있는 법규명령으로서 효력을 가진다. (대판 2012. 2. 9. 2011두24101)

㉡ (O) 상위법령의 시행에 필요한 세부적 사항을 정하기 위하여 행정관청이 일반적 직권에 의하여 제정하는 이른바 집행명령은 근거법령인 상위법령이 **폐지되면** 특별한 규정이 없는 이상 **실효되는 것이나,** 상위법령이 **개정됨에 그친** 경우에는 개정법령과 성질상 모순, 저촉되지 아니하고 개정된 상위법령의 시행에 필요한 사항을 규정하고 있는 이상 그 집행명령은 상위법령의 개정에도 불구하고 당연히 **실효되지 아니하고** 개정법령의 시행을 위한 집행명령이 제정, 발효될 때까지는 여

전히 그 **효력을 유지**한다. (대판 1989. 9. 12., 88누6962)

㉢ (X) 서울대학교의 '94학년도 **대학입학고사 주요요강'**은 사실상의 준비행위 내지 사전안내로서 행정심판이나 행정쟁송의 대상이 될 수 있는 **행정처분이나 공권력의 행사는 될 수 없으나,** 그 내용이 국민의 기본권에 직접 영향을 끼치는 내용이고 앞으로 법령의 뒷받침에 의하여 그대로 실시될 것이 틀림없을 것으로 예상될 수 있는 것일 때에는 **헌법소원의 대상**이되는 헌법재판소법 제68조 제1항 소정의 공권력의 행사에 해당된다. (헌재 전원 1992.10.1., 92헌마68·76)

㉣ (O) 부패방지 및 국민권익위원회의 설치와 운영에 관한 법률 제28조 제1항

㉤ (O) 행정소송법 제6조 제1항

9. ④

① (O)

> **【행정소송법】제9조(재판관할)** 제1항에도 불구하고 다음 각 호의 어느 하나에 해당하는 피고에 대하여 취소소송을 제기하는 경우에는 **대법원소재지를 관할**하는 행정법원에 제기할 수 있다.
> 1. **중앙행정기관,** 중앙행정기관의 부속기관과 합의제행정기관 또는 그 **장**

↳ 경찰청장 = 중앙행정기관
대법원소재지 관할법원 = 서울행정법원

② (O) 집행정지의 요건으로 규정하고 있는 '공공복리에 중대한 영향을 미칠 우려'가 없을 것이라고 할 때의 '**공공복리**'는 그 처분의 집행과 관련된 **구체적이고도 개별적인 공익**을 말하는 것이다. (대결 1999. 12. 20.자 99무42)

③ (O) 처분사유의 추가, 변경은 **사실심 변론종결시까지**만 허용된다. (대판 1999.8.20., 98두17043)

④ (X)

> 제4조(항고소송) 항고소송은 다음과 같이 구분한다.
> 1. 취소소송: 행정청의 위법한 처분등을 **취소** 또는 **변경**하는 소송

↳ 행정소송법 제4조 제1호에서의 '변경'은 처분의 **일**

부취소와 같은 '**소극적 변경**'을 **의미**하는 것이지, 처분을 적극적으로 변경하는 형성판결을 뜻하는 것은 아니라는 것이 다수설·판례의 입장이므로, 처분의 적극적 변경을 구하는 소송은 허용되지 않는다.

10. ①

㉠ (X) 처분이 있음을 안 날부터 90일이 지나버렸거나 **또는** 처분이 있은 날부터 1년이 지나버리게 되면 **제소기간이 종료**된다. 즉, 양 기간은 선택적으로 적용되는 것이 아니므로, **어느 한 기간만 경과**하여도 취소소송을 제기할 수 없게 된다.

㉡ (O) **취소소송의 제1심 관할법원은 피고의 소재지를 관할**하는 행정법원으로 한다. (행정소송법 제9조 제1항)

㉢ (X) 행정처분의 근거 법률에 의하여 보호되는 직접적이고 구체적인 이익이 있는 경우에는 행정소송법 제35조에 규정된 '무효확인을 구할 법률상 이익'이 있다고 보아야 하고, 이와 별도로 **무효확인소송의 보충성이 요구되는 것은 아니므로** 행정처분의 무효를 전제로 한 이행소송 등과 같은 **직접적인 구제수단**이 있는지 여부를 **따질 필요가 없다**고 해석함이 상당하다. (대판 전합 2008. 3. 20. 2007두6342)

↳ 가령 과세처분의 무효를 다투는 경우에 부당이득금반환청구소송'과 같이 보다 직접적인 구제수단이 있는 경우에도, 과세처분 무효확인소송을 곧바로 청구할 수도 있다.

㉣ (O) 처분청은 당초 처분의 근거로 삼은 사유와 **기본적 사실관계에 있어서 동일성이 인정**되는 한도 내에서만 새로운 처분사유를 **추가하거나 변경**할 수 있다. (대판 1992.8.18. 91누3659)

㉤ (O) **당사자소송**에 대하여는 행정소송법 제23조 제2항의 **집행정지에 관한 규정이 준용되지 아니하므로**, 이를 본안으로 하는 가처분에 대하여는 행정소송법 제8조 제2항에 따라 **민사집행법상 가처분에 관한 규정이 준용**되어야 한다. (대결 2015. 8. 21.자 2015무26)

21회

1. ①

㉠ (O) 비공개대상 (대판 2010.12.23.,2010두14800)

㉡ (O) 비공개대상 (대판 2010.6.10., 2010두2913)

㉢ (X) 공개대상 (대판 2009.12.10., 2009두12785)

㉣ (X) 공개대상 (대판 2006.10.26., 2006두11910)

㉤ (X) 공개대상 (대판 2012.6.28. 2011두16735)

2. ③

① (O) 개인정보보호법 제35조 제1항

② (O) 개인정보보호법 제36조 제1항

③ (X) **개인정보처리자는** 통계작성, 과학적 연구, 공익적 기록보존 등을 위하여 정보주체의 **동의 없이** 가명정보를 처리할 수 있다. (개인정보보호법 제28조의2 제1항)

④ (O) 개인정보보호법 제37조 제1항

3. ③

① (O)

- 공공의 영조물인 **철도시설물의 설치 또는 관리의 하자로 인한 불법행위**를 원인으로 하여 국가에 대하여 손해배상청구를 하는 경우에는 **국가배상법**이 적용되므로 배상전치절차를 거쳐야 한다. (대판 1999.6.22. 99다7008)

- 지방자치단체장이 설치하여 관할 지방경찰청장에게 관리권한이 위임된 **교통신호기의 고장**으로 인하여 교통사고가 발생한 경우, 지방자치단체뿐만 아니라 국가도 **손해배상책임**을 진다. (대판 1999.6.25. 99다11120)

② (O) 대판 1998. 10. 23., 98다17381

③ (X) 사실상 군민의 통행에 제공되고 있던 도로 옆의 암벽으로부터 떨어진 낙석에 맞아 소외인이 사망하는 사고가 발생하였다고 하여도 동 사고지점 도로가 피고 군에 의하여 **노선인정 기타 공용개시가 없었으면** 이를 **영조물이라 할 수 없다**. (대판 1981.7.7., 80다2478)

④ (O) '영조물 설치·관리상의 하자'라 함은 공공의 목적에 공여된 영조물이 그 용도에 따라 **통상 갖추어야 할 안전성**을 갖추지 못한 상태에 있음을 말하는바, 영조물의 설치 및 관리에 있어서 **항상 완전무결한 상태를 유지**할 정도의 고도의 안전성을 갖추지 **아니하였다고 하여** 영조물의 설치 또는 관리에 **하자가 있다고 단정할 수 없는 것**이고, 영조물의 설치자 또는 관리자에게 부과되는 방호조치의무는 **영조물의 위험성에 비례**하여 **사회통념상 일반적으로 요구**되는 정도의 것을 의미하므로 영조물인 도로의 경우도 다른 생활필수시설과의 관계나 그것을 설치하고 관리하는 주체의 재정적, 인적, 물적 제약 등을 고려하여 그것을 이용하는 자의 상식적이고 질서 있는 이용방법을 기대한 **상대적인 안전성**을 갖추는 것으로 족하다. (대판 2002. 8. 23., 2002다9158

4. ②

㉠ (O) 행정소송법 제30조 제1항

㉡ (X) 취소소송에서 처분 등을 취소하는 확정판결의 **기속력**은 주로 판결의 실효성 확보를 위하여 인정되는 효력으로서 판결의 주문뿐만 아니라 그 전제가 되는 처분 등의 **구체적 위법사유**에 관한 **이유** 중의 판단에 대하여도 인정된다. (대판 2001.3.23. 99두5238)
↳ 판결의 이유에서 판단된 처분의 구체적 위법사유 = 판결 이유 중에 설시된 개개의 위법사유

㉢ (X) 취소판결의 **기속력**은 오로지 청구**인용판결에서만 인정**되고, 청구기각판결이나 청구각하판결에서는 인정되지 않는다.

㉣ (O) 행정소송법 제30조 제2항

㉤ (O) 확정판결의 당사자인 처분행정청이 그 행정소송의 사실심 변론종결 이전의 사유를 내세워 다시 **확정판결과 저촉되는 행정처분**을 하는 것은 **허용되지 않는 것**으로서, 이러한 행정처분은 그 하자가 중대하고도 명백한 것이어서 **당연무효**라 할 것이다(대판 1990.12.11. 90누3560)

5. ②

㉠ (O) 처분 O (대판 2013.1.16., 2010두22856)

㉡ (X) 처분 X (대판 2007.11.15., 2007두10198)

㉢ (O) 처분 O (대판 2010.10.14., 2008두2318)

㉣ (O) 처분 O (대판 2007.10.11., 2007두1316)

㉤ (X) 처분 X (대판 1994.9.10., 94두33)

㉥ (O) 처분 O (대판 1991.11.22., 91누2144)

㉦ (O) 처분 O (대판 1998.9.4., 97누19588)

6. ④

① (X) **처분등을 취소**하는 확정판결은 제3자에 대하여도 효력이 있다. (행정소송법 제29조 제1항)

② (X) 행정처분을 취소한다는 확정판결이 있으면 그 **취소판결의 형성력**에 의하여 당해 행정처분의 취소나 취소통지등의 별도의 절차를 요하지 아니하고 당연히 취소의 효과가 발생한다. (대판 1991. 10. 11. 90누5443)

③ (X) 확정판결의 **기판력**은 그 판결의 **주문**에 포함된 것, 즉 **소송물**로 주장된 **법률관계의 존부**에 관한 **판단의 결론** 그 자체에만 생기는 것이고, 판결이유에 설시된 그 전제가 되는 법률관계의 존부에까지 미치는 것은 아니다. (대판 2010. 12. 23., 2010다58889)

	기속력	기판력
효력의 대상	피고 행정청 및 관계 행정청	당사자(원고, 피고) 및 후소법원
객관적 범위	판결의 **이유**에서 판단된 처분의 구체적 위법사유	판결의 **주문**에서 나타난 처분의 위법성(적법성) 존부에 관한 판단
시간적 범위	처분시	사실심변론종결시
적용대상 판결	인용판결	인용판결, 기각판결

④ (O) 과세처분의 **취소소송**에서 **청구가 기각**된 확정판결의 **기판력**은 그 과세처분의 **무효확인을 구하는 소송**에도 **미친다.** (대판 1993. 4. 27., 92누9777)

↳ 행정소송에서 처분의 취소도 인정되지 않았다면, 무효는 당연히 인정될 수 없다. 따라서 가령 과세처분취소소송에서 기각판결을 받은 당사자가 다시 과세처분무효확인소송을 청구하는 경우, 그 청구는 기각을 면치 못하게 된다.

7. ①

> 【행정소송법】 제36조(처분에 대한 이의신청) ⑦ 다음 각 호의 어느 하나에 해당하는 사항에 관하여는 이 조를 **적용하지 아니한다.**
> 1. 공무원 인사 관계 법령에 따른 징계 등 처분에 관한 사항
> 2. 「국가인권위원회법」 제30조에 따른 진정에 대한 국가인권위원회의 결정
> 3. 「노동위원회법」 제2조의2에 따라 노동위원회의 의결을 거쳐 행하는 사항
> 4. 형사, 행형 및 보안처분 관계 법령에 따라 행하는 사항
> 5. 외국인의 출입국·난민인정·귀화·국적회복에 관한 사항
> 6. 과태료 부과 및 징수에 관한 사항

↳ 상기 사항은 그 특수성과 해당 법령에서 각기 별도의 절차를 두고 있는 점 등을 고려하여 행정기본법상 이의신청 대상에서 제외되는 것으로 규정하였다.

↳ 한편 행정기본법상 이의신청의 대상이 되는 처분은 「행정심판법」 제3조에 따른 일반행정심판의 대상이 되는 처분에 한정되는바, 「민원 처리에 관한 법률」에 따른 '거부처분'은 일반행정심판의 청구 전에 동법에 따른 이의신청을 거칠 수도 있으므로, 행정기본법상의 이의신청이 적용될 수 있는 사안이다.

8. ③

① (O) 당사자가 임의로 처분할 수 없는 공법상의 권리관계를 대상으로 하여 사인의 국가에 대한 **공권인 소권**을 당사자의 **합의로 포기**하는 것은 **무효**이다. (대판 1998.8.21, 98두8919)

② (O) 구 국가유공자 등 예우 및 지원에 관한 법률에 의하여 **국가유공자와 유족으로 등록되어 보상금**을 받고, 교육보호 등 **각종 보호**를 받을 수 있는 **권리**는 당해 개인에게 부여되어진 **일신전속적인 권리**이어서, 같은 법

규정에 비추어 **상속의 대상으로도 될 수 없다**고 할 것이다. (대판 2003. 8. 19. 2003두5037)

③ (X) 종래에는 처분의 근거가 기속규범인 경우, 즉 기속행위에 의해서만 개인적 공권이 침해된다고 보았으나, 오늘날에는 **재량규정에서도 개인적 공권이 도출**된다고 보므로, 재량행위로 인하여 법률상 이익을 침해받은 사람도 행정소송을 제기할 수 있다.

④ (O) 행정처분의 직접 상대방이 아닌 제3자라 하더라도 당해 행정처분으로 법률상 보호되는 이익을 침해당한 경우에는 취소소송을 제기하여 당부의 판단을 받을 자격이 있다. 여기에서 말하는 법률상 보호되는 이익은 당해 처분의 근거 법규 및 **관련 법규**에 의하여 보호되는 개별적·직접적·구체적 이익이 있는 경우를 말한다. (대판 2015.7.23., 2012두19496,19502)

↳ 처분의 근거법규 외에도 **관련법규에서 사익을 보장**하는 취지를 규정하고 있는 때에는, 그 처분의 취소를 구할 **법률상 이익**이 인정될 수 있다. **관련법령(환경영향평가법령)을 판단근거**로 하여 환경영향평가 대상지역 안의 주민에게 **원고적격을 최초로 인정**한 국립공원 내 용화온천집단시설지구개발사업에 관한 사례가 대표적이다.

9. ③

㉠ (X) **처분등이 위법**한 것으로 판단되어 원고의 청구가 이유있다고 인정되는 경우에도 처분을 취소하는 판결이 공공복리에 현저히 적합하지 않다고 인정되는 때에 원고의 청구를 **기각**하는 판결이 사정판결이다. 소송의 심리결과, 처분이 적법한 경우는 원고의 청구를 배척하는 원칙적 기각판결의 대상이 될 뿐이다.

㉡ (X) 법원은 사정판결을 할 **필요가 있다고 인정**하는 때에는 당사자의 **명백한 주장이 없는 경우에도** 일건 기록에 나타난 사실을 기초로 하여 **직권으로 사정판결**을 할 수 있다. (대판 1995. 7. 28. 95누4629)

㉢ (X) 행정소송법 제28조(**사정판결**)은 다른 행정소송에는 준용되지 않는다. 즉 사정판결은 **오로지 취소소송에서만 인정**되고, 다른 항고소송이나 당자사소송에는 인정되지 않는다.

ⓔ (O) 사정판결은 공공복리를 이유로 처분이 유지시키는 판결이므로, **사정판결의 필요성**에 관한 주장·입증책임은 당연히 **피고인 처분청**에게 있다.

ⓜ (O) 행정소송법 제28조 제2항

ⓗ (O) 행정소송법 제28조 제1항 후문

↳ 사정판결의 주문에 처분의 위법성을 선언함으로써, 처분이 위법성에 관한 기판력이 발생한다.

10. ④

① (O) 원래 행정처분을 한 처분청은 그 처분에 하자가 있는 경우에는 원칙적으로 별도의 법적 근거가 없더라도 스스로 이를 직권으로 취소할 수 있지만, 그와 같이 **직권취소를 할 수 있다는 사정**만으로 이해관계인에게 처분청에 대하여 그 **취소를 요구할 신청권이 부여**된 것으로 **볼 수는 없다**. (대판 2006. 6. 30., 2004두701)

② (O) **과세관청은 부과의 취소를 다시 취소**함으로써 **원부과처분을 소생시킬 수는 없다**. (대판 1995. 3. 10., 94누7027)

↳ 부담적 행정행위의 취소처분을 다시 취소한다면 **부담적 행정행위를 부활**시키는 것이 되어, **처분의 상대방에 불리**하게 되므로, 취소권이 제한된다.

③ (O) 인·허가의제제도는 각 행정기관의 소관권한의 변경을 초래시키는 제도이므로, 개별법령의 **명시적인 근거가 있는 경우에만** 허용된다.

④ (X) 채광계획인가는 **기속재량행위**에 속하는 것으로 보아야 할 것이나, 구 광업법 제47조의2 제5호에 의하여 채광계획인가를 받으면 **공유수면 점용허가**를 받은 것으로 **의제**되고, 공유수면 관리청이 **재량**적 판단에 의하여 공유수면 점용의 허가 여부를 결정할 수 있는바, 그 결과 **공유수면 점용을 허용하지 않기로 결정**하였다면, 채광계획 인가관청은 **이를 사유로** 하여 **채광계획을 인가하지 아니할 수 있는 것**이다. (대판 2002. 10. 11. 2001두151)

22회

1. ①

㉠ (O) 공법관계 (대판 1988.2.23. 87누1046·1047)

↳ 변상금 부과처분은 행정처분(기속행위)

㉡ (X) 사법관계 (대판 1989. 9. 12., 89누2103)
(대판 1978. 4. 25. 78다414)

㉢ (X) 사법관계 (대판 2001.12.24., 2001다54038)

㉣ (X) 사법관계 (대판1983.12.27., 81누366)

㉤ (X) 사법관계 (대판 1989.12.12., 89다카9675)

㉥ (X) 사법관계 (대판 2004.9.24. 2002다68713)

㉦ (X) 사법관계 (대판 2018.2.13., 2014두11328)

2. ④

① (O) 영업자지위승계신고는 이른바 수리를 요하는 신고이기 때문에, A가 **수리를 거부**하였다면 신고의 효과는 **발생할 수 없다**.

② (O) 허가관청의 사업양수에 의한 **지위승계신고의 수리는 적법한 사업의 양도**가 있었음을 **전제**로 하는 것이므로 사업의 양도행위가 무효라고 주장하는 양도자는 민사쟁송으로 양도행위의 무효를 구함이 없이 막바로 허가관청을 상대로 하여 행정소송으로 위 신고수리처분의 무효확인을 구할 법률상 이익이 있다. (대판 1993.6.8. 91누11544)

↳ 지위승계신고는 적법한 사업의 양도를 전제로 하므로, 양도·양수계약이 무효라면 그에 따른 지위승계신고를 수리한 행위도 무효가 된다.

③ (O) 영업양도에 따른 지위승계신고를 **수리**하는 허가관청의 행위는 실질적으로 양도자의 사업**허가 등을 취소**함과 아울러 양수자에게 적법하게 사업을 할 수 있는 **권리를 설정**하여 주는 행위로서 **사업허가자 등의 변경**이라는 **법률효과를 발생**시키는 행위이다. (대판 2012.1.12. 2011도6561)

④ (X) 행정청이 「식품위생법」 규정에 의하여 영업자**지위승계신고를 수리**하는 처분은 종전의 영업자의 **권익을 제한**하는 처분이라 할 것이고 따라서 종전의 영업

자는 그 처분에 대하여 직접 그 상대가 되는 자에 해당한다고 봄이 상당하므로, 행정청으로서는 위 신고를 수리하는 처분을 함에 있어서 「행정절차법」규정 소정의 당사자에 해당하는 **종전의 영업자**에 대하여 **사전통지**를 하고 **의견제출의 기회**를 주고 처분을 하여야 한다. (대판 2003.2.14. 2001두7015)

3. ②

① (O) 환경영향평가 대상지역 **밖의** 주민이라 할지라도 공유수면매립면허처분 등으로 인하여 그 처분 전과 비교하여 **수인한도를 넘는 환경피해**를 받거나 받을 우려가 있는 경우에는, 공유수면매립면허처분 등으로 인하여 환경상 이익에 대한 **침해 또는 침해우려**가 있다는 것을 입증함으로써 그 처분 등의 무효확인을 구할 **원고적격을 인정**받을 수 있다. (대판 전합 2006. 3. 16., 2006두330)

② (X)

	특허 처분	허가 처분
처분으로 받은 이익	법률상 이익	반사적·사실상 이익
기존업자 (경업자)의 원고 적격성 여부	원고적격 O	원고적격 X

↳ 다만 예외적으로 허가처분에 따른 이익이더라도, 허가의 근거법규가 기존업자의 이익을 법률상 이익으로 보호하고 있는 것으로 해석된다면, 허가처분을 받은 기존업자도 원고적격이 있다.

③ (O) 인·허가 등의 수익적 행정처분을 신청한 수인이 **서로 경쟁**관계에 있어서 **일방**에 대한 허가 등의 처분이 **타방**에 대한 불허가 등으로 귀결될 수밖에 없는 때 허가 등의 처분을 받지 못한 자는 비록 **경원자에 대하여** 이루어진 허가 등 처분의 상대방이 아니라 하더라도 당해 **처분의 취소**를 구할 **원고적격**이 있다. 다만, 명백한 법적 장애로 인하여 원고 자신의 신청이 인용될 가능성이 처음부터 배제되어 있는 경우에는 당해 처분의 취소를 구할 정당한 이익이 없다. (대판 2009.12.10.

2009두8359)

④ (O) 인가·허가 등 수익적 행정처분을 신청한 여러 사람이 서로 **경원** 관계에 있어서 한 사람에 대한 허가 등 처분이 다른 사람에 대한 불허가 등으로 **귀결**될 수밖에 없을 때 허가 등 처분을 받지 못한 사람은 신청에 대한 **거부처분의 직접 상대방**으로서 원칙적으로 자신에 대한 거부 처분의 취소를 구할 원고적격이 있고, 거부처분취소판결이 확정되는 경우 행정청은 취소판결의 기속력에 따라 판결에서 확인된 위법사유를 배제한 상태에서 **취소판결의 원고**와 경원자의 각 신청에 관하여 처분요건의 구비 여부와 우열을 **다시 심사**하여야 할 의무가 있으며, 재심사 결과 경원자에 대한 수익적 처분이 직권취소되고 취소판결의 원고에게 수익적 처분이 이루어질 가능성을 완전히 배제할 수는 없으므로, 특별한 사정이 없는 한 경원관계에서 허가 등 처분을 받지 못한 사람은 **자신에 대한 거부처분의 취소를 구할 소의 이익**이 있다. (대판 2015.10.29. 2013두27517)

4. ③

㉠ (O) 이 법을 적용함에 있어서 **행정청**에는 법령에 의하여 행정권한의 위임 또는 위탁을 받은 행정기관, 공공단체 및 그 기관 또는 **사인**이 포함된다. (행정소송법 제2조 제2항)

↳ 행정권한을 위임받거나 위탁받은 **공무수탁사인**은 행정소송법상 **'행정청'**에 해당하는바, 공무수탁사인이 위임 또는 위탁받은 권한의 범위 내에서 자신의 이름으로 행정처분을 한 경우, 그 처분에 불복하는 자는 **공무수탁사인을 피고**로 하여 항고소송을 제기할 수 있다

㉡ (O) 징계처분, 휴직처분, 면직처분, 그 밖에 의사에 반하는 불리한 처분에 대한 행정소송은 **경찰청장** 또는 **해양경찰청장**을 피고로 한다. (경찰공무원법 제34조)

㉢ (X) 국회의장 → **국회사무총장**

↳ **의장(국회의장)이 한 처분**에 대한 행정소송의 피고는 **사무총장(국회사무총장)**으로 한다. (국회사무처법 제4조 제3항)

↳ 권력분립에 따른 헌법상 독립기관(대법원, 헌법재판소,

중앙선관위)의 장이 행한 처분 등은, 각 개별법에서 독립기관별 소관 사무처리 기구의 장(법원행정처장, 헌법재판소 사무처장, 중앙선관위 사무총장)이 피고가 되도록 정하고 있다.

ⓐ (X) 중앙노동위원회 → **중앙노동위원회 위원장**

↳ **중앙노동위원회**의 처분에 대한 소송은 중앙노동위원회 **위원장**을 **피고(被告)**로 하여 처분의 송달을 받은 날부터 15일 이내에 제기하여야 한다. (노동위원회법 제27조 제1항)

ⓜ (O)

• 지방의회 의장에 대한 **불신임의결**은 의장으로서의 권한을 박탈하는 **행정처분의 일종**으로서 항고소송의 대상이 된다. (대결 1994. 10. 11 94두23)

• 지방의회의 의원**징계의결**은 그로 인해 의원의 권리에 직접 법률효과를 미치는 **행정처분의 일종**으로서 행정소송의 대상이 된다. (대판 1993. 11. 26. 93누7341)

↳ 지방의회 의장 신임의결(의장선거) 및 불신임의결, 지방의회 의원에 대한 징계의결은 행정**처분에 해당**하고, 그에 대하여는 예외적으로 '**지방의회**'를 피고로 행정소송으로써 다투어야 한다.

ⓗ (X) 조례에 대한 무효확인 소송을 제기함에 있어서 행정소송법 제38조 제1항, 제13조에 의하여 **피고적격**이 있는 처분 등을 행한 행정청은, 행정주체인 지방자치단체 또는 지방의회가 아니라, 구 지방자치법에 의하여 조례로서의 효력을 발생시키는 공포권이 있는 **지방자치단체의 장**이라고 할 것이다. 따라서 「지방교육자치에 관한 법률」에 의하면 시·도의 교육·학예에 관한 사무의 집행기관은 시·도 교육감이고 시·도 교육감에게 지방교육에 관한 조례안의 공포권이 있다고 규정되어 있으므로, 교육에 관한 조례의 무효확인소송을 제기함에 있어서는 그 집행기관인 **시·도 교육감을 피고**로 하여야 한다. (대판 1996. 9.20. 95누8003)

↳ 조례에 대한 무효확인소송의 피고는 시장, 군수, 구청장, 교육감이 된다.

ⓢ (O) 에스에이치공사가 택지개발사업 시행자인 서울특별시장으로부터 이주대책 수립권한을 포함한 택지개발사업에 따른 **권한을 위임 또는 위탁**받은 경우, 이주대책 대상자들이 에스에이치공사 명의로 이루어진 이주대책에 관한 처분에 대한 취소소송을 제기함에 있어 정당한 피고는 ★**에스에이치공사**가 된다. (대판 2007. 8. 23.2005두3776)

↳ 경찰국장이 행안부장관으로부터 권한을 '**위임**'받아 행한 행위에 대해서는 **수임청**인 경찰국장을 피고로 행정소송을 제기하여야 한다.

	권한의 위임	권한의 내부위임
권한의 이전여부	수임청으로 이전 (수임청이 이전된 권한을 자신의 책임하에 행사)	위임청에 존속 (수임청이 위임청의 권한을 사실상 행사)
처분시 명의자	수임청 (수임청이 '**자신**'의 명의로 처분 가능)	위임청 (수임청이 '**위임청**'의 명의로 처분해야)
원칙적 피고	처분 명의자인 위임청	

5. ④

ⓐ (O) **시외버스운송사업**계획변경인가처분으로 인하여 기존의 시내버스운송사업자의 **노선 및 운행계통**과 시외버스운송사업자들의 그것들이 일부 **중복**되게 되고 기존업자의 수익감소가 예상된다면, 기존의 시내버스운송사업자와 시외버스운송사업자들은 **경업관계**에 있는 것으로 봄이 상당하다 할 것이어서 기존의 시내버스운송사업자에게 시외버스운송사업계획변경인가처분의 취소를 구할 **법률상의 이익**이 있다. (대판 2002. 10. 25. 2001두4450)

ⓑ (O) 석탄수급조정에 관한 임시조치법 소정의 **석탄가공업에 관한 허가**는 사업경영의 권리를 설정하는 형성적 행정행위가 아니라 질서유지와 공공복리를 위한 금지를 해제하는 **명령적 행정행위**여서 그 허가를 받은 자는 영업자유를 회복하는데 불과하고 독점적 영업권을 부여받은 것이 아니기 때문에 **기존허가**를 받은 원고들이 신규허가로 인하여 **영업상 이익이 감소**된다 하더라도 이는 원고들의 **반사적 이익**을 침해하는 것에 지나지 아니하므로 원고들은 신규허가 처분에 대하여 행정소송을 제기할 법률상 이익이 **없다.** (대판 1980. 7.

22., 80누33)

ⓒ (O) 대판 1995. 9. 26., 94누14544

ⓔ (X) 공중목욕장업 경영 허가는 경찰금지의 해제로 인한 영업자유의 회복이라고 볼 것이므로 신규목욕장업 허가처분에 의하여 목욕장업에 의한 이익이 사실상 감소된다 하여도 이 불이익은 본건 허가처분의 단순한 사실상의 반사적 결과에 불과하고 이 사건 목욕장업 허가처분에 대하여 그 취소를 소구할 수 있는 법률상 이익이 없다. (대판 1963. 8. 31., 63누101)

ⓜ (X) 주거지역내에 위 법조 소정 제한면적을 초과한 연탄공장 건축허가처분으로 불이익을 받고 있는 제3 거주자는 비록 당해 행정처분의 상대자가 아니라 하더라도 그 행정처분으로 말미암아 위와 같은 법률에 의하여 보호되는 이익을 침해받고 있다면 당해 행정 처분의 취소를 소구하여 그 당부의 판단을 받을 법률상의 자격이 있다. (대판 1975. 5. 13., 73누96)

6. ④

① (O) 행정심판법 제43조의2 제1항

② (O) 당해 의약품제조품목허가처분취소재결은 보건복지부장관이 재결청의 지위에서 스스로 제약회사에 대한 위 의약품제조품목허가처분을 취소한 이른바 형성재결임이 명백하므로, 위 회사에 대한 의약품제조품목허가처분은 당해 취소재결에 의하여 당연히 취소·소멸되었고, 그 이후에 다시 위 허가처분을 취소한 당해 처분은 위 허가처분을 취소·소멸시키는 새로운 형성적 행위가 아니므로 항고소송의 대상이 되는 처분이라고 할 수 없다. (대판 1998. 4. 24., 97누17131)

  ↳ 따라서 취소재결을 다투면 된다.

③ (O) 행정심판법 제17조 제2항

④ (X) 재결어 있은 날

  ↳ **재결서의 정본을 송달받은 날**

  ↳ 취소소송은 처분등이 있음을 안 날부터 90일 이내에 제기하여야 한다. 다만, 제18조 제1항 단서에 규정한 경우와 그 밖에 행정심판청구를 할 수 있는 경우 또는 행정청이 행정심판청구를 할 수 있다고 잘못 알린 경우에 행정심판청구가 있은 때의 기간은

재결서의 정본을 송달받은 날부터 기산한다. (행정소송법 제20조 제1항)

7. ①

㉠ (O) 병역법상 현역입영대상자로서는 현역병입영통지처분이 위법하다 하더라도 법원에 의하여 그 처분의 집행이 정지되지 아니하는 이상 현실적으로 입영을 할 수밖에 없으므로 현역입영대상자로서는 현실적으로 입영을 하였다고 하더라도, 입영 이후의 법률관계에 영향을 미치고 있는 현역병입영통지처분 등을 한 관할지방병무청장을 상대로 위법을 주장하여 그 취소를 구할 소송상의 이익이 있다. (대판 2003.12.26. 2003두1875)

  ↳ 소의 이익이 부정된 현역병입영대상병역처분 사례와 혼동될 수 있는데, 아래와 같이 키워드로 정리해 둔다면, 쉽게 구별할 수 있다.

소의 대상	현역병입영통지처분
현역병 입영통지처분 (2003두1875)	• "현역병입영통지처분" • "현실적으로 입영" • "입영 이후의 법률관계에 영향"
	↳ 소의 이익 인정
현역병 입영대상 병역처분 (98두9165)	• "현역병입영대상 병역처분" • "모병에 응하여" • "현역병으로 자진입대"
	↳ 소의 이익 부정

ⓒ (X) 공익근무요원 소집해제신청을 거부한 후에 원고가 계속하여 공익근무요원으로 복무함에 따라 복무기간 만료를 이유로 소집해제처분을 한 경우, 원고가 입게 되는 권리와 이익의 침해는 소집해제처분으로 해소되었으므로 위 거부처분의 취소를 구할 소의 이익이 없다. (대판 2005. 5. 13., 2004두4369)

ⓒ (X) 행정청이 당초의 분뇨 등 관련영업 허가신청 반려처분의 취소를 구하는 소의 계속중, 사정변경을 이유로 위 반려처분을 직권취소함과 동시에 위 신청을 재반려하는 내용의 재처분을 한 경우, 당초의 반려처분의 취소를 구하는 소는 더 이상 소의 이익이 없게 되

었다. (대판 2006. 9. 28., 2004두5317)

ⓔ (O) 고등학교졸업이 대학입학자격이나 학력인정으로서의 의미밖에 없다고 할 수 없으므로 <u>고등학교졸업학력검정고시에 합격하였다</u> 하여 <u>고등학교 학생으로서의 **신분과 명예가 회복**</u>될 수 없는 것이니 퇴학처분을 받은 자로서는 퇴학처분의 위법을 주장하여 그 <u>취소를 구할 소송상의 **이익이 있다.**</u> (대판 1992.7.14., 91누4737)

ⓜ (O) 보건복지부 <u>고시인 **약제급여·비급여목록 및 급여상한금액표**</u>로 인하여 제약회사가 제조·공급하는 약제의 상한금액이 인하됨에 따라 위와 같이 보호되는 법률상 이익이 침해당할 경우, **제약회사는** 위 고시의 <u>취소를 구할 **원고적격이 있다.**</u> (대판 2006. 9. 22., 2005두2506)

ⓗ (X) 개발제한구역 중 **일부 취락**을 개발제한구역에서 **해제**하는 내용의 <u>도시관리계획변경결정에 대하여, 개발제한구역 해제대상에서 **누락된 토지의 소유자**는 위 결정의 취소를 구할 **법률상 이익이 없다.**</u> (대판 2008. 7. 10., 2007두10242)

8. ②

	신고의 종류
인·허가효과를 의제하는 건축신고 (2010두14954)	
납골당설치신고(2009두6766)	
주민등록전입신고(2008두10997)	
건축주명의변경신고(91누4911)	수리를 요하는 신고
골프장 회원모집 계획신고 (2006두16243)	
수산업법상 어업신고(99다37382)	
정신과의원 개설신고 (2018두44302)	
골프장이용료 변경신고(93마635)	수리를 요하지 않는 신고
건축착공신고(2018두44302) ↳ 착공신고의 반려는 처분성 O	

9. ①

⊙ (O) 대판 1967. 2. 21. 66다1723

ⓛ (X) 집중호우로 제방도로가 유실되면서 그곳을 걸어가던 보행자가 강물에 휩쓸려 익사한 경우, 사고 당일의 집중호우가 <u>50년 빈도의 최대강우량에 해당한다는 사실만으로 예상할 수 없는 **불가항력**에 기인한 것으로 볼 수 없으므로 제방도로의 설치·관리상의 하자를 인정</u>한 사례. (대판 2000. 5. 26. 99다53247)

↳ 반면에 대법원은 <u>100년 발생빈도의 강우량 기준으로 책정된 계획홍수위를 초과한 경우에는 국가배상 책임을 인정할 수 없다</u>고 보았다.

> 100년 발생빈도의 강우량을 기준으로 책정된 계획홍수위를 초과하여 ★600년 또는 1,000년 발생빈도의 강우량에 의한 하천의 범람은 예측가능성 및 회피가능성이 없는 ★불가항력적인 재해로서 그 영조물의 관리청에게 ★책임을 물을 수 없다고 본 사례. (대판 2003. 10. 23., 2001다48057)

ⓒ (X) 관리청이 하천법 등 관련 규정에 의해 책정한 하천정비기본계획 등에 따라 개수를 완료한 하천 또는 아직 개수 중이라 하더라도 개수를 완료한 부분에 있어서는, 위 하천정비기본계획 등에서 정한 **계획홍수량 및 계획홍수위를 충족하여 하천이 관리**되고 있다면 당초부터 계획홍수량 및 계획홍수위를 잘못 책정하였다거나 그 후 이를 시급히 변경해야 할 사정이 생겼음에도 불구하고 이를 해태하였다는 등의 특별한 사정이 없는 한, 그 하천은 용도에 따라 **통상 갖추어야 할 안전성을 갖추고 있다**고 봄이 상당하다. (대판 2007. 9. 21., 2005다65678)

ⓔ (O) 대판 1992. 9. 14., 92다3243

↳ 타이어가 낙하한 시점이, <u>사고발생으로부터 불과 10-15분 전이었다</u>는 점에서 영조물배상책임을 부정

ⓜ (O) 가변차로에 설치된 두 개의 신호등에서 서로 모순되는 신호가 들어오는 오작동이 발생하였고 그 고장이 현재의 기술수준상 부득이한 것이라고 가정하더라도 그와 같은 사정만으로 손해발생의 **예견가능성이나 회피가능성이 없어 영조물의 하자를 인정할 수 없는 경우라고 단정할 수 없다.** (대판 2001.7.27, 2000다56822)

10. ②

㉠ (O)

> **【국가배상법】제5조(공공시설 등의 하자로 인한 책임)**
> ① 도로·하천, 그 밖의 공공의 **영조물(영조물)**의 설치나 관리에 하자(하자)가 있기 때문에 타인에게 손해를 발생하게 하였을 때에는 국가나 지방자치단체는 그 손해를 배상하여야 한다. 이 경우 제2조제1항 단서, 제3조 및 제3조의2를 준용한다.
> ② 제1항을 적용할 때 손해의 **원인**에 대하여 **책임을 질 자가 따로** 있으면 국가나 지방자치단체는 그 자에게 **구상**할 수 있다.

㉡ (X) 타인에게 위해를 끼칠 위험성이 있는 상태라 함은 당해 영조물을 구성하는 물적 시설 그 자체에 있는 물리적·외형적 흠결이나 불비로 인하여 그 **이용자**에게 위해를 끼칠 **위험성**이 있는 경우뿐만 아니라, 그 영조물이 공공의 목적에 이용됨에 있어 그 이용상태 및 정도가 일정한 한도를 초과하여 **제3자**에게 사회통념상 **수인할 것이 기대되는 한도를 넘는 피해**를 입히는 경우까지 **포함**된다고 보아야 한다. (대판 2005.1.27. 2003다49566)

㉢ (X) 소음 등을 포함한 **공해 등의 위험지역**으로 **이주하여 들어가서** 거주하는 경우와 같이 **위험의 존재를 인식**하면서 그로 인한 **피해를 용인**하며 **접근한 것**으로 볼 수 있는 경우에, 그 피해가 직접 생명이나 신체에 관련된 것이 아니라 정신적 고통이나 생활방해의 정도에 그치고 그 침해행위에 고도의 공공성이 인정되는 때에는, 위험에 접근한 후 실제로 입은 피해 정도가 위험에 접근할 당시에 인식하고 있었던 위험의 정도를 초과하는 것이거나 위험에 접근한 후에 그 위험이 특별히 증대하였다는 등의 특별한 사정이 없는 한 **가해자의 면책**을 인정하여야 하는 경우도 있다. (대판 2010. 11. 25., 2007다74560)

㉣ (O) 국가사무가 지방자치단체의 **장**에게 위임된 **기관위임사무**로 인한 국가배상책임은 국가가(국가) **사무의 귀속주체**이자 **실질적 비용부담자**로서 부담하고, 지방자치단체도 **형식적 비용부담자**로서 부담하게 된다.
> ↳ 구 지방자치법 제131조, 구 지방재정법 제16조 제2항의 규정상, 지방자치단체의 장이 **기관위임된 국**

가행정사무를 처리하는 경우 그에 소요되는 **경비의 실질적·궁극적 부담자**는 국가라고 하더라도 당해 지방자치단체는 국가로부터 내부적으로 교부된 금원으로 그 사무에 필요한 경비를 **대외적으로 지출**하는 자이므로, 이러한 경우 **지방자치단체**는 국가배상법 제6조 제1항 소정의 **비용부담자**로서 공무원의 불법행위로 인한 같은 법에 의한 **손해를 배상할 책임**이 있다. (대판 1994. 12. 9., 94다38137)

㉤ (O) **지방자치단체장**이 교통신호기를 설치하여 그 **관리권한**이 도로교통법 제71조의2 제1항의 규정에 따라 관할 지방경찰청장에게 **위임**되어 지방자치단체 소속 공무원과 지방경찰청 소속 공무원이 합동근무하는 교통종합관제센터에서 그 관리업무를 담당하던 중 위 신호기가 고장난 채 방치되어 교통사고가 발생한 경우, 국가배상법 제2조 또는 제5조에 의한 **배상책임을 부담**하는 것은 지방경찰청장이 소속된 국가가 아니라, 그 권한을 위임한 지방자치단체장이 소속된 **지방자치단체**라고 할 것이나, 한편 국가 또는 지방자치단체가 손해를 배상할 책임이 있는 경우에 공무원의 선임·감독 또는 영조물의 설치·관리를 맡은 자와 공무원의 봉급·급여 기타의 비용 또는 영조물의 설치·관리의 비용을 부담하는 자가 동일하지 아니한 경우에는 그 비용을 부담하는 자도 손해를 배상하여야 한다고 규정하고 있으므로 교통신호기를 관리하는 지방경찰청장 산하 경찰관들에 대한 **봉급을 부담**하는 **국가도** 국가배상법 제6조 제1항에 의한 **배상책임을 부담**한다. (대판 1999.6.25, 99다11120)

↳ 각 판시에서의 논거를 이해하려는 것보다, 기관위임사무의 경우에는 위임기관과 수임기관은 사무귀속주체 또는 (실질적·형식적)비용부담자로서 각자가 속한 행정주체(국가 또는 지자체)가 모두 국가배상책임을 지는 것으로 정리하는 이롭다.

부록

경찰행정법 기출지문
OX 530제

1 행정법 서론

1. 경찰행정법의 법원

001 경찰법의 법원(法源)은 경찰법의 **존재형식** 또는 **인식근거**에 관한 문제이다. (O) **[14 승진]**

> 유제 ▶ 법원(法源)이란 법의 **인식 근거** 또는 법의 **존재형식**에 관한 문제이다.(O) **[08 군무원9]**

002 헌법은 국가의 기본적인 통치구조를 정한 기본법으로 행정의 조직이나 작용의 기본원칙을 정한 부분은 그 한도 내에서 **경찰법의 법원**이 된다. (O) **[21, 23 경간]**

> 유제 ▶ **헌법전** 가운데 행정의 조직이나 작용의 기본원칙을 정한 부분은 그 한도 내에서 **경찰행정법의 법원**이 된다. (O) **[11 승진]**
>
> 유제 ▶ **헌법**은 행정에 관하여 **최고의 법원**이다.(O) **[09 서울시 승진]**
>
> 유제 ▶ 대한민국**헌법**은 행정법의 **법원(法源)에 해당하지 않는다.**(X) **[22 행정사]**

003 경찰권 발동의 근거는 모두 **법률에 근거**해야 하므로 **법률**은 경찰행정상의 법률관계에 있어서 **가장 중심적인 법원**이다. (O) **[11 승진]**

> 유제 ▶ **행정법의 법원**으로서 가장 중요한 것은 **법률**이다.(O) **[09 서울시 승진]**
>
> 유제 ▶ 경찰권 발동은 법률에 근거해야 하므로, **법률**은 경찰법상의 법률관계에 있어서 **중요한 법원**이다.(O) **[23 경간]**

004 헌법에 의하여 체결·공포된 **조약**과 **일반적으로 승인된 국제법규**도 경찰법의 **법원**으로 볼 수 있다. (O) **[14 승진]**

> 유제 ▶ 「헌법」에 의하여 체결·공포된 **조약**과 **일반적으로 승인된 국제법규**는 국내법과 같은 효력을 가진다.(O) **[11 승진]**

005 경찰법의 **법원(法源)** 중 조례와 규칙은 **지방의회**가 정한다. (X) **[21 경간]**

> 유제 경찰법의 법원은 일반적으로 성문법원과 불문법원으로 나눌 수 있으며, **조례와 규칙은 성문법원의 일종이**다.(O) **[14 승진]**

006 **조례는** 법률의 위임이 있을 때 **주민의 권리제한** 또는 **의무부과에 관한 사항**이나 **벌칙을** 정할 수 있다. (O) **[22 특공대]**

> 유제 **주민의 권리제한** 또는 **의무부과**에 관한 조례를 제정하기 위하여는 **법률의 위임**이 있어야 하나, **벌칙을** 정할 때에는 그러하지 아니하다.(X) **[04 관세사]**

007 행정상의 법률관계는 모두 성문법규로 규율되므로 **불문법은 경찰법의 법원**이 될 수 없다. (X) **[04 채용]**

> 유제 **행정법의 법원(法源)**은 일반적으로 성문법의 형식으로 존재하나, **불문법의 형식으로도 존재**한다.(O) **[08 군무원9]**

008 일반적으로 **정의에 합치되는 보편적 원리**로서 인정되고 있는 제 원칙을 **조리**라 하고, **법으로 취급**된다. (O) **[11 승진]**

> 유제 **조리**(법의 일반원칙)는 행정법의 법원이 되지 못한다.(X) **[07 국가9 변형]**

009 **헌법**, 조리, **조약, 국제법규**는 경찰법의 법원으로 **성문법원**에 해당한다. (O) **[11 승진]**

> 유제 **경찰관직무집행법, 경찰청 훈령**(예규), **경기도 조례, 법률**은 경찰법이 **법원**이 될 수 있다.(O) **[08 승진]**
> ➤ 행정규칙도 경찰법의 법원에 속한다고 보는 것이 다수설
>
> 유제 경찰법의 법원은 일반적으로 성문법원과 불문법원으로 나눌 수 있으며 **헌법, 법률, 조약과 국제법규, 규칙**은 **성문법원**이다.(O) **[23 경간]**
>
> 유제 경찰행정의 **성문법원**으로는 **헌법, 법률, 국제조약, 명령, 행정규칙, 조리**가 있다.(X) **[11 1차]**
>
> 유제 경찰법의 법원은 일반적으로 성문법원과 불문법원으로 나눌 수 있으며 **헌법, 법률, 조약과 국제법규, 조리**와 규칙은 **성문법원**이다.(X) **[21 경간]**

010 헌법재판소의 위헌결정은 법원이나 기타 국가기관 및 지방자치단체를 기속(羈束)하므로 **법원성이 인정**된다. (O) [21 경간]

> 유제 ▶ 헌법재판소의 위헌판결은 법원으로서의 성격을 갖지 않는다.(X) [09 국회9]

011 조리는 평등의 원칙, **비례의** 원칙, **금반언의** 원칙, **신의성실의원칙**, **신뢰보호의** 원칙 등으로 구성되어 있으며 오늘날 법의 **일반원칙은 성문화**되어 가는 추세에 있다. (O) [21 경간]

> 유제 ▶ **행정법의 일반원칙은** 조리의 하나로서 **실정법상 근거가 없다.**(X) [07 경남9]

> 유제 ▶ 현행법상 **경찰법의 일반원칙이 성문화되어 있는 사례는** 찾아볼 수 없다.(X) [04 채용]

012 **최후의 보충적 법원**으로서 **조리는** 일반적, 보편적 정의를 의미하는 바, 경찰관청의 행위가 형식상 적법하더라도 **조리에 위반할 경우 위법**이 될 수 있다. (O) [19 2차]

> 유제 ▶ 경찰관청의 행위가 형식상 법령에 적합하다면, 비례의 원칙 등 **행정법의 일반원칙에 어긋나**더라도 항상 적법한 행위이다.(X) [14 승진]

> 유제 ▶ 불문법원으로서 일반적으로 **정의에 합치되는 보편적 원리**로서 인정되고 있는 모든 원칙을 **조리**라 하고, 경찰 관청의 행위가 형식상 적법하면 **조리에 위반**하더라도 **위법이 될 수 없다.**(X) [23 경간]

2. 법치행정의 원리

013 법치행정의 원칙에 관한 **전통적 견해는 '법률의 지배', '법률의 우위', '법률의 유보'**를 내용으로 한다. (X) [22 2차]

> **유제** 독일의 **오토마이어**는 법률의 우위, 법률의 법규창조력, 법률의 유보의 원칙을 법치행정의 내용으로 파악하였다.(O) [99 관세사]

014 어떠한 경찰활동도 경찰활동을 제약하는 **법률의 규정에 위반해서는 안 된다**는 것을 **법률우위의 원칙**이라 한다. (O) [11 1차]

> **유제** 법률의 우위 원칙은 모든 행정작용은 법률에 위반되어서는 아니된다는 것을 내용으로 한다.(O) [08 관세사]

015 법률에 **일정한 행위**를 일정한 요건하에 수행하도록 **수권하는 근거규정**이 없으면 경찰기관은 자기의 판단에 따라 독창적으로 행위를 할 수 없다는 것을 **법률유보의 원칙**이라 한다. (O) [11 1차]

> **유제** 법률유보의 원칙에서 요구되는 행정권 행사의 법적 근거는 작용법적 근거를 말하며 원칙적으로 개별적 근거를 의미한다.(O) [17 국가7]

016 경찰기관의 활동은 조직규범으로서의 법률에 정해진 **범위 내**에서 행해져야 한다. (O) [11 1차]

> **유제** 법률유보원칙에서 요구되는 법적 근거는 작용법적 근거를 의미하며, **조직법적 근거**는 모든 **행정권** 행사에 있어서 **당연히 요구**된다.(O) [18 서울9]

017 '법률의 우위'에서의 법률에는 **형식적 의미의 법률**뿐만 아니라 그 밖에 **성문법과 불문법**이 포함된다. (O) [22 2차]

> **유제** 법률우위의 원칙에서 '법률'은 **헌법**, 형식적 의미의 **법률**, **법규명령**과, **관습법** 등 모든 법규범을 포함하나, **행정규칙은 포함하지 않는다.**(O) [10 군무원9]

018 '**법령의 구체적 위임 없이** 최루액의 혼합 살수 방법 등을 규정한 경찰청장의 **살수차운용지침** (2014. 4. 3.)은 **법률유보의 원칙에 위배**되는 측면이 있으나, 그 지침에 따라 살수한 경찰관의 행위는 집회를 해산하기 위한 불가피한 조치라는 점에서 반드시 **위헌·위법**이라 할 수 없다. (X) [22 2차]

> 유제 ▶ 집회나 시위 해산을 위한 **살수차 사용**은 집회의 자유 및 신체의 자유에 대한 중대한 제한을 초래하므로 살수차 사용요건이나 기준은 **법률에 근거를 두어야** 한다.(O) [18 경행]
>
> ▶ 신체의 자유, 집회의 자유를 침해하여 위헌·위법(헌재 전원 2015헌마476, 2018. 5. 31)

019 '**경찰관의 학교 앞 등교지도**'는 **법률의 근거 없이도 가능**하다.(O) [22 2차]

> 유제 ▶ **행정지도**는 법률의 근거가 있는 경우에만 행할 수 있다.(X) [02 관세사]

020 '**주민을 상대로 한 교통정책홍보**'은 **법률의 근거 없이도 가능**하다.(O) [22 2차]

> ▶ 관할 경찰서에서 실시하는 **비권력적 사실행위**에 불과

021 '**기초생활수급자에 대한 생계비지원**'은 **법률의 근거** 없어도 **가능**하다.(O) [22 2차]

> ▶ **급부행정작용**으로 훈령, 예규 등의 행정규칙에 의해서도 가능

022 '**공무원에 대해 특정종교를 금지**하는 **훈령**'은 **법률의 근거 없어도 가능**하다.(X) [22 2차]

> 유제 ▶ 특별권력관계에서도 **기본권을 제한**할 때에는 **법률의 근거를 요한다**고 보아야 한다.(O) [01 입시]

023 '**자살을 시도하는 사람**에 대한 **경찰관서 보호**'은 **법률의 근거 없이도 가능**하다.(X) [22 2차]

> 유제 ▶ **즉시강제**는 목전의 급박한 행정상 장해를 제거하는 것인 만큼, **법률상의 근거**가 없어도 허용된다.(X) [01 관세사]

024 '**붕괴위험시설에 대한 예방적 출입금지**'는 **법률의 근거 없어도 가능**하다.(X) [22 2차]

> 유제 ▶ **하명**은 법령의 근거를 요하므로 **법령이 정한 요건이 갖추어졌을 때**에 행할 수 있다.(O) [08 지방9]

2. 경찰행정법의 일반원칙

025 '**신뢰보호원칙**'이란 행정기관의 일정한 언동의 정당성 또는 존속성에 대한 개인의 보호가치 있는 신뢰는 보호해주어야 한다는 것으로서, **현행 「행정절차법」이 근거**가 될 수 있다.(O) [11 승진 수정]

> 유제 ▶ **신뢰보호의 원칙**이란 행정기관의 일정한 언동의 정당성 또는 존속성에 대한 사인의 보호가치 있는 **신뢰는 보호**해 주어야 한다는 원칙을 말한다.(O) [04 국회8]

> 유제 ▶ 우리 실정법상으로는 **신뢰보호의 원칙을** 아직 **명문으로 인정**하고 있지 않다.(X) [05 관세사]

026 판례에 의할 때 운전면허 취소사유에 해당하는 음주운전을 적발한 경찰관의 소속 경찰서장이 **사무착오**로 위반자에게 **운전면허정지처분을 한 상태**에서 위반자의 주소지 관할 지방경찰청장이 위반자에게 **운전면허취소처분**을 한 경우 이는 법의 일반원칙인 **조리에 반하여 허용될 수 없다.**(O) [19 2차]

> 유제 ▶ 대법원은 운전면허 취소사유에 해당하는 음주운전을 적발한 경찰관의 소속경찰서장이 **사무착오**로 위반자에게 **운전면허정지처분을 한 상태**에서 위반자의 주소지 관할 지방경찰청장이 위반자에게 **운전면허취소처분**을 한 것은 **신뢰보호원칙에 위배된다**고 판시하였다.(O) [11 승진]

027
- 행정기본법 제12조 제1항: "행정청은 공익 또는 제3자의 이익을 현저히 해칠 우려가 있는 경우를 제외하고는 행정에 대한 **국민의 정당하고 합리적인 신뢰를 보호하여야** 한다."

- 행정절차법 제4조 제2항: "행정청은 **법령등의 해석 또는 행정청의 관행**이 일반적으로 국민들에게 **받아들여졌을 때**에는 공익 또는 제3자의 정당한 이익을 현저히 해칠 우려가 있는 경우를 제외하고는 **새로운 해석 또는 관행**에 따라 **소급하여 불리하게 처리하여서는 아니 된다.**

- 위 내용에서 공통된 행정의 법 원칙은 '**신뢰보호의 원칙**'이다. (O) [22 1차]

> 유제 ▶ 신뢰보호의 원칙은 「행정기본법」에 규정된 행정법상 원칙이다.(O) [22 군무원7]

> 유제 ▶ 행정절차법 제4조 제2항에서는 행정선례법의 존재를 인정하고 있다.(O) [10 경행]

028 **폐기물처리업**에 대하여 사전에 관할 관청으로부터 **적정통보**를 받고 막대한 비용을 들여 허가요건을 갖춘 다음 허가신청을 하였음에도 관할 관청으로부터 '**다수 청소업자의 난립**으로 안정적이고 효율적인 청소업무의 수행에 지장이 있다'는 이유로 **불허가처분**을 받은 경우, 그 처분은 **신뢰보호원칙 위반으로 인한 위법**한 처분에 해당된다. (O) [22 1차]

> 유제 ▶ **폐기물 처리업**에 대하여 관할 관청의 **사전 적정통보**를 받고 막대한 비용을 들여 허가요건을 갖춘 다음 허가 신청을 하였음에도 **청소업자의 난립**으로 효율적인 청소업무의 수행에 지장이 있다는 이유로 한 **불허가처분**은 적법하다.(X) [07 국가7]

029 경찰**비례의 원칙**이란 경찰작용에 있어 목적 실현을 위한 **수단과** 당해 **목적 사이에 합리적인 비례관계가 있어야** 한다는 원칙이다. (O) [19 1차]

> 유제 ▶ **비례원칙**이란 행정청이 행정작용을 통해 **달성하려는 목적**과 그 목적달성을 위해 행정청이 선택한 **구체적 수단간에 합리적 비례관계가 존재하여야** 한다는 것을 의미한다.(O) [04 전북9]

030 **경찰비례의 원칙**은 경찰작용에 있어 목적실현을 위한 수단과 당해 목적 사이에 합리적인 비례관계가 있어야 한다는 것으로 **경찰관 직무집행법에 명시적으로 규정**되어 있다. (O) [20 승진]

> 유제 ▶ **경찰비례의 원칙**은 「경찰관 직무집행법」 제1조 제2항에 **명시적으로 규정**되어 있다.(O) [16 승진]

031 **경찰비례의 원칙**은 경찰관 직무집행법 제1조 제2항이 명문으로 규정하고 있을 뿐만 아니라 **헌법 제37조 제2항으로부터도 도출**된다. (O) [20 2차]

> 유제 ▶ 비례원칙의 실정법적 근거는 「**헌법」 제37조 제2항**과 「**경찰관직무집행법」 제1조 제2항**을 들 수 있다. (O) [11 승진]

> 유제 ▶ 비례의 원칙을 명시적으로 규정하는 헌법규정은 없다.(X) [01 관세사]

032 **경찰비례의 원칙**은 독일에서 경찰법상의 판례를 중심으로 발달하여 왔고 오늘날에는 **행정법의 모든 영역에서 적용**되는 원칙으로 이해되고 있다. (O) [20 2차]

> 유제 ▶ 비례의 **원칙**은 침해행정인가 급부행정인가를 가리지 아니하고 **행정의 전 영역에 적용**된다.(O) [13 국가9]

033 **경찰비례의 원칙**은 **적합성, 필요성, 상당성**의 원칙으로 이루어져 있다. (O) [20 2차]

> 유제 ▶ 경찰비례의 원칙을 구성하는 **적합성**의 원칙, **필요성**의 원칙, 그리고 **상당성**의 원칙(협의의 비례원칙)은 단계적으로 적용되어야 하는 것으로 보기도 한다.(O) [02 입시]

> 유제 ▶ 경찰행정관청의 특정행위가 공적 **목적 달성**을 위해 **적합**하고, 국민에게 **가장 피해가 적으며**, 달성되는 **공익이** 침해되는 **사익보다 더 커야** 적법한 행정작용이 될 수 있다.(O) [22 승진]

> 유제 ▶ 어떤 행정목적을 달성하기 위한 수단은 그 **목적달성에 유효·적절**하고 또한 **가능한 한 최소침해를 가져오는** 것이어야 하며 아울러 그 수단의 도입으로 인한 **침해가** 의도하는 **공익을 능가하여서는 아니 된다.**"는 원칙은 비례의 원칙이다.(O) [19 국회8]

034 '경찰은 **대포로 참새를 쏘아서는 안 된다**'는 법언은 **상당성의 원칙**을 잘 표현한 것이다. (O) [20 승진]

> 유제 경찰은 대포로 참새를 쏘아서는 안 된다'는 원칙은 **협의의 비례원칙**과 가장 관계가 깊다. (O) [02 채용]

035 **상당성의 원칙(협의의 비례원칙)**은 경찰기관의 어떤 조치가 경찰목적 달성을 위해 필요한 경우라고 하여도 그 **조치에 따른 불이익**이 그 **조치로 인해 발생하는 이익보다 큰 경우**에는 **경찰권을 발동해서는 안 된다**는 원칙이다. (O) [22 승진]

> 유제 경찰비례의 원칙을 구성하는 **적합성**의 원칙, **필요성**의 원칙, 그리고 **상당성**의 원칙(협의의 비례원칙)은 단계적으로 적용되어야 하는 것으로 보기도 한다.(O) [02 입시]

> 유제 경찰비례의 원칙의 내용 중 **상당성의 원칙**은 경찰권 **발동에 따른 이익**보다 **사인의 피해가 더 큰 경우** 경찰권을 발동해서는 **안 된다**는 원칙으로서 최소침해원칙이라고도 한다.(X) [19 1차]

036 **최소침해의 원칙**은 협의의 비례원칙이라고도 불린다. (X) [20 2차]

> 유제 **필요성의 원칙**은 **최소침해의 원칙**이라고도 한다.(O) [19 국가5 승진 변형]

> 유제 경찰비례의 원칙 중 **필요성의 원칙**은 협의의 비례원칙이라고도 불리며 경찰기관의 조치는 그 목적을 달성하는데 적합하여야 한다는 원칙이다.(X) [22 경간]

037 **경찰비례의 원칙**의 내용으로서 '**적합성의 원칙**', '**필요성의 원칙**', '**상당성의 원칙**'이 있으며 적어도 하나는 충족해야 위법하지 않다. (X) [20 승진]

> 유제 경찰작용이 **비례원칙**에 위배되지 않기 위해서는 세부 원칙인 **적합성, 필요성, 상당성**의 원칙 중 적어도 하나는 **충족해야** 한다.(X) [11 승진]

> 유제 비례의 원칙의 **세 가지 요소를 모두 갖추지 못했을 때에만** **비례의 원칙에 위반**되었다는 평가를 받게 된다.(X) [12 군무원9]

> 유제 비례의 원칙을 충족하려면 세부원칙인 **적합성**의 원칙, **필요성**의 원칙, **상당성**의 원칙 중 적어도 하나는 충족해야 한다.(X) [16 승진]

038 비례의 원칙을 위반한 국가작용은 위법한 국가작용으로 행정소송의 대상이 되며, 국가배상책임이 성립할 수 있다. (O) [16 승진]

> 유제▶ 경찰비례의 원칙에 대한 위반은 위법이 되지 아니한다.(X) [01 채용]
> 유제▶ 비례의 원칙을 위반한 국가작용은 행정소송의 대상이 되며, 국가배상책임이 성립할 수 있다.(O) [20 승진]
> 유제▶ 경찰비례의 원칙은 법률에 명문의 규정은 존재하지 않지만 이를 위반한 경찰작용은 위법한 것으로 평가되어 행정소송의 대상이 되며, 국가배상청구의 대상이 될 수 있다.(X) [22 승진]

039 경찰평등의 원칙이란 경찰권은 그 대상이 되는 모든 사람에게 차별 없이 평등하게 행사되어야 한다는 것을 의미한다.(O) [22 경간]

> 유제▶ 평등의 원칙은 행정작용에 있어서 특별히 합리적인 차별사유가 없는 한 국민을 공평하게 처우하여야 한다는 원칙이다.(O) [10 지방9 변형]

040 같은 정도의 비위를 저지른 자들 사이에 있어서도 그 직무의 특성, 비위의 성격 및 정도를 고려하여 징계종류의 선택과 양정을 차별적으로 취급하는 것은 합리적 차별로서 평등원칙에 반하지 아니한다.(O) [22 2차]

> 유제▶ 같은 정도의 비위를 저지른 자들은 비록 개전의 정이 있는지 여부에 차이가 있다고 하더라도 징계 종류의 선택과 양정에 있어 동일하게 취급받아야 한다.(X) [20 지방9]

041 적법 및 위법을 불문하고 재량준칙에 따른 행정관행이 성립한 경우라면, 행정의 자기구속 원칙이 적용될 수 있다.(X) [22 2차]

> 유제▶ 행정의 자기구속의 원칙은 구속의 근거가 되는 행정관행이 적법한 경우에만 적용된다.(O) [11 승진]
> 유제▶ 행정규칙에 따른 종래의 행정관행이 위법한 경우에는 행정청은 자기구속을 당하지 않는다.(O) [21 승진]

042 지방자치단체장이 사업자에게 주택사업계획승인을 하면서 그 주택사업과는 아무런 관련이 없는 토지를 기부채납하도록 하는 부관을 주택사업계획승인에 붙인 경우, 그 부관은 부당결부금지 원칙에 위반되어 위법하다.(O) [22 2차]

> 유제▶ 주택사업 계획에 주택사업과 아무런 관련이 없는 토지를 기부채납 하도록 하는 부관을 붙인 것은 신뢰보호의 원칙에 위반된다.(X) [09 군무원9]

3. 경찰개입청구권

043 독일에서 **경찰개입청구권을 인정**한 판결의 효시로 **띠톱판결**이 있다.(O) **[14 승진] [18 특공대]**

> 유제 ▶ **띠톱판결, 김신조 무장공비사건** 판결은 **경찰개입청구권을 인정**한 판례이다.(O) **[08 경간]**

044 **경찰개입청구권**은 경찰재량이 0으로 수축되는 경우를 전제로 함이 보통이다.(O) **[04 2차] [14 승진] [18 특공대]**

> 유제 ▶ 재량권의 0으로의 수축시 **경찰개입청구권**의 문제가 발생하기도 한다.(O) **[11 승진]**

045 **경찰개입청구권**은 경찰권 행사로 국민이 받는 이익이 ~~반사적 이익인 경우에도 인정된다.~~(X) **[04 2차] [14 승진] [18 특공대]**

> 유제 ▶ 일반적인 개인적 **공권의 성립요건**인 **사익보호성**은 행정개입청구권에는 ~~적용되지 않는다.~~(X) **[15 국가9]**

046 오늘날 사회적 법치국가에서는 **경찰개입청구권이 인정될 여지**가 **점점 확대**되어가고 있는 경향이다.(O) **[14 승진] [18 특공대]**

> 유제 ▶ 오늘날의 사회적 법치국가에서는 **경찰개입청구권이 인정될 여지**가 점점 축소되어 가는 경향이다.(X) **[04 2차]**

> 유제 ▶ 반사적 이익의 공권화 경향에 따라 **행정개입청구권의 성립요건**이 강화되고 있다.(X) **[20 해경승진]**

2 행정입법

047 **행정입법**이란 **행정부가 제정하는 법**을 의미하며, **행정조직 내부의 사무처리기준**에 관한 법규명령과 **국민을 구속**하는 효력이 있는 행정규칙으로 구분된다.(X) [19 2차] [21 경간]

➤ 법규명령과 행정규칙이 바뀌었다.

048 **법규명령**이란 행정권이 정립하는 일반·추상적인 규정으로서 **법규성**을 지닌 것을 말한다.(O) [14 승진]

유제 ➤ **법규명령**은 **대외적으로 일반적 구속력**을 가지는 **법규로서의 성질**을 가지는 행정입법을 말한다.(O) [01 행시]

049 **법규명령**이란 국회의 의결을 거치지 않고 **행정기관에 의하여 제정**된 성문법규를 말하며, 그 종류에는 **위임명령과 집행명령**이 있다.(O) [21 승진]

유제 ➤ 국회에서 의결을 거치지 않고 **행정기관에 의하여 제정**된 법규를 **법규명령**이라고 한다.(O) [21 경간]

050 행정기관이 **법률을 집행**하기 위해 필요한 **부수적·세부적 규정**을 정하는 것을 **집행명령**이라고 한다.(O) [10 경간]

➤ **집행명령**은 법률 또는 상위법령의 집행을 위해 필요한 **세부적·기술적 사항이나 절차**를 정하는 법규명령

051 위임명령은 법규명령이고 집행명령은 행정규칙이다.(X) [16, 19, 21 경간] [19 승진]

유제 ➤ **법규명령**에는 **집행명령과 위임명령**이 있다.(O) [10 경간]

052 위임명령은 법규성을 가지나, 집행명령은 법규성이 없다.(X) [10 경간]

➤ 모든 **법규명령**(위임명령+집행명령)은 **법규성을 가진다.**

053 법규명령의 특징은 **국민과 행정청을 동시에 구속**하는 **양면적 구속력**을 가짐으로써 **재판규범**이 된다.(O) [16 경간] [17, 19 승진]

> 유제 ▶ 법규명령은 일면적 **구속력**을 가진다.(X) [06 군무원9]

054 법규명령은 대외적 구속력을 갖기 때문에 그에 반하는 행정권 행사는 위법하다. (O) [19 승진]

> 유제 ▶ **법규명령**에 **위반**하는 행위는 **위법행위**가 된다.(O) [14 서울9]

> 유제 ▶ **법규명령**의 위반은 **무효사유**이다.(X) [10 경간]   ▶ 위법(무효사유 또는 취소사유)

055 위임명령은 상위**법령의 집행 시 필요한 절차나 형식을 정하는 데 그쳐야** 하며 새로운 **법규사항을 정하여서는 안된다.** (X) [21 승진]

> 유제 ▶ **위임명령**은 **새로운 법규사항**을 정할 수 있으나 **집행명령**은 상위**법령의 집행에 필요한 절차나 형식을 정하는 데 그쳐야** 하며 새로운 법규사항을 정할 수 없다.(O) [10 지방9]

> 유제 ▶ **위임명령**은 새로운 **입법사항**에 관해서도 **규정**할 수 있다.(O) [10 경간]

> 유제 ▶ 법규명령에는 **위임명령과 집행명령**이 있으며, 모두 국민의 권리 의무에 관한 사항을 규정할 수 있다.(X) [22 2차]

056 법규명령의 제정에는 **헌법, 법률 또는 상위명령의 근거가 필요**하지 않아 독자적인 행정입법 작용이 허용된다. (X) [21 경간]

> 유제 ▶ **법규명령**은 원칙적으로 **상위 법령의 수권**을 요한다.(O) [10 경간]

> 유제 ▶ **위임명령**은 법률이나 상위명령에서 구체적으로 범위를 정한 **개별적인 위임이 있어야** 제정할 수 있다.(O) [04 입시]

> 유제 ▶ **집행명령**은 법률에 근거가 있어야 제정할 수 있다.(X) [06 충남9]

> ▶ **법규명령** 중에서도 **집행명령**은 **법률의 개별적 수권이 없이도 제정 가능**

057 법규명령은 특별한 규정이 없는 한 **공포한 날로부터 20일을 경과**함으로써 효력을 발생한다. (O) [19 승진]

> 유제 ▶ **대통령령, 총리령 및 부령**은 특별한 규정이 없으면 **공포한 날부터 14일이 경과**함으로써 **효력**을 발생한다.(X) [17 승진]

058 국민의 권리 제한 또는 의무 부과와 직접 관련되는 **법률, 대통령령, 총리령 및 부령**은 긴급히 시행하여야 할 특별한 사유가 있는 경우를 제외하고는 **공포일로부터 적어도 30일이 경과**한 날부터 시행되도록 하여야 한다. (O) [17, 21 승진]

➤ 법령 등 공포에 관한 법률 제13조의2

059 법규명령의 한계로 행정권에 대한 입법권의 **일반적·포괄적 위임은 인정될 수 없고, 국회 전속적 법률사항의 위임**은 원칙적으로 금지되며, 법률에 의하여 **위임된 사항을 전부 하위명령에 재위임하는 것은 금지**된다. (O) [14, 17 승진]

유제 ➤ 법규명령의 한계로 행정권에 대한 입법권의 **일반적·포괄적 위임은 인정될 수 없으며, 국회 전속적 법률사항의 위임**은 원칙적으로 금지된다.(O) [19 승진]

유제 ➤ 행정의 효율성을 도모하기 위해 법률에서 위임받은 사항을 전혀 규정하지 않고 하위의 법규명령에 재위임하는 것도 가능하다.(X) [14 서울9]

060 **법규명령의 형식(부령)**을 취하고 있지만, 그 내용이 **행정규칙의 실질**을 가지는 경우 판례는 당해 규범을 **행정규칙**으로 보고 있다 (O) [19 경간] [19 승진]

유제 ➤ **부령인 시행규칙**은 법규명령이므로 도로교통법 시행규칙에 규정된 제재처분의 기준은 법규성을 갖는다.(X) [16 소방간부]

061 **법규명령은 공포를 요**하나 **행정규칙은 공포를 요하지 않는다.** (O) [19 경간]

유제 ➤ 법규명령은 공포를 요하지 않으나, 행정규칙은 공포를 요한다.(X) [16 경간]

유제 ➤ 법규명령은 특별한 규정이 없는 한 공포일로부터 30일이 경과해야 효력이 발생하나 **행정규칙은 공포를 요하지 않는다.**(X) [21 경간]

062 법령 규정이 특정 행정기관에 그 법령 내용의 구체적 사항을 정할 수 있는 **권한을 부여**하면서 그 **권한행사의 절차나 방법을 특정하고 있지 않아** 수임행정기관이 **행정규칙의 형식으로 그 내용을 구체적으로 정하고 있다면** 그 행정규칙은 **대외적 구속력이 있는 법규명령**으로서의 효력을 가진다. (O) [21 승진]

유제 ➤ **법령의 규정이 특정 행정기관에게 법령 내용의 구체적 사항을 정할 수 있는 권한을 부여**하면서 권한행사의 절차나 방법을 특정하지 아니하였다면, 수임 행정기관은 **행정규칙이나 규정형식으로 법령내용이 될 사항을 구체적으로 정할 수 없다.**(X) [18 경행]

063 행정규칙은 **법령의 개별적·구체적 수권**을 필요로 하지 않는다.(O) **[10 경간]**

> 유제 **행정규칙**은 법령에서 인정된 **직무권한 범위 내에서 발령**하는 것이므로 법령의 개별적, 구체적 수권을 요하지 않는다.(O) **[04 입시]**

064 법규명령은 **법률유보의 원칙과 법률우위의 원칙이 모두 적용**되지만, 행정규칙은 법률유보의 원칙만 적용된다.(X) **[10 경간]**

> 유제 **법규명령**에는 **법률유보원칙과 법률우위원칙**이 적용된다. (O) **[12 지방7]**

> 유제 **행정규칙**의 제정에는 **법률우위의 원칙**이 적용된다.(O) **[02 행시]**

065 행정규칙의 종류로는 **고시, 훈령, 예규, 일일명령** 등이 있다. (O) **[19 승진]**

> 유제 **행정규칙**의 종류로는 **훈령, 예규, 지시, 일일명령** 등이 있다.(O) **[07 광주9] [14 경행]**

066 법규명령과 행정규칙은 대외적 효력은 같다.(X) **[10 경간]**

> 유제 **행정규칙**은 일반적으로 **행정조직 내부에서만 효력**을 가질 뿐 대외적 구속력은 없다.(O) **[12 서울9]**

067 **행정규칙**은 행정기관이 **법률의 수권 없이** 권한 범위 내에서 만든 **일반적, 추상적 명령**을 말하며 **대내적 구속력**을 갖고 있으므로 경찰관이 이를 위반하면 반드시 위법이 된다. (X) **[19 승진]**

> 유제 행정규칙은 **법규가 아니므로** 그 위반은 **위법이 아니다.**(O) **[05 국회8]**

> 유제 행정규칙은 대외적 구속력을 갖고 있으므로 위반하면 반드시 위법이 된다.(X) **[16 경간]**

068 행정규칙을 위반해도 징계의 사유는 되지 않는다.(X) **[10 경간]**

> 유제 공무원이 대외적 구속력이 없는 **훈령에 위반**한 경우에도 위법은 아니며 **징계책임이 부과**될 수 있을 뿐이다.(O) **[22 행정사]**

069 일반적으로 **대내적 구속력** 유무에 있어서 **행정규칙과 법규명령은 동일**하다. (O) [14 승진]

➤ **법규명령과 행정규칙** 공히 **행정기관 내부에서의 대내적 구속력**을 갖는다.

070 **재량준칙의 제정**은 행정청에게 **재량권이 인정되는 경우에만 가능**하며 행정청이 기속권만을 갖는 경우에는 인정되지 않는다. (O) [19 경간]

유제 ➤ **재량권이 인정되는 영역**에서 **재량권 행사의 기준이 되는 지침을 제정**하는 것은 행정청이 법률의 근거 규정 없이도 할 수 있는 조치에 해당한다.(O) [18 국가9]

③ 경찰재량

071 법률이 **경찰권에 위임하는 재량**은 **의무에 합당한 재량**이다. (O) [01 채용]

> 유제 ▶ **행정청의 재량**이란 언제나 **의무에 합당한 재량**을 의미한다.(O) [14 국회8 변형]

072 재량을 **선택재량과 결정재량**으로 나눌 경우, 경찰공무원의 비위에 대해 **징계처분을 하는 결정**과 그 공무원의 건강 등 제반사정을 고려하여 **징계처분을 하지 않는 결정 사이**에서 선택권을 갖는 것을 **결정재량**이라 한다. (O) [22 2차]

> 유제 ▶ 공무원에게 징계사유에 해당하는 사실이 있는 경우에 징계권자는 **징계를 할 것인지 말 것인지**에 대한 **결정재량**과 어떤 징계를 선택할 것인가에 대한 **선택재량**을 가진다.(O) [04 국가7]

073 재량의 일탈 남용뿐만 아니라 **단순히 재량권 행사에서 합리성을 결**하는 등 재량을 그르친 경우에도 **행정심판의 대상**이 된다. (O) [22 2차]

> 유제 ▶ **단순한 재량위반**의 경우는 **부당행위**가 되어 **행정소송의 대상이 될 수 없다**.(O) [94 국가7]

074 **재량권의 일탈**이란 재량권의 내적 한계(재량권에 부여된 내재적 목적)를 벗어난 것을 말하며, **재량권의 남용**이란 재량권의 외적 한계(법적, 객관적 한계)를 벗어난 것을 의미한다. (X) [22 2차]

> 유제 ▶ **재량권의 일탈**이란 재량권의 **외적 한계**를, **재량권의 남용**이란 재량권의 **내적 한계**를 위반한 것을 말한다.(O) [95 국가9]

075 **도로교통법상** 교통단속임무를 수행하는 **경찰공무원을 폭행한 사람의 운전면허를 취소**하는 것은 행정청이 재량여지가 없으므로 **재량권의 일탈·남용과는 관련이 없다.** (O) [22 2차]

> 유제 ▶ 도로교통법상 운전면허의 취소·정지는 재량행위이지만, 경찰의 음주측정을 거부한 자에 대한 면허취소는 **기속행위**이다.(O) [08 국회8]
>
> ▶ **도로교통법 제93조 단서**에서 정하고 있는 경우에 해당하는 자에 대한 운전면허취소는 **기속행위**이므로, 음주측정을 거부한 자나 교통단속 경찰공무원, 시·군공무원을 폭행한 자에 대한 운전면허취소에서는 **재량권의 일탈·남용을 따질 여지가 없게 된다.**

④ 행정행위

1. 유형

076 법률행위적 행정행위는 **명령적 행정행위**(하명, 허가, 면제 등)와 **형성적 행정행위**(특허, 인가, 대리)로 구분할 수 있고, **준법률행위적 행정행위**는 확인, 공증, 통지, 수리 등으로 구분할 수 있다. (O) [21 경간]

2. 경찰하명

077 **경찰하명**이란 경찰목적을 달성하기 위해 상대방에게 일정한 **작위, 부작위, 수인, 급부의 의무를 명**하는 행정행위이다. (O) [19 1차]

> 유제 ▶ **경찰하명**에는 **작위, 부작위, 급부, 수인하명**이 있으며, 그 효과는 **원칙적으로 수명자에게만 발생**한다. (O) [16 경간]

> 유제 ▶ **경찰하명**은 경찰목적을 위하여 국가의 일반통치권에 의거 개인에게 특정한 **작위, 부작위 수인 또는 급부의 의무를 명**하는 행정행위이다.(O) [20 승진]

> 유제 ▶ **경찰하명**이란 일반통치권에 기인하여 경찰목적을 달성하기 위해 국민에 대하여 **작위, 부작위, 급부, 수인 등 의무의 일체를 명**하는 법률행위적 행정행위를 말하며 **경찰관의 수신호나 교통신호등의 신호**도 의무를 부과하는 행위로서 **경찰하명에 해당**한다. (O) [21 경간]

> 유제 ▶ **경찰하명**은 경찰목적을 위하여 일정한 **작위·부작위·급부·수인을 명**하는 행위로 준법률행위적 행정행위에 해당한다. (X) [07 채용] ▶ 준법률행위적 → 법률행위적

078 청소년 관람불가의 판정을 받은 영화를 상영하고 있는 극장에 **경찰관이 내부확인을 위하여 출입**할 때, 상대방이 받게 되는 하명은 **수인하명에 해당**한다. (O) [07 채용]

> ▶ **수인하명**은 행정청이 특정 목적을 위해 **강제적으로 행하는 행위를 수명자가 받아들이도록** 하는 것인바, 극장주는 경찰관의 극장 강제 출입에 **반항하여서는 안되는 수인의무**를 부담하는 경우이다.

079 공공시설에서 공중의 건강을 위하여 **흡연 행위를 금지**하는 하명은 '**부작위하명**이다. (O) [16, 20 승진]

> 유제 ▶ **부작위하명**은 소극적으로 어떤 **행위를 하지 말 것**을 명하는 것으로 '**금지**'라 부르기도 한다.(O) [20 승진]

> 유제 ▶ 청소년 대상 주류 판매**금지**, 불량(부패)식품 판매**금지** 등은 **부작위하명**에 해당한다.(O) [16 경간]

> 유제 ▶ 공공시설에서 공중의 건강을 위하여 **흡연행위를 금지**시키는 하명은 수인하명이다.(X) [05 승진]

080 부작위 하명의 유형으로는 **절대적 금지와 상대적 금지**가 있으며, **청소년에게 술이나 담배 판매금지**는 **절대적 금지**이고, **유흥업소의 영업금지는 상대적 금지**에 해당한다. (O) [21 경간]

> ▶ (절대적 금지) **미성년자의 음주·흡연 금지**, 마약흡입금지, 인신매매금지
>
> (상대적 금지) 무허가식당의 영업금지, **유흥업소의 영업금지**, 무면허운전금지

081 **법규하명**은 국민에 대한 의무 부과가 행정기관의 별도 **행정처분을 기다리지 않고** 이루어지는 **하명**이다. (O) [21 특채]

> ▶ 법규하명은 행정청에 의한 구체적 집행행위를 필요로 하지 않고 **법령 그 자체**가 국민의 **자유를 제한**하거나 국민에 대하여 **구체적인 의무를 부과**(도로교통법에 따른 이륜자동차의 고속도로 통행금지, 청소년 보호법상 청소년유해매체물의 표시의무부과)하는 것

082 **경찰하명**이 있는 경우, **상대방은 행정주체에 대하여만 의무를 이행**할 책임이 있고 그 이외의 **제3자에 대하여 법상 의무를 부담**하는 것은 아니다. (O) [19 1차]

> ▶ 행정주체 또는 행정청의 하명을 받은 상대방은 그 **하명이 제3자의 권리와 관련되는 경우**에도 제3자에 대한 법적인 고려없이 그 **하명주체에 대해서만 의무를 이행**하면 된다.

083 경찰**하명의 효과**는 원칙적으로 그 **수명자에게만 발생**하는 것이나, **대물적 하명**의 경우에는 그 대상인 **물건에 대한 법적 지위를 승계한 자**에게도 그 **효과가 미친다**. (O) [07 채용]

> 유제 ▶ **대인적 하명**에 의해 **부과된 공의무**는 명문의 규정이 없는 한 **이전되지 않는다**.(O) [06 국회8]

> > ▶ **대물적 하명**에 있어서는 그 대상인 **물건을 승계한 자**에게도 그 **효과가 승계**된다.

084 경찰**하명** 위반 시에는 **경찰상 강제집행의 대상**이 되거나 **경찰벌**이 과해질 수 있으나, 하명을 **위반한 행위**의 법적 효력에는 원칙적으로 **영향을 미치지 않는다.** (O) [19 1차]

> **유제** 하명에 따른 **의무를 불이행**하면 일정한 **행정상의 제재나 강제집행을 받게 된다.**(O) [05 승진]

> **유제** 경찰하명에 위반하여 이루어진 **사법상의 행위**는 원칙적으로 그 **사법적 효력에는 아무런 영향을 미치지 않는다.**(O) [21 특채]

> **유제** 하명에 위반한 행위는 법적 효력을 상실한다.(X) [05 승진]

> **유제** 경찰하명에 위반하여 이루어진 **행위**는 원칙적으로 그 **법적 효력에는 아무런 영향을 받지 않는다.** 그러나 영업정지명령에 위반하여 영업을 계속하였을 경우는 당해 영업에 대한 거래행위의 **효력이 부인된다.**(X) [21 경간]

085 위법한 **하명**으로 인하여 **권리·이익이 침해된 자**는 **행정심판 또는 행정소송을 제기**하여 하명의 취소 등을 구하거나, 손해배상소송을 제기하여 **손해배상을 청구**할 수 있다. (O) [16 경간]

> **유제** 위법한 **하명**으로 인하여 **권리를 침해당한 자**는 **행정소송을 제기**하거나 **손해배상을 청구**할 수 있다.(O) [05 승진]

> **유제** 경찰하명이 **무효라면** 이를 위반하여도 **처벌할 수 없고,** 저항하여도 **공무집행방해죄가 성립하지 않는다.** (O) [21 특채]

> **유제** 경찰하명의 상대방인 수명자는 수인의무를 지므로 경찰**하명이 위법**하더라도 **손해배상을 청구**할 수 없다.(X) [19 1차]

> **유제** 위법한 **하명**으로 인하여 권리,이익이 침해된 자는 손실보상을 청구할 수 있다. (X) [20 승진]

> **유제** 위법한 **하명**으로 인하여 권리나 이익이 침해된 자는 **고소, 고발, 정당방위** 및 손실보상 청구를 통하여 구제받는다. (X) [21 특채]   ➤ 손실보상 → 손해배상

2. 경찰허가

086 하명이란 법령에 의한 **일반적·상대적 금지**를 특정한 경우에 **해제**함으로써 일정한 행위를 적법하게 행할 수 있도록 **자연의 자유를 회복**시켜 주는 행정행위를 말한다. (X) **[16 경간]**

> 유제▶ **경찰허가**는 법령에 의한 **일반적·상대적 금지**를 특정한 경우에 **해제**하여 적법하게 일정한 행위를 할 수 있게 하는 행정행위이다.(O) **[04 채용]**

> 유제▶ **경찰허가**의 효과는 금지되었던 **자연적 자유의 회복**이다.(O) **[05 채용, 07 2차]**

> 유제▶ **경찰허가**는 일반적·상대적 금지사항을 특정한 경우에 해제하여 **자연적 자유를 회복**시키는 것이다. (O) **[12 경간]**

087 **허가**는 허가가 유보된 **상대적 금지**뿐만 아니라 절대적 금지의 경우에도 인정된다. (X) **[19 승진]**

> 유제▶ **상대적 금지**는 허가대상이나, **절대적 금지**는 허가대상이 아니다. (O) **[09 1차]**

> 유제▶ **허가**는 허가가 유보된 **상대적 금지**에 인정되며, **절대적 금지**의 경우에는 인정되지 않는다. (O) **[18 3차]**

088 **경찰허가**는 **상대방의 출원**에 의하여 행하여지는게 **보통**이지만 **출원에 의하지 않는 경우도 있다.** (O) **[09 1차]**

> 유제▶ **경찰허가**는 상대방의 **출원없이도 가능**한 경우가 있다. (O) **[05 채용, 07 2차]**

> 유제▶ 허가는 **상대방의 신청**에 의하여 행하여지는 것으로 **신청에 의하지 않고는 행**하여질 수 없다. (X) **[19 승진]**

089 **경찰허가**는 반드시 상대방의 출원에 의하여 서면으로 행하여지고 요식행위를 필요로 한다. (X) **[12 경간]**

> 유제▶ 경찰허가는 상대방의 **출원에 의하여 행하여지는 것이 보통**이지만 **언제나** 상대방의 **출원이 있어야만 하는 것은 아니다.**(O) **[04, 07 채용]**

> ➤ 상대방의 **신청 없이도 행해지거나** 엄격한 **요식행위가 아닌 경우**도 있음(입산금지해제 등)

090 **경찰허가**는 일반적으로 **기속행위 내지 기속재량행위**이다. (O) **[07 2차]**

> 유제▶ **허가**는 원칙적으로 **기속행위 또는 기속재량행위**이다.(O) **[07 경북9]**

091 경찰허가는 항상 **구체적인 처분의 형식**으로 행해지며, **법규허가는 성질상 불가능**하다.(O) [12 경간]

> 유제 ▶ 허가는 ~~직접 법령으로서도 행해지는 경우가 있다.~~(X) [04 서울9]

092 판례에 의하면 **허가여부의 결정기준**은 특별한 사정이 없는 한 원칙적으로 신청 당시의 법령에 의한다.(O) [18 3차]

> 유제 ▶ 당사자의 **신청에 따른 처분**은 법령에 특별한 규정이 있거나 처분 당시의 법령을 적용하기 곤란한 특별한 사정이 있는 경우를 제외하고는 **처분 당시의 법령에 따른다.**(O) [21 군무원7]

> 유제 ▶ 판례에 의하면 **허가여부의 결정기준**은 특별한 사정이 없는 한 원칙적으로 ~~신청 당시의 법령에 의한다.~~(X) [09 1차]

093 특별한 규정이 없는 한, **허가를 받게 되면** 다른 법령상의 제한들도 ~~모두 해제되는~~ 것이 원칙이다. (X) [22 2차]

> 유제 ▶ **경찰허가의 효과**는 근거법상의 금지를 해제하는 **효과만 있을 뿐**, 다른 법령상의 금지까지 해제하는 효과가 있는 것은 아니다.(O) [10 지방7]

094 일반적으로 영업**허가를 받지 아니한 상태**에서 행한 **사법상 법률행위는 유효**하다. (O) [22 2차]

> 유제 ▶ 허가는 행위의 '적법요건'이지만 '유효요건'은 아니므로, 무허가행위는 행정상 **강제집행 또는 행정벌의 대상**은 되지만, 행위 자체의 **법적 효력은 영향을 받지 않는** 것이 원칙이다. (O) [19 승진]

> 유제 ▶ 무허가 행위는 **사법상 효력에 영향이 없다.**(O) [05 채용]

> 유제 ▶ 무허가 행위는 무효이자, **처벌대상**이 된다.(X) [07 2차]

> 유제 ▶ 경찰허가는 특정행위는 사실상 적법하게 할 수 있도록 하는 **적법요건~~이자 유효요건이다.~~**(X) [09 1차]

> 유제 ▶ 허가는 행위의 유효요건일 뿐, **적법요건은 ~~아니다.~~** (X) [18 3차]

> 유제 ▶ 경찰허가는 특정행위를 사실상 적법하게 할 수 있도록 하는 행위의 **적법요건~~이자 유효요건이다.~~**(X) [04, 07 채용]

095 자동차운전면허는 강학상 ~~특허에~~ 해당한다. (X) [22 1차]

> 유제 ▶ 자동차운전면허는 **대인적 허가이다.**(O) [06 군무원9]

> 유제 ▶ 의사면허, 운전면허와 같이 사람의 경력·기능·건강 기타 신청인의 개인적 사정을 심사하여 행하여지는 허가는 **대인적 허가이다.**(O) [07 채용]

096 총포류 소지허가는 태물적 허가이다. (X) **[05 채용]**

> ➤ 태물적 허가 → **대인적** 허가

097 **의사면허**, 총포류제조·판매의 허가, 자동차운전학원의 허가, **마약취급면허**는 **대인적 허가**이다. (X) **[09 1차]**

> ➤ 총포류제조·판매의 허가, 자동차운전학원의 허가는 **혼합적**(대물적 성격+대인적 성격) 허가

098 **대물적 허가**의 효과는 **이전성**이 있다. (O) **[04 채용]**

> **유제** ▶ 대물적 허가는 **양도와 친하다.**(O) **[05 관세사]**

> **유제** ▶ 허가의 효과는 원칙적으로 그 허가를 받은 사람에 대해서만 발생되지만 **대물적 허가**의 경우에는 **허가 대상인 물건이나 시설 등의 이전**에 따라 그 **물건이나 시설을 이전받은 자에게 허가의 효과도 이전**된다.(O) **[07 경북9]**

099 기한부 허가의 경우 그 **기간의 도래하기 전에 상대방이 신청**할 경우 경찰상 장애 발생의 새로운 사유가 없는 한 반드시 허가해야 한다. (X) **[09 1차]**

> **유제** ▶ 갱신허가 신청이 있으면 갱신허가 당시의 해당 법령과 관련 법령 규정상의 **허가요건**에 맞는지, 저촉되는 점이 없는지 여부와 **공익 등을 고려**하여 갱신허가 여부를 **결정해야 한다.**(O) **[10 국회8]**

100 **경찰허가**는 일정한 **시험에 합격한 자에 한하여 부여하는 경우**가 있고 **수수료를 징수**하기도 한다. (O) **[12 경간]**

> ➤ 각종 의·약사면허/ 건축허가 수수료, 옥외광고물등 표시허가 수수료 등

3. 면제

101 허가란 법령에 의하여 과하여진 **작위, 급부, 수인**의무를 특정한 경우에 해제하여 주는 행정행위이다. (O) [19 승진]

> 유제 ▶ 의무해제라는 점에서 허가와 면제는 같으나 **허가는 부작위의무의 해제**인 데 반하여 **면제는 작위, 급부 및 수인의무의 해제**라는 점에서 다르다.(O) [13 국회8]

> 유제 ▶ 허가는 법령에 의하여 과하여진 **작위, 급부, 수인의무**를 특정한 경우에 **해제**하여 주는 경찰상의 행정행위이다. (X) [18 3차]

> 유제 ▶ 특별한 규정이 없는 한, **허가**는 법령이 부과한 작위의무, **부작위의무** 및 급부의무를 모두 **해제**하는 것이다. (X) [22 2차]

4. 특허

102 강학상 **허가**와 강학상 **특허**는 당사자의 신청이 없어도 가능하다는 점에서 공통점이 있다. (X) [22 2차]

> 유제 ▶ **허가**는 반드시 **신청을 전제로 하는 것은 아니다.**(O) [19 행정사]

> 유제 ▶ 강학상 **특허**는 반드시 **신청을 전제로 한다.**(O) [17 국가9 변형]

103 국유재산 등의 관리청이 **행정재산의 사용·수익**에 대하여 하는 **허가**는 강학상 **특허에 해당**한다. (O) [22 1차]

> 유제 ▶ **행정재산**의 목적외 **사용에 대한 허가**는 강학상 인가에 해당한다.(X) [19 서울7 2월]

5. 인가

104 **재단법인의 정관변경 허가**는 강학상 특허에 해당한다. (X) [22 1차]

> 유제 ▶ **재단법인 정관변경허가**는 강학상 **인가**에 해당한다.(O) [16 지방9]

5 부관

105 "경찰허가의 **부관**"이란 경찰**허가의 효과**를 **제한 또는 보충**하기 위하여 **주된 행위에 부가된 종된 규율**을 말한다. (O) [09 경간]

> 유제▶ **행정행위의 효과**를 **제한 또는 보충**하기 위해서 행정기관에 의해서 주된 행정행위에 부가되는 **종적인 규율**을 **부관**이라고 한다.(O) [07 국회8]

> 유제▶ 경찰**허가의 효과**를 **제한 또는 보충**하기 위하여 **주된 의사표시에 부가된 종된 의사표시**를 부관이라고 한다. (O) [21 경간]

106 원칙적으로 기속행위에 대하여 부관을 붙일 수 있다. (X) [06 승진]

> 유제▶ 일반적으로 **기속행위나 기속적 재량행위**에는 **부관을 붙일 수 없고**, 부관을 붙였다 하더라도 이는 **무효의** 것이다.(O) [14 경행]

107 부관의 내용은 비례원칙에 반할 수 없으며, **사후부관**의 인정여부에 대해서는 **판례가 제한적으로 인정**하고 있다. (O) [09 경간]

> 유제▶ **부관의 내용**은 **비례의 원칙에 적합**하여야 한다.(O) [17 행정사]

> 유제▶ 면허발급 당시에 붙이는 부관뿐만 아니라 **면허발급 이후에 붙이는 부관**도 **법률에 명문 규정**이 있거나 **변경이 미리 유보**되어 있는 경우 또는 **상대방의 동의**가 있는 경우 등에는 특별한 사정이 없는 한 허용된다.(O) [21 경행]

108 **숙박업영업허가**를 하면서 **윤락행위를 알선**하면 **허가를 철회하겠다**는 것과 관련 있는 것은 **철회권의 유보**이다. (O) [09 경간]

> 유제▶ **숙박영업허가**를 함에 있어 **윤락행위를 알선**하면 **허가를 취소한다**는 부관을 붙인 경우에는 **철회권의 유보**이다.(O) [10 국가9]

109 건축허가를 하면서 2월 이내에 공사에 **착수하지 않으면 효력을 상실한다**는 부관은 **해제조건**이다. (O) **[07 채용]**

> 유제 ▶ 3개월 이내에 공사에 **착수하지 않으면** 그 **효력을 상실한다**는 부관을 붙인 공유수면매립면허에서 붙여진 부관은 정지조건이다.(X) **[21 군무원5]**

110 화물차량의 **A도로 통행허가** 신청에 대하여 **B도로 통행을 허가**한 경우에 사용된 부관은 법률효과와 일부배제이다. (X) **[09 경간]**

> 유제 ▶ **X국으로부터의 쇠고기 수입허가** 신청이 있는 때에, **Y국으로부터의 수입허가를 부여**하는 경우는 **수정부담**이다.(O) **[21 군무원5]**

111 **수정부담**은 새로운 의무를 부가하는 것이 아니라 **상대방이 신청한 것과는 다르게 행정행위의 내용을 정하는 부관**을 말하며 **상대방의 동의가 있어야** 효력이 발생한다. (O) **[21 경간]**

> ▶ 행정행위의 상대방이 **신청한 것과는 다르게** 행정행위의 내용을 정하는 부관이므로, 상대방이 **수정된 내용을** 수긍하고 **동의하여야 효력 발생** 가능

112 **법정부관**의 경우 **처분의 효과 제한**이 **직접 법규에 의해서 부여**되는 부관으로서 이는 행정행위의 **부관과는 구별되는 개념**으로 원칙적으로 **부관의 개념에 속하지 않는다.** (O) **[21 경간]**

> 유제 ▶ 법정부관은 엄밀한 의미에서 **부관이 아니다.**(O) **[06 국회8]**

113 **법률효과의 일부배제**는 경찰허가에 부여하는 **법률효과의 일부를 배제**하는 것을 내용으로 하는 부관으로 **택시의 2부제 운행**이 대표적이다. (O) **[06 승진]**

> 유제 ▶ **택시영업**을 허가하면서 **격일제로 운행을 제한**하는 것은 수정부담이다.(X) **[09 국회9]**

114 **정지조건**은 경찰허가의 효과의 **발생**을 **장래의 불확실한 사실에 의존**케 하는 것이다. (O) **[06 승진]**

> 유제 ▶ 장래의 도래가 불확실한 사실에 행정행위의 효력발생을 의존시키는 조건을 **정지조건**이라 한다.(O) **[15 교행9]**

115 철회권이 유보된 경우라도, **철회권을 행사**하려면 철회의 **일반적 요건이 충족되어야** 한다. (O) **[06 승진]**

> 유제 ▶ **철회권**이 유보되어 있더라도 행정행위의 **철회에 관한 일반적 요건**이 충족되지 않으면 **철회권의 행사**가 허용되지 아니한다.(O) **[07 국가7]**

116 부담은 그 자체가 하나의 행정행위이다. 즉, **하명으로서의 성격**을 지니기 때문에 **분리가 가능**하지만, 그 자체가 **독립적으로 행정쟁송 및 경찰강제의 대상**이 될 수 없다. (X) **[21 경간]**

> 유제 ▶ **부담**은 독자성이 있으므로 **독립**하여 **행정상 강제집행의 대상**이 될 수 있다.(O) **[05 국가9]**

> 유제 ▶ 행정행위의 부관 중 **부담만이 독립**하여 **행정쟁송의 대상**이 될 수 있다.(O) **[19 국가5 승진]**

117 **부담과 정지조건의 구별이 불분명**한 경우에는 최소침해의 원칙에 따라 **부담으로 보아야** 한다. (O) **[21 경간]**

> 유제 ▶ **부담부** 행정행위인지 **정지조건부** 행정행위인지 여부가 **불분명**할 경우에는 최소침해의 원칙상 **상대방에게** 유리한 정지조건부 행정행위로 보는 것이 타당하다.(X) **[16 국가5 승진]**

6 하자의 승계

118 '**하자의 승계**'는 두 개 이상의 행정행위가 연속하여 행하여지는 경우 **선행행위의 하자**를 **후행행위의 위법사유로서 주장**할 수 있는가의 문제이다.(O) [08 승진]

> 유제 ▶ 하자의 승계이론은 **선행행위에 불가쟁력**이 발생하여 그 효력을 다툴 수 없게 된 경우, 후행행위의 **하자**를 이유로 선행행위에 대한 **쟁송제기가 가능**한 것인가의 문제와 관련하여 그 논의의 실익이 있다.(X) [06 선관위9]

119 선행행위가 당연무효라면 언제나 다툴 수 있고 **후행행위는 당연히 원인무효**가 되어 그 취소 또는 무효를 주장할 수 있다.(O) [08 승진]

> 유제 ▶ 행정상 강제징수와 관련하여 **선행행위**인 조세 등 부과처분이 **무효**라 하더라도 **후행행위**인 체납처분이 **당연무효**가 되는 것은 아니다.(X) [10 경행]

> 유제 ▶ **선행처분과 후행처분**이 **서로 독립하여 별개의 법률효과**를 목적으로 하는 경우에 **선행처분**이 당연무효의 하자가 있다는 이유로 **후행처분의 효력**을 다툴 수 없다.(X) [18 서울9]

120 통설은 **두 개 이상의 행정행위가 서로 독립하여 별개의 효과**를 목적으로 하는 경우에 **선행행위**가 당연무효가 아닌 한, **하자는 승계되지 않는다**고 본다.(O) [08 승진]

> 유제 ▶ 선행행위와 후행행위가 **서로 독립하여 각각 별개의 법률효과**를 목적으로 하는 때에는 원칙적으로 **선행행위의 하자**를 이유로 후행행위의 효력을 **다툴 수 없다**.(O) [17 지방9 변형]

121
- 판례는 **과세처분과 체납처분** 사이에 하자가 승계된다고 본다.(X) **[08 승진]**
- 대집행절차에 있어서 선행처분인 **계고처분**의 하자와 후행 처분인 **대집행영장발부통보처분** 간의 경우 하자의 승계가 부정된다. (X) **[10 2차]**
- **개별공시지가결정**의 위법과 이를 기초로 한 **과세처분** 간의 경우 하자의 승계가 부정된다. (X) **[10 2차]**
- **안경사시험합격무효처분**의 하자와 **안경사면허취소처분** 간의 경우 하자의 승계가 부정된다. (X) **[10 2차]**
- 대학원에서의 **수강거부처분**의 하자와 **수료처분** 간의 경우 **하자의 승계가 부정**된다. (O) **[10 2차]**

> 유제 ▶ **과세처분과 체납처분** 사이에는 취소사유인 **하자의 승계가 인정되지 않는다.**(O) **[16 사복9]**

> 유제 ▶ **대집행계고처분과 대집행영장발부통보처분** 사이에는 **하자의 승계가 인정**된다.(O) **[16 교행9]**

> 유제 ▶ **개별공시지가결정과 과세처분** 사이에는 **하자의 승계가 인정**된다.(O) **[11 국가7]**

> 유제 ▶ **안경사시험합격처분과 안경사면허처분** 사이에는 **하자승계가 인정**된다.(O) **[12 경행]**

> 유제 ▶ **수강거부처분과 수료처분** 사이에는 하자승계가 인정된다.(X) **[12 경행]**

6 취소와 철회

122
- **취소권자와 철회권자의 범위**는 취소와 철회의 **차이에 해당**한다. (O) [09 승진]
- **발생원인**은 취소와 철회의 **차이에 해당**한다. (O) [09 승진]
- **효력의 소급 여부**는 취소와 철회의 **차이에 해당**한다. (O) [09 승진]
- **제한사유 인정 여부**는 취소와 철회의 차이에 해당한다. (X) [09 승진]

> **유제** 철회는 취소와 같아 **처분청**뿐만 아니라 감독청도 할 수 있다.(X) [06 경남9]

> **유제** 행정행위의 **철회사유**는 **취소사유와는 달리** 행정행위가 성립된 **이후에 새로이 발생한 것**으로서 행정행위의 효력을 존속시킬 수 없는 사유를 말한다.(O) [18 국가5 승진]

> **유제** 행정행위의 **취소**는 원칙적으로 **소급효**를 가진다는 점에서 행정행위의 **철회와 구별**된다.(O) [06 경북9]

> **유제** 수익적 행정행위의 **직권취소나 철회**는 개인의 신뢰보호를 위하여 **제한될 수 있다**는 것이 학설과 판례의 일반적 입장이다.(O) [21 군무원5]

123 음주운전 등 **교통법규 위반자**에 대해 **운전면허를 취소**하는 것은 경찰관직무집행법상 즉시강제에 해당한다. (X) [22 2차]

> **유제** 음주운전으로 인한 **운전면허취소**는 행정행위의 **철회**이다.(O) [16 소방간부]

7 행정정보공개

124 모든 국민은 정보의 공개를 청구할 권리를 가지며, 외국인의 정보공개 청구에 관하여는 대통령령으로 정한다. (O) [13 1차] [14, 17 승진] [15 3차] [18 특채]

> 유제 ▶ 모든 국민은 정보의 공개를 청구할 권리를 가진다.(O) [15 2차] [11, 18 승진]

> 유제 ▶ 외국인도 대통령령이 정하는 바에 의하여 정보공개청구가 가능하다.(O) [15 경간]

> 유제 ▶ 모든 국민은 정보의 공개를 청구할 권리를 가진다. 그러나 외국인은 정보의 공개를 청구할 수 없다. (X) [10 2차] [15 승진]

125 민원인이 경찰관서에서 현재 수사 중인 '폭력단체 현황'에 대한 정보공개를 요청한 경우, 국민의 알 권리를 충족시킨다는 차원에서 해당 정보를 공개하여야 한다. (X) [21 승진]

> 유제 ▶ 범죄의 수사와 공소의 제기 및 유지에 필요한 사항은 공개가 제한될 수 있다.(O) [00 행시]

126 공공기관의 범위에는 지방자치단체가 포함된다. (O) [17 승진]

> 유제 ▶ 공공기관의 정보공개에 관한 법률상 공공기관으로는 언론거관, 공공기관의 운영에 관한 법률 제2조에 따른 공공기관, 국가, 지방자치단체, 사립대학교 등이 해당한다.(X) [04 행시]

127 비공개대상정보에 해당하는 정보에 대해서는 공개를 결정할 수 없다. (X) [11 승진]

> 유제 ▶ 비공개 대상 정보의 공개여부에 대한 결정은 공공기관의 재량행위에 속한다.(O) [19 서울9 2월]

128 공개될 경우 국민의 생명, 신체 및 재산의 보호에 현저한 지장을 초래할 우려가 있다고 인정되는 정보는 공개하지 아니할 수 있다. (O) [19 승진]

> 유제 ▶ 공개될 경우 국민의 생명·신체 및 재산의 보호에 현저한 지장을 초래할 우려가 있다고 인정되는 정보는 비공개대상 정보에 해당한다.(O) [16 소방간부]

129 공공기관은 **비공개 대상 정보**가 기간의 경과 등으로 인하여 **비공개의 필요성이 없어진 경우**에는 그 정보를 **공개대상으로 하여야** 한다. (O) [21 승진]

> 유제 ▶ 「공공기관의 정보공개에 관한 법률」상의 **비공개대상정보**라 하더라도 **비공개의 필요성이 없어진 경우**에는 당해 정보를 **공개해야** 한다.(O) [06 관세사]

130 정보공개에 관한 **정책의 수립 및 제도개선에 관한 사항** 등을 심의·조정하기 위해 **국무총리 소속**하에 **정보공개위원회**를 둔다. (O) [14 승진]

> 유제 ▶ 정보공개에 관한 **정책 수립 및 제도 개선에 관한 사항**을 **심의·조정**하기 위하여 행정안전부장관 소속으로 **정보공개위원회**를 둔다.(X) [19 국회8]

131 공공기관이 보유·관리하는 정보는 국민의 알권리보장 등을 위하여 공공기관의 정보공개에 관한 **법률**에서 정하는 바에 따라 **적극적으로 공개하여야** 한다. (O) [15 2차, 3차] [17 1차] [17, 19 승진]

> 유제 ▶ 공공기관이 보유·관리하는 정보는 정보공개청구대상이 된다.(O) [15 승진]

> 유제 ▶ 공공기관이 **보유·관리하는 정보**는 공공기관의 정보공개에 관한 **법률**이 정하는 바에 따라 **공개할 수 있**다.(X) [15 경간]

> 유제 ▶ 공공기관이 **보유·관리하는 정보**는 국민의 알권리보장 등을 위하여 **적극적으로 공개할 수 있**다.(X) [18, 20 특채]

> 유제 ▶ **모든 국민**은 **정보의 공개**를 청구할 권리를 가지며, **공공기관이 보유·관리하는 정보**는 국민의 알권리 보장 등을 위하여 공공기관의 정보공개에 관한 **법률**이 정하는 바에 따라 **적극적으로 공개할 수 있**다.(X) [15 승진]

132 정보공개**위원회**는 위원장과 부위원장 각 1명을 포함한 9명의 위원으로 구성한다. 이 경우 **위원장을 포함한 7명은 공무원이 아닌 사람**으로 위촉할 수 있다. (X) [15 3차]

> 유제 ▶ 정보공개위원회는 **위원장과 부위원장 각 1명을 포함한 11명**의 위원으로 구성한다.(O) [20 특채]

> 유제 ▶ 정보공개위원회는 **위원장 1인과 부위원장 2인을 포함한 11인**의 위원으로 구성한다.(X) [13 1차]

> 유제 ▶ 정보공개위원회는 **위원장과 부위원장 각 1명을 포함한 9명**의 위원으로 구성한다.(X) [19 경간]

133 정보공개위원화 위원의 임기는 **2년**으로 하되, **연임**할 수 없다. 다만, **공무원인 위원의 임기**는 그 직위에 **재직하는 기간**으로 한다. (X) [13 1차]

➤ 정보공개위원화 → 정보공개**심의회**

> 정보공개**심의회의 위원**의 임기는 **2년**으로 하며, **한 차례만 연임**할 수 있다. 다만, **공무원인 위원**의 임기는 **그 직위에 재직하는 기간**으로 한다.(정보공개법 시행령 제11조 제3항)

134 **행정안전부장관**은 정보공개**위원회**가 정보공개제도의 **효율적 운영**을 위하여 **필요**하다고 **요청**하면 공공기관(국회·법원·헌법재판소 및 중앙선거관리위원회를 포함한다)의 **정보공개제도 운영실태를 평가**할 수 있다. (X) [15 3차]

➤ 포함 → 제외

> 행정안전부장관은 정보공개위원회가 정보공개제도의 효율적 운영을 위하여 필요하다고 요청하면 공공기관(국회·법원·헌법재판소 및 중앙선거관리위원회는 **제외**한다)의 정보공개제도 운영실태를 평가할 수 있다.(정보공개법 제24조 제2항)

135 정보의 **공개**를 **청구**하는 자는 해당 정보를 보유하거나 관리하고 있는 **공공기관**에 정보공개 **청구서를 제출**하여 **정보의 공개를 청구**할 수 있으나, **말로써 정보의 공개를 청구**할 수 없다. (X) [22 1차]

> 유제 ➤ 정보의 공개를 청구하는 자는 정보**공개 청구서를 제출**하거나 **말로써** 정보의 **공개를 청구**할 수 있다.(O) [19 특채]

> 유제 ➤ 정보의 공개를 청구하는 자는 해당 정보를 보유하거나 관리하고 있는 공공기관에 정보**공개 청구서를 제출**하거나 **말로써** 정보의 **공개를 청구**할 수 있다.(O) [17 승진]

> 유제 ➤ 정보의 공개를 청구하는 자는 해당 정보를 보유하거나 관리하고 있는 공공기관에 대하여 **서면으로만** 정보공개를 **청구**하여야 한다.(X) [19 승진 수정]

> 유제 ➤ 정보의 공개를 청구하는 자는 해당 정보를 보유하거나 관리하고 있는 공공기관에 대하여 **서면으로만** 정보공개를 **청구**할 수 있다.(X) [20 승진]

136 공공기관은 공공기관의 정보공개에 관한 법률 제10조에 따라 정보공개의 청구를 받으면 그 **청구를 받은 날의 다음 날부터 10일 이내**에 **공개 여부를 결정**하여야 한다. (X) **[20 특채]**

> 유제 ▶ 공공기관은 청구인의 정보공개청구가 있는 때에는 원칙적으로 **청구를 받은 날부터 10일 이내**에 **공개여부를 결정**하여야 한다. (O) **[2011 승진] [15 경간] [17 1차]**

> 유제 ▶ 공공기관은 정보공개의 청구를 받으면 그 **청구를 받은 날부터 10일 이내**에 **공개 여부를 결정**하여야 한다. (O) **[15 승진, 15 2차]**

> 유제 ▶ 공공기관은 정보공개의 청구가 있는 때에는 청구를 받은 날부터 20일 이내에 **공개여부를 결정**하여야 한다. (X) **[14 승진]**

> 유제 ▶ 공공기관은 정보공개의 청구를 받으면 그 **청구를 받은 날부터 7일 이내**에 **공개 여부를 결정**하여야 한다. (X) **[17, 18, 20 승진] [18 특채]**

137 공공기관은 부득이한 사유로 공공기관의 정보공개에 관한 법률 제11조 제1항에 따른 **기간 이내에 공개 여부를 결정할 수 없을 때**에는 그 **기간이 끝난 날부터 기산하여 10일의 범위에서 공개여부 결정기간을 연장**할 수 있다. 이 경우 공공기관은 **연장된 사실과 연장 사유**를 청구인에게 **지체 없이 구두로 통지**하여야 한다. (X) **[22 1차]**

> 유제 ▶ 공공기관은 정보공개의 청구가 있는 때에는 청구를 받은 날부터 **10일 이내에 공개여부를 결정하여야** 하고, **10일 이내의 범위에서 공개여부 결정기간을 연장**할 수 있다.(O) **[13 1차]**

> 유제 ▶ 공공기관은 정보공개의 청구를 받은 날부터 **10일 이내에 공개여부를 결정하여야** 한다. 부득이한 사유로 규정된 기간 내에 **공개여부를 결정할 수 없을 때**에는 그 **기간의 만료일 다음 날부터 기산하여 10일의 범위 내에서 공개여부 결정기간을 연장**할 수 있다.(O) **[12 2차]**

> 유제 ▶ 공공기관은 부득이한 사유로 정보공개의 청구를 받은 날부터 **10일 이내에 공개 여부를 결정할 수 없을 때**에는 그 **기간이 끝나는 날의 다음 날부터 기산(起算)하여 10일의 범위에서 공개여부 결정기간을 연장**할 수 있다.(O) **[21 승진]**

138 청구인이 정보공개와 관련한 공공기관의 **비공개 결정 또는 부분공개 결정**에 대하여 불복이 있거나 **정보공개 청구 후 20일이 경과하도록 정보공개 결정이 없는 때**에는 공공기관으로부터 정보공개 여부의 **결정 통지를 받은 날** 또는 **정보공개청구 후 20일이 경과한 날**부터 60일 이내에 해당 공공기관에 **문서로 이의신청**을 할 수 있다. (X) **[18 승진]**

> 유제 ▶ 정보공개청구에 대하여 실시기관이 공개거부결정을 내린 경우, 청구인은 이 **결정에 대하여 통지를 받은 날부터 30일 이내에 당해 공공기관에 이의신청**을 할 수 있다. (O) **[15 경간]**

> 유제 ▶ 청구인이 정보공개와 관련한 공공기관의 **비공개 결정 또는 부분 공개 결정**에 대하여 불복이 있거나 정보공개 **청구 후 20일이 경과하도록 정보공개 결정이 없는 때**에는 공공기관으로부터 정보공개 여부의 **결정 통**

지를 받은 날 또는 정보공개 청구 후 20일이 경과한 날부터 30일 이내에 해당 공공기관에 문서로 이의신청을 할 수 있다. (O) [15 3차] [18 승진] [18 특채]

유제 ▶ 청구인은 공공기관으로부터 **정보공개 여부의 결정통지를 받은 날** 또는 **정보공개 청구** 후 **20일이 경과한 날부터 30일 이내**에 당해 공공기관에 **문서로 이의신청**을 할 수 있다. (O) [17 승진] [19 경간]

유제 ▶ 청구인이 정보공개와 관련한 공공기관의 **비공개 결정** 또는 **부분 공개 결정**에 대하여 불복이 있거나 정보공개 **청구** 후 (㉠)**일이 경과하도록 정보공개 결정이 없는 때**에는 공공기관으로부터 정보공개 여부의 **결정 통지를 받은 날** 또는 정보공개 **청구** 후 (㉡)**일이 경과한 날부터** (㉢)**일 이내**에 해당 공공기관에 **문서로 이의신청**을 할 수 있다. (㉠: 20일, ㉡: 20일, ㉢: 30일) [18 2차]

유제 ▶ 청구인이 정보공개와 관련한 공공기관의 부분 **공개 결정**에 대하여 불복이 있는 때에는 공공기관으로부터 **정보공개 여부의 결정통지를 받은 날부터** ~~20일 이내~~에 ~~이의신청하여야 한다.~~ (X) [19 승진]

139 공공기관의 공개거부결정에 대하여 청구인은 이 법에서 정하는 **이의신청을 거치지 아니하고는 행정심판을 청구**~~할 수 없다.~~ (X) [20 특채]

유제 ▶ 공공기관의 비공개 또는 부분공개의 결정에 대하여 불복이 있는 때에는 **결정통지를 받은 날부터 30일 이내**에 **이의신청**을 할 수 있다. 이 때 청구인은 **이의신청절차를 거치지 아니하고 행정심판을 청구**할 수 있다. (O) [10 2차]

유제 ▶ 청구인이 정보공개와 관련한 **공공기관의 결정**에 대하여 불복이 있거나 정보공개 청구 후 **20일이 경과하도록 정보공개 결정이 없는 때**에는 「행정심판법」에서 정하는 바에 따라 **행정심판을 청구**할 수 있다. (O) [16, 17 1차]

유제 ▶ 청구인은 **이의신청 절차를 거치지 아니하고 행정심판을 청구**할 수 있다. (O) [16 1차] [17 승진]

유제 ▶ 청구인이 정보공개와 관련한 **공공기관의 결정**에 대하여 불복이 있거나 정보공개 **청구** 후 **20일이 경과하도록 정보공개결정이 없는 때**에는 행정심판법에서 정하는 바에 따라 행정심판을 청구할 수 있으며, 이 경우 **이의신청 절차를 거치지 아니하고 행정심판을 청구**할 수 있다. (O) [18 승진]

유제 ▶ 청구인이 정보공개와 관련한 공공기관의 결정에 대하여 불복하는 경우 **이의신청 절차를 거치지 않아도 행정심판을 청구**할 수 있다. (O) [20 승진]

유제 ▶ 비공개결정에 대해 청구인은 이의신청 또는 행정심판을 청구할 수 있고, 직접 행정소송을 제기할 수 있다. 이 때, 청구인이 행정심판을 청구하기 위해서는 ~~반드시 이의신청절차를 거쳐야 한다.~~ (X) [12 2차]

유제 ▶ 청구인은 **이의신청 절차를 거치지 아니하고 행정심판을 청구**~~할 수 없다.~~ (X) [17 승진]

140 청구인이 정보공개와 관련한 **공공기관의 결정에 대하여 불복**이 있거나 정보공개 **청구 후 20일이 경과하도록 정보공개결정이 없는 때**에는 행정소송법에서 정하는 바에 따라 **행정소송을 제기**할 수 있다. (O) [18 승진]

> 유제 ▶ 청구인이 정보공개와 관련한 **공공기관의 결정에 대하여 불복**이 있거나 정보공개 **청구 후 20일이 경과하도록** 정보공개 결정이 없는 때에는 「행정소송법」에서 정하는 바에 따라 **행정소송을 제기**할 수 있다. (O) [16, 17 1차]

> 유제 ▶ 청구인은 정보공개와 관련한 **공공기관의 결정에 대하여 불복**이 있거나 정보공개 **청구 후 20일이 경과하도록** 정보공개 결정이 없는 때에는 행정심판을 청구하거나 행정소송을 제기할 수 있다. (O) [19 특채]

141 공공기관은 **이의신청을 받은 날부터 7일 이내**에 그 **이의신청에 대하여 결정**하고 그 **결과**를 청구인에게 **지체 없이 문서로 통지**하여야 한다 [15, 17 승진]

> 유제 ▶ 공공기관은 이의신청을 받은 날부터 7일 이내에 그 이의신청에 대하여 결정하고 그 결과를 청구인에게 3일 이내에 문서로 통지하여야 한다. (X) [19 승진]

142 공공기관은 **이의신청을 받은 날부터 7일 이내**에 그 **이의신청에 대하여 결정**하고 그 **결과**를 청구인에게 **지체 없이 문서로 통지하여야** 한다. 다만, 부득이한 사유로 정하여진 기간 이내에 결정할 수 없을 때에는 그 **기간이 끝나는 날의 다음 날부터 기산**하여 **7일의 범위에서 연장**할 수 있으며, **연장사유를 청구인에게 통지하여야** 한다. (O) [18 승진] [19 경간]

> 유제 ▶ 공공기관은 이의신청을 받은 날부터 (㉠)일 이내에 그 **이의신청에 대하여 결정**하고 그 **결과**를 청구인에게 **지체 없이 문서로 통지하여야** 한다. 다만, 부득이한 사유로 정하여진 **기간 이내에 결정할 수 없을 때**에는 그 기간이 끝나는 날의 다음 날부터 기산하여 (㉡)일의 범위에서 연장할 수 있으며, **연장 사유를 청구인에게 통지하여야** 한다. (㉠: 7일, ㉡ 7일) [18 2차]

> 유제 ▶ 공공기관은 이의신청을 받은 날부터 **7일 이내에 이의신청에 대해 결정해야** 하며, 부득이한 사유로 정하여진 **기간 이내에 결정할 수 없을 때**에는 그 기간이 끝나는 날의 다음 날부터 기산하여 7일의 범위에서 연장할 수 있다. (O) [19 특채]

> 유제 ▶ 공공기관은 이의신청을 받은 날부터 **10일 이내**에 그 **이의신청에 대하여 결정**하고 그 **결과**를 청구인에게 **지체 없이 문서로 통지하여야** 한다. 다만, 부득이한 사유로 정하여진 **기간 이내에 결정할 수 없을 때**에는 그 기간이 끝나는 날의 다음 날부터 기산하여 ~~10일~~의 **범위에서 연장**할 수 있으며, 연장 사유를 청구인에게 **통지하여야** 한다. (X) [16 1차]

> 유제 ▶ 공공기관은 이의신청을 받은 날부터 **7일 이내**에 그 **이의신청에 대하여 결정**하고 그 **결과**를 청구인에게 **지체 없이 문서로 통지하여야** 한다. 다만, 부득이한 사유로 정하여진 **기간 이내에 결정할 수 없을 때**에는 그 기간이 ~~끝나는 날부터~~ 기산하여 **7일의 범위에서 연장**할 수 있으며, **연장 사유를 청구인에게 통지하여야** 한다. (X) [17 1차]

143 공공기관은 공개 청구된 **공개 대상 정보의 전부 또는 일부가 제3자와 관련이 있다고 인정**할 때에는 그 사실을 제3자에게 지체 없이 통지하여야 하며, 그의 의견을 들어야 한다. (X) [19 승진]

> 유제 ▶ 공공기관은 공개 청구된 **공개 대상 정보의 전부 또는 일부가 제3자와 관련이 있다고 인정**할 때에는 그 사실을 제3자에게 지체없이 통지하여야 하며, 필요한 경우에는 **그의 의견을 들을 수 있다.** (O) [17, 19 승진]

144 공공기관은 공개 청구된 **공개 대상 정보의 전부 또는 일부가 제3자와 관련이 있다고 인정**할 때에는 그 사실을 제3자에게 지체 없이 통지하여야 하며, **통지 받은 제3자는 그 통지를 받은 날부터 3일 이내**에 해당 공공기관에 자신과 관련된 정보를 **공개하지 아니할 것을 요청할 수 있다.** (O) [21 승진]

> 유제 ▶ 공공기관은 공개청구된 공개대상정보의 전부 또는 일부가 **제3자와 관련이 있다고 인정**되는 때에는 그 사실을 제3자에게 **지체없이 통지하여야** 하며, 필요한 경우에는 그의 **의견을 청취할 수 있다.** 공개청구된 사실을 통지받은 **제3자는 통지받은 날부터 3일 이내**에 당해 공공기관에 대하여 자신과 관련된 정보를 공개하지 아니할 것을 요청할 수 있다. (O) [12 2차] [19 경간]

> 유제 ▶ 자기와 관련된 정보공개청구 사실을 통지받은 **제3자는 통지받은 날부터 3일 이내**에 해당 공공기관에 대하여 **자신과 관련된 정보를 공개하지 아니할 것을 요청할 수 있다.** (O) [17 승진]

> 유제 ▶ 공공기관은 공개청구된 공개대상정보의 전부 또는 일부가 **제3자와 관련이 있다고 인정**되는 때에는 그 사실을 **제3자에게 통지하여야** 하며, 그 사실을 통지받은 **제3자는 통지받은 날부터 5일 이내**에 당해 공공기관에 대하여 자신과 관련된 정보를 **공개하지 않을 것을 요청할 수 있다.** (X) [10 2차]

> 유제 ▶ 공공기관은 공개 청구된 공개 대상 정보의 전부 또는 일부가 **제3자와 관련이 있다고 인정**할 때에는 그 사실을 **제3자에게 지체 없이 통지해야** 하며, 그 사실을 통지받은 **제3자는 7일 이내**에 공공기관에 대하여 자신과 관련된 정보를 **공개하지 아니할 것을 요청할 수 있다.** (X) [19 특채]

145 공공기관은 **전자적 형태로 보유·관리하는 정보**에 대하여 청구인이 **전자적 형태로 공개하여 줄 것을** 요청하는 경우에는 그 정보의 성질상 **현저히 곤란한 경우를 제외**하고는 **청구인의 요청에 따라야** 한다. (O) [22 1차]

> 유제 ▶ 공공기관은 **전자적 형태로 보유·관리하는 정보**에 대하여 **청구인이 전자적 형태로 공개하여 줄 것을 요청**하더라도 이를 출력한 형태로 공개하는 것이 원칙이다.(X) [16 경행]

146 정보의 공개 및 우송 등에 드는 비용은 실비의 범위에서 공공기관이 부담한다. (X) [15 2차, 22 1차]

> 유제 ▶ 정보의 공개 및 우송 등에 드는 비용은 실비의 범위에서 **청구인이 부담**한다. (O) [14, 17 승진]

> 유제 ▶ 정보의 공개 및 우송 등에 드는 비용은 **실비(實費)의** 범위에서 **청구인이 부담**하는 것이 원칙이다. (O) [18 승진]

> 유제 ▶ 정보의 공개 및 우송 등에 소요되는 비용은 공공기관의 비용으로 부담한다. (X) [13 1차]

> 유제 ▶ 정보의 공개 및 우송 등에 드는 **비용**은 **실비의 범위**에서 정보공개 청구를 받은 행정청이 부담한다. (X) [17, 20 승진]

8 개인정보보호

147 살아 있는 개인에 관한 정보로서 해당 정보만으로는 특정 개인을 알아볼 수 없더라도 **다른 정보와 쉽게 결합하여 알아볼 수 있는** 정보를 "**개인정보**"라 한다. (O) [22 2차]

> 유제▶ 개인정보란 **특정 개인을 식별**하거나 식별할 수 있는 정보로 사자(死者)에 관한 정보는 포함되지 않는다. (O) [14 승진]

> 유제▶ 해당 정보만으로 특정 개인을 알아볼 수 없다면, **다른 정보와 쉽게 결합하여 알아볼 수 있더라도 개인정보에는 포함**하지 않는다. (X) [14 승진]

148 개인정보보호법상 공공기관에는 **국회, 법원, 헌법재판소, 중앙선거관리위원회의 행정사무를 처리하는 기관, 중앙행정기관, 지방자치단체**가 포함된다. (O) [14 승진]

➤ 개인정보보호법 제2조 제6호

149 정보주체란 처리되는 **정보에 의하여 알아볼 수 있는 사람**으로서 그 **정보의 주체가 되는 사람**을 말한다. (O) [14 승진]

> 유제▶ 정보처리 기술을 활용하여 기존의 다양한 정보를 가공해서 만들어 낸 새로운 정보에 관한 독점적 권리를 가지는 사람을 "정보주체"라 한다. (X) [22 2차]

150 개인정보의 **일부를 삭제**하거나 **일부 또는 전부를 대체**하는 등의 방법으로 **추가 정보가 없이는 특정 개인을 알아볼 수 없도록 처리**하는 것을 "**가명처리**"라 한다. (O) [14 승진]

> 유제▶ **가명처리**란 개인정보의 **일부를 삭제**하거나 **일부 또는 전부를 대체**하는 등의 방법으로 추가 정보가 없이는 특정 개인을 알아볼 수 없도록 처리하는 것을 말한다.(O) [21 국회8]

151 일정한 공간에 지속적으로 설치되어 **사람 또는 사물의 영상 등을 촬영**하거나 이를 유 무선망을 통하여 **전송**하는 장치로서 **네트워크 카메라와 같은 장치**를 "**영상정보처리기기**"라 한다. (O) [22 2차]

➤ 개인정보보호법 제2조 제7호 및 동법 시행령 제3조 제2호

152 개인정보처리자는 **보유기간의 경과**, 개인정보의 **처리목적 달성** 등 그 **개인정보가 불필요하게 되었을 때**에는 **지체없이** 그 **개인정보를 파기하여야** 한다. 다만, 다른 법령에 따라 보존하여야 하는 경우에는 그러하지 아니하다. (O) **[18 경간]**

▶ 개인정보보호법 제21조 제1항

153 개인정보처리자는 **정보주체의 동의를 받은 경우**에도 정보주체의 개인정보를 **제3자에게 제공**(공유를 포함한다)~~하여서는 아니된다.~~ (X) **[18 경간]**

▶ ~~하여서는 아니된다~~ → 할 수 있다.

> **개인정보보호법 제17조**(개인정보의 제공) ① 개인정보처리자는 다음 각 호의 어느 하나에 해당되는 경우에는 정보주체의 개인정보를 제3자에게 제공(공유를 포함한다.)**할 수 있다.**
>
> 1. 정보주체의 **동의**를 받은 경우

154 개인정보처리자는 **법률에 특별한 규정**이 있거나 **법령상 의무를 준수하기 위하여 불가피한 경우**에는 **개인정보를 수집**할 수 있으며 그 **수집 목적의 범위**에서 **이용할 수 있다.** (O) **[18 경간]**

> 유제 ▶ 개인정보처리자는 법령상 의무를 준수하기 위하여 불가피한 경우에는 개인정보를 수집할 수 있으며 그 수집 목적의 범위 내에서 **이용할 수 있다.**(O) **[18 서울7]**

155 개인정보를 처리하거나 처리하였던 자는 업무상 알게 된 개인정보를 누설하거나 권한 없이 다른 사람이 이용하도록 제공하는 행위를 하여서는 **아니 된다.** (O) **[18 경간]**

> 유제 ▶ 「개인정보보호법」은 개인정보의 **누설**이나 권한 없는 처리 또는 다른 사람의 이용에 제공하는 등 부당한 목적으로 사용한 행위를 **처벌**하도록 규정하고 있다. 여기에서 '**누설**'이라 함은 **아직 이를 알지 못하는 타인에게 알려주는 일체의 행위**를 말한다.(O) **[18 국회8]**

9 행정절차

156 **행정절차법**에서는 **행정지도**절차, 행정조사절차, **신고절차**, **행정예고**절차, **행정상 입법예고**절차, **행정계획**절차, **처분절차**를 규정하고 있다. (X) **[12 경간]**

> 유제 「행정절차법」에는 **행정조사절차에 관한 규정이 없다.**(O) **[13 국회8]**

> **행정절차법 제3조(적용 범위)** ① **처분, 신고, 확약,** 위반사실 등의 **공표,** 행정**계획,** 행정상 **입법예고,** 행정예고 및 **행정지도**의 절차에 관하여 다른 법률에 특별한 규정이 있는 경우를 제외하고는 이 법에서 정하는 바에 따른다.

> ➤ 행정절차법상 행정계획에 대해서는 제40조의4에서 **이익형량을 원칙만을 규정**해놓고 있을 뿐이고, **행정계획의** 수립절차·확정절차에 관한 **일반적 절차규정은 존재하지 않음**

157 행정청은 **처분을 구하는 신청이 있는 때**에는 **다른 법령에 특별한 규정이 있는 경우에 한하여** 접수를 **보류하거나 거부**할 수 있다. (O) **[09 경간]**

> 유제 행정청은 **신청이 있는 때**에는 **다른 법령에 특별한 규정이 있는 경우에 한하여** 접수를 보류하거나 거부할 수 있다.(O) **[03 국가7]**

158 행정청이 당사자에게 **의무를 과하거나 권익을 제한하는 처분**을 할 경우 다른 법률에 특별한 규정이 없으면 **청문을 거쳐야** 한다. (X) **[09 경간] [14, 19 승진]**

> 유제 다른 법령 등에서 **청문을 하도록 규정**하고 있는 경우, **청문을 하여야** 한다.(O) **[18 군무원9]**

159 **의견제출**을 위하여 당사자 등은 행정절차법에 의하여 당해 사안의 조사결과에 관한 문서 기타 당해처분과 관련되는 **문서의 열람 또는 복사**를 요청할 수 있다. (O) **[09 경간]**

> 유제 당사자 등은 **청문의 통지가 있는 날부터 청문이 끝날 때까지** 행정청에 해당 사안의 조사결과에 관한 **문서의 복사를 요청**할 수 있다.(O) **[18 행정사]**

> 유제 행정절차법은 **문서열람청구권**을 청문절차에서만 인정하고 있다.(X) **[11 국회9]**

160 문서의 열람 또는 복사의 요청이 있는 경우 행정청은 공익을 이유로 이를 거부할 수 있다. (X) [09 경간]

> 유제 ▶ 청문 절차시 당사자 등으로부터 문서의 열람 또는 복사의 요청이 있는 경우, 행정청은 다른 법령에 따라 공개가 제한되는 경우를 제외하고는 이를 거부할 수 없다.(O) [18 경간]

161 행정청이 당사자에게 의무를 부과하거나 권익을 제한하는 처분을 할 때 청문을 실시하거나 공청회를 개최하는 경우 외에는 당사자 등에게 의견제출의 기회를 주어야 한다. (O) [14 승진] [18 경간]

> 유제 ▶ 불이익처분을 할 때에는 청문 또는 공청회를 개최하더라도 별도로 의견 제출의 기회를 주어야만 한다.(X) [16 전환]

162 당사자 등은 처분 전에 그 처분의 관할 행정청에 서면이나 말로 또는 정보통신망을 이용하여 의견제출을 할 수 있다. (O) [18 경간]

> 유제 ▶ 행정절차법상 당사자등은 처분 전에 그 처분의 관할 행정청에 서면이나 정보통신망을 이용하여 의견을 제출할 수 있으나, 말로는 할 수 없다.(X) [18 경행]

163 행정청이 처분을 할 때에 당사자 등이 제출한 의견이 상당한 이유가 있다고 인정하는 경우에는 이를 반영하여야 한다. (O) [14 승진]

> 유제 ▶ 행정청은 당사자가 제출한 의견에 반드시 따라야 하는 것은 아니다.(O) [07 국회8]

164 행정청은 청문을 하려면 청문이 시작되는 날부터 10일 전까지 처분의 제목 등 일정한 사항을 당사자 등에게 통지하여야 한다. (O) [19 승진]

> 유제 ▶ 행정청은 청문을 하려면 청문이 시작되는 날부터 7일 전까지 행정절차법 제21조 제1항 각 호의 사항을 당사자 등에게 통지하여야 한다.(X) [20 경행]

165 행정청은 청문이 시작되는 날부터 10일 전까지 청문 주재자에게 청문과 관련된 필요한 자료를 미리 통지하여야 한다. (X) [18 경간]

> 유제 ▶ 행정청은 청문이 시작되는 날부터 7일 전까지 청문주재자에게 청문과 관련하여 필요한 자료를 미리 통지하여야 한다. (O) [14 군무원9]

166 청문은 행정청이 **소속 직원** 또는 **대통령령으로 정하는 자격을 가진 사람** 중에서 **선정**하는 사람이 주재하되, 행정청은 **청문 주재자의 선정**이 **공정하게 이루어지도록 노력**하여야 한다. (O) **[14 승진]**

유제 ▶ 청문의 주재자는 **대통령령으로 정하는 자격**을 가지는 사람 중에서 선정하되, **행정청의 소속직원**은 주재자가 될 수 없다.(X) **[14 경행]**

9 행정지도

167 행정지도는 행정기관이 그 **소관 사무의 범위**에서 일정한 **행정목적을 실현**하기 위하여 **특정인**에게 **일정한 행위**를 하거나 하지 아니하도록 **지도, 권고, 조언 등을** 하는 **행정작용**을 말한다. (O) [19 1차]

> 유제 ▶ **행정지도**는 행정기관이 그 **소관사무의 범위 안**에서 일정한 **행정목적을 실현**하기 위하여 특정인에게 일정한 행위를 하거나 하지 아니하도록 **지도·권고·조언 등**을 하는 **행정작용**을 말한다.(O) [14 경행]

168 행정지도는 그 **목적 달성에 필요한 최소한도**에 그쳐야 하며, 행정지도의 **상대방의 의사에 반하여 부당하게 강요하여서는 아니 된다.** (O) [19 승진] [22 1차]

> 유제 ▶ 행정지도는 그 **목적 달성**에 필요한 **최대한도의 조치**를 할 수 있으나, 다만 행정지도의 **상대방의 의사에 반하여 부당하게 강요하여서는 아니 된다.**(X) [18 경행]

169 행정절차법상 행정지도 규정에서 **임의성 원칙을 명문화**하고 있다. (O) [19 1차]

> 유제 ▶ 행정절차법상 **행정지도의 원칙과 방식**으로는 비례의 원칙, 행정지도의 **실명제**, 부당결부금지의 원칙, 불이익조치금지의 원칙, **부당강요금지(임의성)의 원칙**이 있다.(X) [10 경북교행9]

170 행정지도는 임의성에 기반하므로 **과잉금지원칙**과 무관하다. (X) [15 승진]

> 유제 ▶ 행정절차법은 **행정지도의 한계**로서의 **비례의 원칙**을 규정하고 있다.(O) [05 국가7]

171 행정지도는 반드시 문서의 형식으로 하여야만 한다. (X) [19 1차]

> 유제 ▶ **행정지도**는 **서면 또는 구술의 형식**으로 할 수 있다.(O) [18 국가5 승진]

172 행정지도의 상대방은 해당 **행정지도의 방식·내용 등**에 관하여 행정기관에 **의견제출을 할 수 있다.** (O) [15 승진] [19 1차]

> 유제 ▶ **행정지도의 상대방**은 해당 **행정지도의 방식, 내용 등**에 관하여 행정기관에 **의견제출**을 할 수 없다. (X) [22 1차]

173 행정지도를 하는 자는 그 상대방에게 그 행정지도의 취지 및 내용과 신분을 밝혀야 하며, 행정지도의 상대방은 해당 행정지도의 방식, 내용 등에 관하여 행정기관에 의견제출을 할 수 있다. (O) [19 승진]

> 유제▶ 행정지도를 하는 자는 그 상대방에게 그 행정지도의 취지 및 내용과 신분을 밝혀야 한다. (O) [15 승진]

> 유제▶ 행정지도를 하는 자는 그 상대방에게 그 행정지도의 취지 및 내용을 밝혀야 하지만 신분은 생략할 수 있다.(X) [20 소방]

174 행정지도가 말로 이루어지는 경우에 상대방이 행정지도의 취지 및 내용과 신분의 사항을 적은 서면의 교부를 요구하면 그 행정지도를 하는 자는 직무 수행에 특별한 지장이 없으면 이를 교부하여야 한다. (O) [22 1차]

> 유제▶ 행정절차법상 행정지도를 하는 자는 상대방이 서면의 교부를 요구하는 경우 그 행정지도의 내용과 신분을 적으면 되고 취지를 적을 필요는 없다. (X) [20 경행]

175 행정기관은 행정지도의 상대방이 행정지도에 따르지 아니하였다는 것을 이유로 불이익한 조치를 하여서는 아니 된다. (O) [15 승진] [22 1차]

> 유제▶ 행정기관은 행정지도의 상대방이 행정지도에 따르지 아니할 경우 그 행정지도에 따르지 아니하였다는 것을 이유로 목적 달성에 필요최소한의 범위 내에서 불이익한 조치를 취할 수 있다. (X) [14 경행]

10 강제집행

176 경찰강제에는 경찰상 **강제집행**(대집행, 강제징수, 집행벌, 즉시강제 등)과 경찰상 직접강제가 있는데, 경찰상 **강제집행**은 **의무의 존재 및 그 불이행을 전제**로 한다는 점에서 **이를 전제로 하지 아니하고 급박한 경우에 행하여지는** 경찰상 직접강제와 구별된다. (X) [19 1차]

> 유제 ▶ 행정상 **강제집행**의 수단은 **대집행, 집행벌, 직접강제**, 행정상 **강제징수** 등이 있다.(O) [13 경행]

> 유제 ▶ 행정상 **즉시강제**는 직접강제와는 달리 행정상 **강제집행에 해당하지 않는다.**(O) [21 국가9]

> 유제 ▶ 경찰상 **강제집행**은 경찰하명에 의한 **의무의 존재 및 그 불이행을 전제**로 한다는 점에서 **의무불이행을 전제로 하지 않는** 경찰상 **즉시강제와 구별**된다. (O) [21 1차]

177 경찰상 **강제집행**은 **장래**에 향하여 **의무이행을 강제**한다는 점에서 **과거의 의무위반에 대한 제재**인 경찰벌과 구별된다. (O) [21 1차]

> 유제 ▶ 행정상 **강제집행**은 행정법상 개별·구체적인 의무의 **불이행을 전제**로 그 **불이행한 의무를 장래에 향해 실현시키는 것**을 목적으로 한다는 점에서 **과거의 의무위반에 대한 제재**로써 가하는 **행정벌과 구별**된다.(O) [08 국가7]

178 **경찰상 강제집행**은 경찰하명에 따른 경찰**의무의 불이행**이 있는 경우에 **상대방의 신체 또는 재산이나 주거 등에 실력을 행사**하여 경찰상 **필요한 상태를 실현**하는 작용으로 간접적 의무이행확보 수단이다. (X) [21 승진]

> 유제 ▶ **대집행**은 경찰상 의무이행 확보수단 중 간접적인 의무이행 확보수단이다.(X) [12 경간]

> 유제 ▶ **강제징수**는 경찰상 의무이행 확보수단 중 간접적인 의무이행 확보수단이다.(X) [12 경간]

> 유제 ▶ 행정의 실효성확보수단 중에서 행정상 **강제징수**는 간접적인 강제수단이다.(X) [06 선관위9]

> 유제 ▶ **집행벌**은 경찰상 의무이행 확보수단 중 **간접적인 의무이행 확보수단이다.**(O) [12 경간]

> 유제 ▶ **이행강제금**은 **대집행**이나 **직접강제**와는 달리 물리적 실력행사가 아닌 **간접적·심리적 강제에 해당**한다.(O) [15 군무원9]

> > ▶ **강제집행**은 **직접적**인 의무이행 확보수단이지만, 그 중에서 **집행벌(이행강제금)은 간접적인 수단**이라는 것이 판례의 태도이다.

179 경찰상의 **강제집행**의 실정법적 근거로는 **경찰관 직무집행법**이 유일하다. (X) **[23 경간]**

> 유제 ▶ 대집행의 근거가 되는 일반법으로는 「**행정대집행법**」이 있다. (O) **[21 1차]**

> 유제 ▶ 국세징수법은 행정상 **강제징수**에 관한 사실상 일반법의 지위를 갖는다.(O) **[15 사복9]**

> 유제 ▶ **식품위생법**에 따른 영업소 폐쇄는 **직접강제**의 예이다.(O) **[21 국가9]**

> 유제 ▶ **건축법**에 따른 **이행강제금**의 부과는 **집행벌**의 예이다.(O) **[21 국가9]**

180 경찰상의 **강제집행을 하기 위해서는** 경찰의무를 부과하는 **경찰하명의 근거가 되는 법률 이외**에 경찰상의 **강제집행을 위한 별도의 법적 근거가 있어야** 한다. (O) **[23 경간]**

> 유제 ▶ 행정법상의 의무를 명할 수 있는 **명령권의 근거**가 되는 법은 동시에 행정강제의 근거가 될 수 있다.(X) **[09 지방9]**

181 **대집행**이란 **비대체적** 작위**의무의 불이행**이 있는 경우 행정청이 의무자의 작위의무를 **스스로 행하거나 또는 제3자로 하여금 이를 행**하게 하고 그 **비용을 의무자로부터 징수**하는 것을 말한다. (X) **[20 승진]**

> 유제 ▶ 대집행은 대체적 작위의무 불이행에 대하여 **스스로 행하거나 제3자로 하여금 이행**하게 하고 그 **비용을 의무자로부터 징수**하는 것을 말한다. (O) **[11 승진]**

> 유제 ▶ **대체적 작위의무의 불이행**이 있는 경우 행정청이 의무자의 작위의무를 **스스로 행하거나 또는 제3자로 하여금 이를 행**하게 하고 그 **비용을 의무자로부터 징수**하는 것을 **대집행**이라고 한다. (O) **[16 승진]**

> 유제 ▶ **대체적 작위의무의 불이행**이 있는 경우 행정청이 의무자의 작위의무를 **스스로 행하거나 제3자로 하여금 이를 행**하게 하고 그 **비용을 의무자로부터 징수**하는 행위는 '**대집행**'이다. (O) **[20 승진]**

> 유제 ▶ 강제징수란 의무자가 관련 법령상의 **대체적 작위의무를 이행하지 않을 경우**, 당해 경찰관청이 **스스로 행하거나 또는 제3자로 하여금 의무자가 하여야 할 행위**를 하게 함으로써 의무의 이행이 있는 것과 같은 상태를 실현시킨 후 그 **비용을 의무자로부터 징수**하는 것이다. (X) **[21 1차]**

182 작위의무를 부과한 행정처분의 **법적 근거**가 있다면 행정**대집행**은 ~~별도의 법적 근거를 요하지 아니한다.~~ (X) **[22 2차]**

> 유제 ▶ 대집행의 법적 근거로는 **행정대집행법** 제2조, **건축법** 제85조 등이 있다.(O) **[10 경행]**

> ▶ 예컨대 건축법에서는 작위의무명령의 근거조항 외에, 명령 불이행에 따른 대집행의 근거조항을 두고 있다.

183 행정대집행은 **제3자에 의해 집행**될 수 없고 행정청이 직접 행사해야 한다. (X) **[22 2차]**

> 유제 ▶ 대집행의 주체는 당해 행정청이 되나, **대집행의 실행행위**는 행정청에 의한 경우 이외에 **제3자에 의해서도 가능**하다.(O) **[00 행시]**

184 무허가건물의 **철거 명령**을 받고도 이를 **불이행**하는 사람의 **불법건축물을 철거**하는 것은 경찰관직무집행법상 즉시강제에 해당한다. (X) **[22 2차]**

> 유제 ▶ 행정대집행법 제2조 **대집행**은 행정상 즉시강제에 해당한다.(O) **[22 1차]**

185 대집행의 절차는 계고 → 통지 → 비용의 징수 → 실행순이다. (X) **[21 경간]**

> 유제 ▶ 행정대집행법상 행정대집행의 절차의 순서는 "**계고 → 대집행영장에 의한 통지 → 대집행의 실행 → 비용징수**"이다.(O) **[16 전환]**

186 **대집행**은 경찰상 의무이행 확보수단 중 간접적인 의무이행 확보수단이다.(X) **[21 경간]**

> ➤ 간접적 → 직접적
> (**직접적** 의무이행확보수단) 대집행, 직접강제, 이행강제금, 강제징수, 즉시강제
> (**간접적** 의무이행확보수단) 행정벌, 과징금, 명단공표, 공급거부, 관허사업의 제한 등

187 ① 대집행은 경찰상 의무이행 확보수단 중 **전통적** 수단에 해당한다.(O) **[20 경간]**
② **집행벌**은 경찰상 의무이행 확보수단 중 **전통적** 수단에 해당한다.(O) **[20 경간]**

> ➤ (**전통적** 의무이행확보수단) 대집행, 직접강제, 이행강제금, 강제징수, 즉시강제, 행정벌
> (**새로운** 의무이행확보수단) 과징금, 명단공표, 공급거부, 관허사업의 제한, 가산세 등

188 집행벌(이행 강제금)은 경찰법상의 **부작위의무 또는 비대체적 작위의무의 불이행**이 있는 경우 그 **의무의 이행을 간접적으로 강제**하기 위하여 과하는 **금전벌**을 말하며, **간접적·심리적** 강제수단이다. (O) **[11 승진]**

> 유제 ▶ 경찰상 **의무를 이행하지 않는 경우**에 그 **이행을 강제**하기 위해 과하는 **금전벌을 집행벌**이라고 한다.(O) **[16, 18 승진]**

189 집행벌은 의무이행을 위한 강제집행이라는 점에서 의무위반에 대한 제재인 **경찰벌과 구별**되며, **경찰벌과 병과**해서 행할 수 있고, 의무이행될 때까지 **반복적으로 부과하는 것도 가능**하다. (O) **[21 승진]**

> 유제 이행강제금은 의무위반에 대하여 **장래의 의무이행을 확보**하는 수단이라는 점에서 **과거의 의무위반에 대한 제재인 행정벌과 구별**된다.(O) **[22 군무원9]**

> 유제 집행벌은 **경찰벌과 병과**해서 행할 수 **없다.**(X) **[06 군무원9]**

> 유제 집행벌은 **반복적으로 부과**하는 것도 **가능**하다.(O) **[20 승진]**

190 형사처벌과 이행강제금을 병과하는 것은 **헌법상의 이중처벌 금지의 원칙**에 위반된다. (X) [22 경간]

> 유제 이행강제금과 행정벌은 병과가 가능하며, 병과하여도 **헌법상 이중처벌금지에 위반되지 아니한다.**(O) **[14 경행]**

191 국민이 **국가 또는 공공단체에 대해 부담**하고 있는 **공법상의 금전급부의무**를 이행하지 않는 경우에 행정청이 강제적으로 **의무가 이행된 것과 동일한 상태를 실현**하는 작용을 **강제징수**라고 한다. (O) **[16 승진]**

> 유제 강제징수는 국민이 **국가 또는 공공단체에 대해 부담**하고 있는 **공법상의 금전급부의무**를 이행하지 않는 경우에 행정청이 강제적으로 **의무가 이행된 것과 동일한 상태를 실현**하는 작용이다.(O) **[18 승진]**

192 강제징수란 경찰법상의 금전급부의무의 불이행이 있는 경우 의무자의 재산에 실력을 가하여 의무의 이행이 있었던 것과 같은 상태를 실현하는 작용을 말하며 강제징수란 경찰법상의 금전급부의무의 불이행이 있는 경우 의무자의 재산에 실력을 가하여 의무의 이행이 있었던 것과 같은 상태를 실현하는 작용을 말하며 **일반법**으로 국세기본법을 근거로 한다. (X) **[11 승진]**

> 유제 강제징수의 일반법으로서 **국세징수법**이 있다.(O) **[20 승진]**

193 지정된 기한까지 체납액을 완납하지 않은 국세**체납자**의 **재산을 압류**하는 것은 경찰관직무집행법상 즉시강제에 해당한다.(X) **[22 2차]**

> 유제 **세금체납**에 대한 행정상 의무이행확보수단으로는 행정상 **강제징수**가 있다.(O) **[04 서울9]**

> 유제 국세징수법 제24조 **강제징수**는 행정상 즉시강제에 해당한다.(X) **[22 1차]**

194 강제징수란 국민이 국가 또는 공공단체에 대해 부담하고 있는 공법상의 금전급부의무를 이행하지 않는 경우에 행정청이 강제적으로 의무가 이행된 것과 동일한 상태를 실현하는 작용으로 새로운 **의무이행확보 수단**이다. (X) **[21 승진]**

> 유제 ▶ **강제징수**는 경찰상 의무이행 확보수단 중 **전통적 수단**에 해당한다.(O) **[20 경간]**

195 강제징수 절차는 **독촉 → 체납처분**(압류·매각·청산) →체납처분의 **중지** → 결손처분 순으로 진행한다. (O) **[21 경간]**

> 유제 ▶ 국세징수법에 의한 **강제징수절차**는 **독촉과 체납처분**으로, 체납처분은 다시 **재산압류, 압류재산의 매각, 청산**의 단계로 이루어진다.(O) **[15 사복9]**

196 강제징수는 경찰상 의무이행 확보수단 중 간접적인 의무이행 확보수단이다.(X) **[21 경간]**

> 유제 ▶ 의무자가 행정법상의 **금전급부의무를 이행하지 아니한 경우**에 행정청이 의무자의 재산에 실력을 행사하여 의무가 이행된 것과 같은 상태를 **직접적으로 실현**하는 행정상의 실효성 확보 수단은 행정상 **강제징수**이다.(O) **[04 국회8]**

197 **의무의 불이행**이 있는 경우 **직접** 의무자의 **신체·재산에 실력**을 가하여 **의무의 이행이 있었던 것과 같은 상태를 실현**하는 작용으로 의무이행 확보를 위한 **최후의 수단은 직접강제**이다. (O) **[16 승진]**

> 유제 ▶ **직접강제란 경찰법상의 의무의 불이행**이 있는 경우에 **의무자의 신체·재산 등에 직접적으로 실력을 가함**으로써 **의무의 이행과 동일한 상태를 실현**하는 작용을 말한다.(O) **[11 승진]**

> 유제 ▶ **직접강제**는 경찰상 **의무불이행**에 대해 **최후의 수단**으로서 직접 **의무자의 신체나 재산에 실력을 가하여 의무의 이행이 있었던 것과 동일한 상태를 실현**하는 작용이다.(O) **[18 승진]**

> 유제 ▶ **직접강제란 의무의 불이행**이 있는 경우 **직접 의무자의 신체 재산에 실력을** 가하여 **의무의 이행이 있었던 것과 같은 상태를 실현**하는 작용을 말한다.(O) **[20 승진]**

> 유제 ▶ 경찰상 **의무위반**에 대한 최후수단으로서 **직접 의무자의 신체나 재산에 실력을** 가하여 **의무의 이행이 있었던 것과 동일한 상태를 실현**하는 작용을 경찰하명이라고 한다.(X) **[16 승진]**

198 해산명령 불이행에 따른 **해산조치**, 불법영업소의 **폐쇄조치**는 모두 즉시강제에 해당한다. (X) **[21 승진]**

> 유제 ▶ 「식품위생법」에 따른 **영업소 폐쇄**는 **직접강제**의 예이다.(O) **[21 국가9]**

11 즉시강제

199 **즉시강제**는 법치국가의 예외적인 권력작용이므로 그 **발동에는 법적 근거가 필요**하며 **경찰상 즉시강제**의 경우에는 **경찰관직무집행법이 일반법의 지위**를 가진다. (O) **[19 특채]**

> 유제 ▶ 경찰상 **즉시강제의 일반적인 근거법**은 **경찰관직무집행법**이라고 할 수 있다.(O) **[01 행시]**

> 유제 ▶ **즉시강제**는 **법률의 근거**가 없더라도 일반긴급권에 기초하여 행사할 수 있다.(X) **[22 2차]**

> 유제 ▶ **즉시강제**는 경찰상의 이행을 확보하기 위한 가장 효과적인 수단이며, 공공의 안녕 또는 질서에 대한 급박한 위해가 존재하는 경우에는 국가는 그 위해를 제거하여 공공의 안녕과 질서를 유지할 자연법적 권리와 의무를 가지므로, **특별한 법률적 근거**가 없다 하더라도 경찰상의 즉시강제가 가능하다.(X) **[23 경간]**

200 행정상 **즉시강제**는 제3자에 의해 집행될 수 없고 **행정청이 직접 행사해야** 한다. (O) **[22 2차]**

> ➤ 즉시강제는 급박한 상황에서 **신체나 재산 등**에 대하여 행정청이 **실력을 가하는 작용**이므로, **행정청(경찰서장 등)만이 행사**할 수 하고, 제3자가 대신할 수 없다.

201 **즉시강제**는 직접 개인의 신체, 재산에 실력을 행사하여 행정상 필요한 상태를 실현한다는 점에서 직접강제와 유사하나, **의무불이행을 전제로 하지 않는다**는 점에서 차이가 있다. (O) **[19 특채]**

> 유제 ▶ 강제집행과 즉시강제는 선행의무 불이행을 전제하지 않는다.(X) **[21 경간]**

> 유제 ▶ 행정상 **즉시강제**는 **권력적 사실작용**이라는 점에서 행정상 강제집행과 같으므로 반드시 선행의무 및 그 불이행을 전제로 한다.(X) **[14 승진]**

202 **즉시강제**는 **급박성, 보충성, 비례성** 등 법률상의 **한계**를 가지고 있다. (O) **[13 경간]**

> 유제 ▶ **즉시강제의 발령**에는 **긴급성의 원칙**이 요구된다.(O) **[05 국회8]**

> 유제 ▶ **즉시강제**에는 **보충성의 원칙**이 적용되지 않는다.(X) **[01 입시]**

> 유제 ▶ 경찰상 **즉시강제** 시 **필요 이상으로 실력을 행사**하여 경찰책임자 이외의 자에게 유형력을 행사하는 것은 **위법이 된다**.(O) **[20 1차]**

203 감염병 환자의 즉각적인 강제격리는 즉시강제에 해당한다. (O) [21 승진]

> 유제 ▶ **감염병환자의 강제입원**은 행정상 직접강제의 예이다.(X) [15 지방7]

204 경찰관 직무집행법 제6조 **범죄의 예방을 위한 제지**는 행정상 **즉시강제**에 해당한다. (O) [22 1차]

> 유제 ▶ **경찰관직무집행법**에 의한 범죄의 예방과 제지는 행정상 즉시강제에 해당한다.(O) [11 지방9]

> 유제 ▶ 주택가에서 **흉기를 들고 난동**을 부리며 **경찰관의 중지명령에 항거**하는 사람에 대해 전자충격기를 사용하여 **강제로 제압**하는 것은 「경찰관 직무집행법」상 **즉시강제**에 해당한다. (O) [22 2차]

205 경찰관 직무집행법 제4조 제1항 제1호에서 규정하는 **술에 취한 상태**로 인하여 **자기 또는 타인의 생명, 신체와 재산에 위해를 미칠 우려가 있는 피구호자에 대한 보호조치**는 행정상 **즉시강제**에 해당한다. (O) [22 1차]

> 유제 ▶ 술에 취하여 자기 또는 타인의 생명·신체와 재산에 위해를 미칠 우려가 있는 피구호자에 대한 보호조치는 (경찰) 행정상 **즉시강제**에 해당한다.(O) [17 국가5 승진]

206 ① 경찰관직무집행법상 **총기나 분사기의 사용**은 대인적 즉시강제이다. (O) [13 경간]
② 경찰관직무집행법상 **불심검문**은 태물적 즉시강제이다. (O) [13 경간]

> 유제 ▶ 주택가에서 **흉기를 들고 난동**을 부리며 경찰관의 중지명령에 항거하는 사람에 대해 **전자충격기를 사용**하여 **강제로 제압**하는 것은 「경찰관 직무집행법」상 **즉시강제**에 해당한다. (O) [22 2차]

> 유제 ▶ **경찰관직무집행법**상 무기사용은 태물적 즉시강제에 해당한다.(X) [01 서울7]

> 유제 ▶ **불심검문**은 대인적 즉시강제의 수단으로서 인정된다.(O) [02 채용]

207 임시영치는 태인적 **즉시강제**의 일종이다. (X) [05 2차]

> 유제 ▶ 경찰관직무집행법상 **임시영치**는 대물적 즉시강제에 해당한다.(O) [01 서울7]

208 위험물의 폭발로 인해 **매우 긴급**한 경우에 **위해를 입을 우려가 있는 사람을 억류하거나 피난시키는 것**은 「경찰관 직무집행법」상 **즉시강제**에 해당한다. (O) [22 2차]

> 유제 ▶ 「경찰관직무집행법」에 의한 **자연재해시의 위험발생방지조치**는 즉시강제에 해당한다.(O) [08 관세사]

209 불법집회로 인한 공공시설의 안전에 대한 위해를 억제하기 위해 **최루탄을 사용**하는 것은 「경찰관 직무집행법」상 **즉시강제**에 해당한다. (O) [22 2차]

➤ **대인적** 즉시강제에 해당

210 적법한 즉시강제에 대한 구제로 **손실보상을 청구**할 수 있으며, 일정한 요건하에서 형법상 **위법성조각사유**에 해당하는 **긴급피난도 가능**하다. (O) [20 1차]

> 유제 ➤ 위법한 즉시강제에 의해 수인한도를 넘는 **특별한 희생**을 받은 경우 **손실보상 청구**가 가능하며, 이러한 내용은 개정된 **경찰관직무집행법 제11조의2에서 명시적으로 규정**하고 있다.(O) [19 특채]

211 경찰상 **즉시강제**는 **권력적 사실행위**인 **처분**이기 때문에 **행정쟁송이 가능**하다. (O) [20 1차]

> 유제 ➤ 행정상 **즉시강제**는 이른바 **권력적 사실행위**로서 **행정쟁송의 대상**인 '**처분 등**'에 해당한다고 할 수 있다. (O) [14 승진]

212 **즉시강제**는 권력적 사실행위로서 행정쟁송의 대상인 '**처분등**'에 해당하나 대부분의 **즉시강제가 단시간**에 종료되는 성질상 취소·변경을 구하는 **행정쟁송에 의한 구제는 적합하지 않다.** (O) [19 특채]

> 유제 ➤ **즉시강제**는 성질상 단기간 내에 종료되어 행정처분과 같이 **취소·변경을 구할 법률상의 이익이 존재하지 않는** 것이 대부분이어서, 행정소송에 의한 구제는 즉시강제의 성질상 **적합하지 아니하다.** (O) [14 승진]

213 위법한 **즉시강제**에 대하여는 「형법」상 **정당방위가 인정**될 수 있으므로 이 경우 저항행위는 **공무집행방해죄가 성립하지 않는다.** (O) [14 승진]

> 유제 ➤ **즉시강제**가 비록 **위법**하더라도 공권력의 행사에 해당되기 때문에 이에 대한 **정당방위는 인정되지 않는다.**(X) [01 관세사]

214 **즉시강제**의 한계에 있어서는 **영장주의의 적용 여부**에 대하여 영장필요설이 통설과 판례이다. (X) [13 경간]

> 유제 ➤ 행정상 **즉시강제**는 원칙적으로 **사전영장주의가 적용**되나, 사전영장주의를 고수하다가는 행정목적을 달성할 수 없는 예외적인 경우 사전영장주의의 적용이 배제된다.(O) [11 군무원9]

> 유제 ➤ **즉시강제**의 절차적 한계에 있어서 **영장주의의 적용 여부**에 대하여 영장필요설이 통설과 판례이다.(X) [20 1차]

12 행정벌 1 (행정질서벌)

215 경찰벌은 경찰상 의무이행 확보수단 중 **간접적인 의무이행 확보수단**이다. [22 2차]

> 유제 ▶ **행정벌**은 간접적으로 행정상 **의무 이행**을 확보할 수 있다.(O) [16 전환]

216 「질서위반행위규제법」은 **법률상 의무의 효율적인 이행**을 확보하고 국민의 **권리와 이익을 보호**하기 위하여 **질서위반행위의 성립요건**과 **과태료의 부과·징수 및 재판** 등에 관한 사항을 **규정**하는 것을 목적으로 한다. (O) [18 경간]

> ➤ 질서위반행위규제법 제1조

217 고의 또는 과실이 없는 질서위반행위는 과태료를 **부과하지 아니한다.** (O) [18 2차] [19 승진] [22 1차]

> 유제 ▶ **고의 또는 과실이 없는** 질서위반행위에도 과태료를 부과한다.(X) [17 1차]

218 **질서위반행위의 성립**과 **과태료 처분**은 처분 시의 법률에 따른다. (X) [17 1차]

> 유제 ▶ 질서위반행위의 **성립**과 **과태료 처분**은 **행위시의** 법률에 따른다.(O) [14 승진]

219 질서위반**행위 후 법률이 변경**되어 그 행위가 **질서위반행위에 해당하지 아니하게 되거나** 과태료가 **변경되기 전의 법률보다 가볍게 된 때**에는 법률에 특별한 규정이 없는 한 **변경된 법률을 적용**한다. (O) [18 경간]

> 유제 ▶ **질서위반행위 후 법률이 변경**되어 그 행위가 **질서위반행위에 해당하지 아니하게 된 때**에는 법률에 특별한 규정이 없는 한 질서위반행위시의 법률을 적용한다.(X) [14 경행]

220 행정청의 **과태료 처분**이나 법원의 **과태료 재판이 확정된 후** 법률이 변경되어 그 행위가 **질서위반행위에 해당하지 아니하게 된 때**에는 변경된 법률에 특별한 규정이 없는 한 과태료의 **징수 또는 집행을 면제**한다. (O) [22 1차]

> 유제 ▶ 질서위반행위규제법상 **법원의 과태료 재판이 확정된 후**에는 **법률이 변경**되어 그 **행위가 질서위반행위에 해당하지 아니하게 된 경우**라 하더라도 **과태료의 집행을 면제**하지 못한다. (X) [22 국가7]

221 과태료 부과는 의견제출 절차를 마친 후 **서면 또는 구두로** 한다. (O) [14 승진]

> 유제 **과태료 부과는 의견제출 절차를 마친 후 서면으로 해야 한다.** (O) [11 경간]

> 유제 **과태료의 부과는 서면으로 하여야** 한다. 이때 당사자가 동의하는 경우에는 **전자문서도 여기서의 서면에 포함**된다.(O) [17 국회8]

222 질서위반행위규제법 제19조 제1항에 따라 행정청은 **질서위반행위가 종료된 날부터 ( )년이 경과**한 경우에는 해당 질서위반행위에 대하여 **과태료를 부과할 수 없다.** (5) [21 승진]

> 유제 **질서위반행위가 종료된 날부터** 3년이 **경과한 경우에는 해당 질서위반행위에 대하여 과태료를 부과할 수 없다.**(X) [22 국회8]

223 과태료는 행정청의 과태료 **부과처분이나** 법원의 **과태료 재판이 확정**된 후 **5년간 징수하지 아니하거나 집행하지 아니하면 시효로 인하여 소멸**한다. (O) [14 승진] [22 1차]

> 유제 과태료는 행정청의 **과태료 부과처분이나** 법원의 **과태료 재판이 확정**된 후 ( )년간 징수하지 아니하거나 집행하지 아니하면 시효로 인하여 소멸한다. (5) [21 승진]

> 유제 과태료는 행정청의 과태료 **부과 처분이나** 법원의 과태료 재판이 확정된 후 3년간 징수하지 아니하거나 집행하지 아니하면 시효로 인하여 소멸한다.(X) [11 경간] [17 1차] [18 2차] [19 승진] [21 경간]

224 2인 이상이 질서위반행위에 **가담한 때에는 각자가 질서위반행위를 한 것**으로 본다. 또한 **신분에 의하여 성립**하는 질서위반행위에 **신분이 없는 자가 가담한 때**에는 **신분이 없는 자에 대하여도 질서위반행위가 성립**한다. (O) [21 경간]

> 유제 **2인 이상이 질서위반행위에 가담한 때에는 각자가 질서위반행위를 한 것으로 본다.** (O) [14 승진] [17 1차]

> 유제 **신분에 의하여 성립**하는 질서위반행위에 **신분이 없는 자가 가담한 때에 신분이 없는 자에 대하여는 질서위반행위가 성립하지 아니한다.**(X) [22 군무원7]

225 하나의 행위가 2 이상의 질서위반행위에 **해당**하는 경우에는 각 질서위반행위에 대하여 정한 과태료 중 **가장 중한 과태료를 부과**한다. (O) [21 경간]

> 유제 **하나의 행위가 2 이상의 질서위반행위에 해당**하는 경우에는 각 질서위반행위에 대하여 정한 과태료를 합산하여 과태료를 부과한다.(X) [17 경행]

226 자신의 행위가 위법하지 아니한 것으로 오인하고 행한 질서위반행위는 그 오인에 정당한 이유가 있는 때에도 과태료를 부과한다. (X) [22 1차]

> 유제 ▶ 자신의 행위가 위법하지 아니한 것으로 오인하고 행한 질서위반행위는 그 오인에 정당한 이유가 있는 때에 한하여 과태료를 부과하지 아니한다.(O) [18 소방간부]

227 심신장애로 인하여 행위의 **옳고 그름을 판단할 능력이 없거나** 그 판단에 따른 행위를 할 능력이 없는 자의 질서위반행위는 **과태료를 부과하지 아니한다.** (O) [18, 21 경간]

> ➤ 질서위반행위규제법 제10조 제1항

228 ~~19~~세가 되지 아니한 자의 질서위반행위는 과태료를 부과하지 아니한다. 다만, 다른 법률에 특별한 규정이 있는 경우에는 그러하지 아니하다. (X) [18 경간]

> 유제 ▶ ( )세가 되지 아니한 자의 질서위반행위는 과태료를 부과하지 아니한다. (14) [21 승진]

> 유제 ▶ ~~18~~세가 되지 **아니한 자의 질서위반행위는** 과태료를 부과하지 아니한다. 다만, 다른 법률에 특별한 규정이 있는 경우에는 그러하지 아니하다.(X) [18 2차]

229 행정청이 질서위반행위에 대하여 **과태료를 부과하고자 하는 때**에는 **미리** 당사자에게 대통령령으로 정하는 사항을 **통지**하고, ~~7~~일 **이상의 기간**을 정하여 **의견을 제출할 기회를 주어야** 한다. 이 경우 지정된 **기일까지 의견 제출이 없는 경우**에는 **의견이 없는 것으로 본다.** (X) [18 2차]

> 유제 ▶ 행정청이 질서위반행위에 대하여 **과태료를 부과하고자 하는 때**에는 미리 당사자에게 대통령령으로 정하는 사항을 통지하고, **10일 이상의 기간**을 정하여 **의견을 제출할 기회를** 주어야 한다. (O) [11 경간]

> 유제 ▶ 행정청이 질서위반행위에 대하여 **과태료를 부과하고자 하는 때**에는 **미리 당사자에게** 대통령령으로 정하는 사항을 **통지**하고, **10일 이상의 기간**을 정하여 **의견을 제출할 기회를 주어야** 한다. 이 경우 지정된 **기일까지 의견 제출이 없는 경우**에는 의견이 없는 것으로 본다. (O) [19 승진]

230 행정청의 **과태료 부과에 불복**하는 당사자는 과태료 부과 **통지를 받은 날로부터 60일 이내**에 해당 행정청에 **서면으로 이의제기를 할 수 있다.** (O) [11 경간] [19 승진]

> 유제 ▶ 과태료 **부과통지를 받은 날부터 ~~90~~일 이내**에 해당 행정청에 **서면으로 이의제기를** 할 수 있다.(X) [14 경행]

231 행정청은 당사자가 동법 제24조의3 제1항에 따라 **과태료를 납부하기가 곤란하다고 인정**되면 ( )**년의 범위**에서 **과태료의 분할납부나 납부기일의 연기**를 결정할 수 있다. (1) **[21 승진]**

➤ 질서위반행위규제법 제24조의3 제1항

232 행정청은 **과태료의 분할납부나 납부기일의 연기**(이하 "징수유예등"이라 한다)를 결정하는 경우 **그 기간**을 그 **징수유예 등을 결정한 날의 다음 날부터 ( )개월 이내로** 하여야 한다. (9) **[21 승진]**

➤ 질서위반행위규제법 시행령 제7조의2 제1항

13 행정벌 2 (행정형벌)

233 통고처분은 형식적 의미의 행정이며 실질적 의미의 사법이다. (O) [22 2차]

> **유제** 통고처분의 법적 성질은 **준사법적 행정행위이다.**(O) [08 군무원9]

> **유제** 통고처분은 형식적 의미의 행정이면서 실질적 의미의 행정이다.(X) [14 군무원9]

234 관세법상 통고처분 여부는 관세청장의 재량에 맡겨져 있지만, **경범죄처벌법 및 도로교통법** 상 통고처분은 재량의 여지가 없다. (X) [22 2차]

> **유제** 판례에 의하면 **통고처분을 할 것인지의 여부**는 권한 **행정청의 재량**에 속한다.(O) [14 경행]

14 새로운 행정의 실효성 확보수단

235 과징금은 경찰상 의무이행 확보수단 중 전통적 **수단**에 해당한다. (X) **[20 경간]**

> 유제 ▶ **과징금**은 새로운 의무이행확보수단이다.(O) **[05 서울9]**

236 ① **공급거부**는 경찰상 의무이행 확보수단 중 **간접적**인 의무이행 확보수단이다. (O) **[12 경간]**

② **명단공개**는 경찰상 의무이행 확보수단 중 **간접적**인 의무이행 확보수단이다. (O) **[12 경간]**

③ **관허사업의 제한**은 경찰상 의무이행 확보수단 중 **간접적**인 의무이행 확보수단이다. (O) **[12 경간]**

> 유제 ▶ 행정의 실효성확보수단 중에서 **공급거부**는 간접적인 강제수단이다.(O) **[06 선관위9]**

> 유제 ▶ **행정상 공표**는 의무위반자의 명예나 신용의 침해를 위협함으로써 직접적으로 행정법상 의무이행을 확보하는 수단이다.(O) **[10 지방9]**

> 유제 ▶ 행정법상 의무를 위반하거나 불이행한 자에 대하여 각종 인·허가를 거부할 수 있게 함으로써 행정법상 의무의 준수 또는 이행을 확보하는 직접적 강제수단을 **관허사업의 제한**이라 한다.(X) **[10 국가7]**

15 행정조사

237 행정조사기본법상 **조사대상자**의 **자발적 협조**를 얻어 조사를 실시하는 경우에는 **법령의 근거를 요하지 아니하며** 조직법상의 권한 범위 밖에서도 가능하다. (X) [22 2차]

> 유제 ▶ 조사대상자의 **자발적 협조**가 있을지라도 법령 등에서 행정조사를 규정하고 있어야 **실시가 가능**하다.(X) [17 서울9]
>
> ➤ **행정조사**는 조직법상 **조사기관의 권한 범위 내**에서만 가능

238 조사대상자의 **자발적 협조로 조사**가 이루어지는 경우일지라도 행정의 적법성 및 공공성 등을 높이기 위해서 **조사목적 등**을 반드시 서면으로 통보하여야 한다. (X) [22 2차]

> 유제 ▶ 조사대상자의 **자발적인 협조를 얻어 실시**하는 행정조사의 경우에는 **행정조사의 목적 등을 구두로 통지**할 수 있다.(O) [09 국회8]

239 경찰작용은 행정작용의 일환이므로 경찰의 수사에도 **행정조사기본법이 적용**되는 것이 원칙이다. (X) [22 2차]

> 유제 ▶ 조세에 관한 사항은 **행정조사기본법이 적용되지 않는다.**(O) [16 군무원9]
> 유제 ▶ 금융감독기관의 감독·검사·조사 및 감리에 관한 사항에 대하여는 **행정조사기본법이 적용되지 않는다.**(O) [17 소방간부]

240 **행정조사**는 행정기관이 향후 **행정작용에 필요한 자료 및 정보**를 얻기 위한 **준비적, 보조적 작용**이다. (O) [22 2차]

> 유제 ▶ **행정조사**란 행정기관이 **정책을 결정하거나 직무를 수행**하는데 **필요한 정보나 자료를 수집**하기 위하여 현장조사·문서열람·시료채취 등을 하거나 조사대상자에게 보고요구·자료제출요구 및 출석·진술요구를 행하는 **활동**을 말한다.(O) [15 경행]

16 행정상 손해배상

서울지방경찰청 소속 형사 A는 자신이 배당받은 절도사건을 수사하던 중 용의자가 현재 17세인 B라는 사실을 알게 되었고, 그 소재를 확인하여 검거하는 과정에서 B가 순순히 연행에 응하지 않는다는 이유만으로 경찰장구인 호신용 경봉으로 제압하던 중 흥분하여 잘못 휘두르는 바람에 B의 얼굴에 맞게 되었고, 이로 인해 B의 코뼈가 부러지게 되었다.

241 위 사례에서 **A의 행위에 대한 위법성**과 관련하여 **경찰비례의 원칙**이 고려될 수 있다. (O) [11 승진]

> 유제 ▶ **국가배상법 제2조에 의한 위법성 판단기준**으로서의 법령에는 널리 성문법 이외에 불문법과 **행정법의 일반 원칙도 포함된다**는 것이 학설과 판례의 일치된 입장이다.(O) [04 국회8 변형]

242 사례의 경우 B의 입장에서는 서울지방경찰청장을 상대로 **국가배상청구소송**을 제기할 수 있다. (X) [11 승진]

> 유제 ▶ 포항경찰서 소속 **경찰관**이 **공무수행 중 폭행을 가하여 손해**를 입힌 경우에 피해자는 **국가를 피고로 하여 손해배상청구**를 할 수 있다.(O) [07 경북9]

> 유제 ▶ **경찰공무원의 불법행위**에 의한 손해에 대해서는 경찰청장아 피고가 된다. (X) [11 경간]

243 사례에서 **국가배상책임이 인정**된다면 이는 「국가배상법」 제5조의 책임을 인정한 것이다. (X) [11 승진]

> 유제 ▶ 국가배상법 **제2조**의 손해배상책임의 요건으로는 '**공무원이 법령에 위반**하여 **행한 행위**가 있어야 한다', '**공무원이 직무행위**를 집행하면서 행한 행위가 있어야 한다', '**공무원이 타인에게 손해를 가한 경우**에 성립한다', '**공무원의 고의 또는 과실**이 있어야만 한다' 가 있다.(O) [07 군무원9 수정]

> 유제 ▶ 국가배상법 **제5조**에 **영조물의 설치·관리의 하자**로 인해 손해가 발생한 경우 **손해배상**이 가능하다는 규정이 있다.(O) [04 경남9]

244 사례에서 B의 경우 자신의 배상청구권을 친구인 C에게 양도할 수도 있다. (X) [11 승진]

> 유제 ▶ 생명·신체상의 손해에 대한 **배상청구권**은 **양도·압류할 수 없다**.(O) [20 국회9]

245 우리 **헌법**은 **배상책임의 주체**로 국가와 지방자치단체를 규정하고 있다. (X) **[11 경간]**

> 유제 ▶ **헌법**은 손해배상책임자를 가해공무원의 소속에 따라 **국가 또는 공공단체**로 규정하고 있으나, **국가배상법**은 배상책임자를 **국가와 지방자치단체**로 한정하고 있다.(O) **[99 국가9]**

246 **외국인이 피해자**인 경우 국가배상청구권은 **해당 국가와 상호 보증이 있을 때에만 인정**되므로, 그 상호 보증은 외국의 법령, 판례 및 관례 등에 의한 발생요건을 비교하여 인정되는 것이 아니라 반드시 당사국과의 조약이 체결되어 있어야 한다. (X) **[22 2차]**

> 유제 ▶ 대한민국 구역 내에 있다면 **외국인**에게도 국가배상청구권은 당연히 인정된다.(X) **[16 서울9]**
>
> 유제 ▶ 국가배상법상 **상호보증**을 위해 반드시 당사국과의 **조약이 체결**되어 있을 필요는 없다.(O) **[18 경행]**

247 판례에 의하면 **시영버스운전사**는 국가배상법상 공무원에 해당한다. (X) **[11 경간]**

> 유제 ▶ 시영버스운전수는 **국가배상법상 공무원의 범위에서 제외**된다. (O) **[14 군무원9]**

248 국가배상법상 '**공무원의 직무**'에 **권력적 작용과 관리작용은 포함**되나, 사경제작용은 포함되지 않는다. (O) **[11 경간]**

> 유제 ▶ 「국가배상법」이 정한 손해배상청구의 요건인 **공무원의 직무**에는 **권력적 작용**뿐만 아니라 **비권력적 작용**과 단순한 사경제의 주체로서 하는 작용도 포함된다.(X) **[17 사복9]**

249 ① 국가배상법상의 '그 직무를 집행함에 당하여'에서는 당해 **직무행위가 현실적으로** 공무원의 **정당한 권한 범위 내**에 **속할 필요는 없다.** (O) **[04 승진]**
② 공무원이 진실로 공무를 수행할 의사로서 행한 것만이 직무행위인 것은 아니다. (O) **[04 승진]**

> 유제 ▶ **국가배상법상 직무행위**의 판단기준은 당해 직무행위가 현실적으로 정당한 권한 내의 것인지의 여부에 의한다.(X) **[98 입시]**
>
> 유제 ▶ **국가배상법상 직무행위**는 행위자인 공무원의 진실한 의사인가의 여부에 의하여 판단하여야 한다.(X) **[98 입시]**

행위 자체의 **외관을 객관적으로 관찰**하여 공무원의 직무행위로 **보여질 때에는 실질적으로 직무행위가 아니거나** 또는 주관적으로 공무집행의 **의사가 없었다고 하더라도** 그 행위는 공무원이 '**직무를 집행하면서**' **한 것**으로 보아야 한다.(2004다26805)

250 국가공무원이 고의 또는 과실로 직무상 의무를 위반하였을 경우라고 하더라도 국가는 그러한 **직무상의 의무 위반**과 피해자가 입은 손해 사이에 **상당인과관계가 인정되는 범위 내에서만 배상책임을 지는 것**이고, 이 경우 상당인과관계가 인정되기 위하여는 **공무원에게 부과된 직무상 의무**의 내용이 단순히 공공일반의 이익을 위한 것이거나 행정기관 내부의 질서를 규율하기 위한 것이 아니고 **전적으로 또는 부수적으로** 사회구성원 **개인의 안전과 이익을 보호하기 위하여 설정된 것이어야** 한다. (O) **[09 1차]**

> 유제 ▶ 공무원에게 부과된 **직무상 의무의 내용이 전적으로 공공일반의 이익을 위한 것이거나 행정기관 내부의 질서를 규율하기 위한 것**인 경우에도, 공무원의 그와 같은 직무상 의무 위반으로 인한 손해에 대하여 국가는 배상책임을 진다.(X) **[14 국가7]**

251 일반적으로 공무원이 직무를 집행함에 있어서 **법령에 대한 해석**이 그 문언 자체만으로는 **명백하지 아니하여 여러 견해**가 있을 수 있는 데다가 이에 대한 **선례나 학설, 판례 등도 귀일된 바 없어 이의(異義)**가 없을 수 없는 경우, 관계 국가공무원이 그 **나름대로 신중을 다하여 합리적인 근거**를 찾아 그 중 어느 **한 견해를 따라 내린 해석**이 후에 대법원이 내린 입장과 같지 않아 결과적으로 잘못된 해석에 돌아가고, 이에 따른 처리가 역시 결과적으로 위법하게 되어 그 **법령의 부당집행이라는 결과**를 가져오게 되었다고 하더라도 **국가배상법 상 공무원의 과실을 인정할 수는 없다.** (O) **[09 1차]**

> 유제 ▶ 법령에 대한 해석이 복잡한 경우 공무원이 **주의의무를 다하여 어느 한 견해를 취하였다** 하더라도 결과적으로 **잘못된 해석**이었다면 그에 따른 처리에 대하여 배상책임이 있다.(O) **[07 국회8]**

252 시위진압 과정에서 **가해공무원인 전투경찰이 특정되지 않더라도 손해배상책임이 인정**된다. (O) **[23 경간]**

> 유제 ▶ 가해행위를 한 공무원이 특정되어야 **국가배상책임이 인정**될 수 있다.(X) **[00 국가9]**

253 **전투경찰순경**은 국가배상법 제2조 제1항 단서에 따라 **손해배상청구가 제한**되는 군인·군무원·경찰공무원 또는 예비군대원에 해당한다. (O) **[23 경간]**

> 유제 ▶ **전투경찰순경**은 국가배상법 제2조 제1항 단서에 따라 **손해배상청구가 제한**되는 군인, 군무원, 경찰공무원 또는 향토예비군대원에 해당한다고 보아야 한다.(O) **[19 경행]**

254 경찰공무원이 **전투·훈련 등 직무집행과 관련하여 순직한 경우**에는 전투·훈련 또는 이에 준하는 직무집행뿐만 아니라 **일반 직무집행에 관하여도** 국가나 지방자치단체의 **배상책임이 제한**된다. (O) [23 경간]

> 유제▶ 국가배상법 **제2조 제1항 단서**의 **이중배상금지**는 전투·훈련 또는 이에 준하는 직무집행 뿐만 아니라 **일반 직무집행에 관하여도 적용**된다.(O) [21 행정사]

255 국민의 생명, 신체 및 재산의 보호, 범죄의 예방 진압 및 수사, 기타 공공의 안녕과 질서유지 등의 직무를 수행하는 **경찰**은 경찰관 직무집행법, 형사소송법 등 관련 법령에서 부여한 여러 권한을 제반 상황에 대응하여 적절하게 행사하여 **필요한 조치를 취할 수 있고**, 그 권한은 일반적으로 **경찰관의 전문적 판단**에 기한 **합리적인 재량에 위임**되어 있지만, 경찰관에게 권한을 부여한 취지와 목적에 비추어 볼 때 구체적인 사정에 따라 **경찰관이 그 권한을 행사하여 필요한 조치를 취하지 아니하는 것이 현저하게 불합리하다고 인정**되는 경우에는 그러한 **권한의 불행사는 직무상의 의무를 위반**한 것이 되어 **위법**하게 된다. (O) [22 2차]

> 유제▶ 경찰권의 발동의 객관적 정당성을 상실하여 **현저하게 불합리하다고 인정**되지 **않더라도** 그와 다른 **조치를 취하지 아니한 부작위**가 있다면, 그러한 **부작위**는 국가배상책임의 요건인 법령 위반에 해당한다.(X) [17 국가7]

256 공무원의 당해 행위가 위법하고 **가해공무원의 고의** 또는 과실이 있는 경우 **구상권을 행사**할 수 있다. (X) [04 승진]

> 유제▶ 국가가 국가배상책임을 이행한 경우 공무원에게 **고의 또는 중과실**이 있으면 국가는 그 **공무원에게 구상**할 수 있다.(O) [13 행정사]

257 판례에 의하면 경찰관이 농민들의 시위진압을 하는 시위과정에서 **도로상에 방치된 트랙터**에 대하여 **위험발생 방지 조치를 취하지 않고 철수**하여 야간에 운전하는 운전자가 사고를 당해 상해를 입었다면 **국가배상의 책임**을 진다. (O) [09 1차]

> 유제▶ 경찰관이 농민들의 **시위를 진압**하고 시위과정에서 도로상에 방치된 **트랙터 1대**에 대하여 이를 **도로 밖으로 옮기거나** 후방에 안전표지판을 설치하는 것과 같은 **위험발생방지조치를 취하지 아니한 채** 그대로 **방치하고 철수**하여 버린 결과, **야간에** 그 도로를 진행하던 운전자가 위 방치된 **트랙터를 피하려다가** 다른 트랙터에 **부딪혀 상해를 입은 사안**에서 대법원은 **국가의 배상책임을 인정하지 않았다.**(X) [21 소방간부]

258 경찰관들의 시위진압에 대항하여 **시위자들이 던진 화염병**에 의하여 **발생한 화재**로 인하여 **손해를 입은 주민**이 국가를 상대로 **국가배상을 청구**한 경우에는 **국가의 배상책임이 인정되지 않는다.** (O) **[23 경간]**

➤ 대판 1997. 7. 25., 94다2480

259 국가배상법 제5조에 따라 **도로나 하천**은 물론 **경찰견도 영조물에 포함**된다. (O) **[23 경간]**

> 유제 ➤ 국가배상법상 **영조물**에는 도로 등의 **인공의 공물**뿐만 아니라 **하천 등 자연공물을 포함**한다.(O) **[07 1차]**

> 유제 ➤ **경찰차량, 경찰견, 교통신호기** 등은 **영조물에 포함**된다.(O) **[07 1차]**

> 유제 ➤ **소방자동차**는 국가배상법상 **영조물**이다.(O) **[07 군무원9]**

> 유제 ➤ **경찰견**은 「국가배상법」 제5조에 의한 **영조물이 아니다.**(X) **[04 대전교행9]**

260 김경장이 **기동대 버스**를 주차할 곳이 없어 언덕 위에 사이드 브레이크를 사용해 안전하게 주차하였음에도 불구하고, 버스가 뒤로 밀리면서 주민 甲의 주차된 승용차를 파손하고 행인 乙에게도 전치 3주의 부상을 입힌 경우, **국가**는 **무과실책임**으로서 **배상책임**이 있으며, 만일 김경장에게 고의 또는 중과실이 있다면 구상권을 행사할 수 있다. (O) **[02 승진] [04 채용]**

> 유제 ➤ **영조물의 설치·관리상 하자 책임**은 공무원의 **과실을 요건으로 하지 않는다.** (O) **[11 경간]**

> 유제 ➤ 판례에 의하면 **영조물의 설치, 관리상 하자** 책임은 공무원의 과실을 요건으로 한다. (X) **[07 1차]**

> 유제 ➤ **국가배상법 제5조의 손해배상책임**은 동법 제2조의 책임과 같이 과실책임주의로 규정되어 있다.(X) **[09 국가7]**

261 **영조물 하자**로 인한 **손해의 원인**에 대하여 **책임질 자가 따로 있을 때**에는 국가 또는 지방자치단체는 그 자에 대하여 **구상**할 수 있다. (O) **[07 1차]**

> 유제 ➤ **영조물의 설치·관리상의 하자**로 인한 국가배상책임이 인정되는 경우에도 **손해의 원인**에 대하여 **책임을 질 자가 따로 있을 때**에는 국가 또는 지방자치단체는 **그 자에 대하여 구상**할 수 있다.(O) **[20 국회9]**

17 행정심판

262 원고(청구인)적격은 행정심판과 행정소송의 공통점이다. (O) [09 승진]

> 유제 ▶ 행정심판법에서는 **취소소송의 원고적격**과는 달리 **취소심판의 청구인적격**은 '정당한 어익'이 있는 자임을 밝히고 있다.(X) [14 국회8]

> 유제 ▶ "**법률상 이익**이 있어야 **제기할 수 있다.**"는 행정심판과 행정소송의 **공통점**이라 할 수 있다.(O) [05 관세사]

263 집행부정지 원칙은 행정심판과 행정소송의 공통점이다. (O) [09 승진]

> 유제 ▶ 취소소송의 제기는 처분 등의 효력이나 그 집행 또는 절차의 속행에 영향을 주지 아니한다.(O) [13 경행]

> 유제 ▶ 행정심판청구에는 행정소송제기와는 달리 **처분의 효력이나 그 집행 또는 절차의 속행에 영향을 미치는 집행정지원칙이 적용된다.**(X) [20 군무원7]

264 불고불리의 원칙은 행정심판과 행정소송의 공통점이다. (O) [09 승진]

> 유제 ▶ 행정심판에는 **불고불리의 원칙**이 적용된다.(O) [09 지방7]

> 유제 ▶ 행정소송의 심리에는 **불고불리의 원칙**이 적용된다.(O) [12 세무사]

265 공개주의는 행정심판과 행정소송의 공통점이다. (X) [09 승진]

> 유제 ▶ 항고소송의 심리에는 **공개심리주의** 원칙이 적용된다. (O) [11 세무사]

> 유제 ▶ 「**행정심판법**」은 원칙적으로 공개심리주의를 채택하고 있다.(X) [13 지방7]

266 행정심판의 재결은 원칙적으로 심판청구일로부터 (㉠) 이내에 해야 하지만, 위원장의 직권으로 (㉡) 간 연장이 가능하다. (㉠: 60일, ㉡: 30일) [04 승진]

> 유제 ▶ 행정심판의 **재결**은 피청구인 또는 위원회가 **심판청구서를 받은 날부터 60일 이내**에 하여야 한다. 다만, 부득이한 사정이 있는 경우에는 **위원장이 직권으로 30일을 연장**할 수 있다.(O) [11 국회8]

267 사정재결은 인용재결의 일종이다. (X) **[22 2차]**

> 유제 ▶ **사정재결**은 심판청구가 이유가 있다고 인정하는 경우에도 이를 인용하는 것이 공공복리에 크게 위배된다고 인정하면 그 심판청구를 **기각하는 재결**을 말한다.(O) **[19 군무원9]**

268 **무효등확인심판**에서는 **사정재결을 할 수 없다.** (O) **[22 2차]**

> 유제 ▶ **무효인 행정행위**가 행정쟁송의 대상이 된 경우에 사정재결이 가능하다.(X) **[18 국가5 승진]**

269 사정재결을 하는 경우 반드시 **재결주문**에 그 **처분 또는 부작위**가 **위법하다는 것을 명시해야** 한다. (O) **[22 2차]**

> 유제 ▶ 사정재결은 처분이 위법 혹은 부당하지만 공익상 이유로 기각하는 것이므로, **재결서 주문에 위법성 혹은 부당성**이 없음을 명시하여야 한다.(X) **[07 경남9]**

270 사정재결 이후에도 행정심판의 대상인 **처분 등의 효력**은 유지된다. (O) **[22 2차]**

> 유제 ▶ **사정판결**이 있으면 취소소송의 대상인 처분은 당해 **처분이 위법함에도 그 효력이 유지**된다.(O) **[17 행정사]** ▶ 사정판결의 경우에도 처분의 효력이 유지됨은 동일

271 국가 또는 공공단체의 기관이 법률에 위반되는 행위를 한 때에 직접 자기의 법률상 이익과 관계없이 그 시정을 구하기 위하여 제기하는 **민중소송**은 **항고소송에 해당**한다. (X) **[22 1차]**

> 유제 ▶ **민중소송**은 원고의 권익구제를 직접 목적으로 하는 것이 아닌 점에서 **객관소송에 해당**한다.(O) **[19 세무사]**

272 ㉠ 행정청의 위법한 **처분 등을 취소 또는 변경**하는 취소소송은 **항고소송에 해당**한다. (O) **[22 1차]**
ⓛ 행정청의 **처분등의 효력 유무 또는 존재여부를 확인**하는 무효등 확인소송은 **항고소송에 해당**한다.
   (O) **[22 1차]**
ⓒ 행정청의 **부작위가 위법하다는 것을 확인**하는 부작위위법확인소송은 **항고소송에 해당**한다. (O)
   [22 1차]

> 유제 ▶ 「행정소송법」상 항고소송은 **취소소송, 무효등확인소송, 부작위위법확인소송, 당사자소송**으로 구분한다.(X) **[21 소방]**

273 도로점용허가는 행정청이 행하는 **구체적 사실에 관한 법 집행**으로서 **공권력의 행사 또는 그 거부**와 그 밖에 **이에 준하는 행정작용**에 해당한다. (O) **[22 2차]**

> 유제 ▶ 「도로법」에 따른 **도로점용허가는 강학상 특허**이다.(O) **[18 경행]**

274 주민등록번호 변경신청 거부는 행정청이 행하는 **구체적 사실에 관한 법 집행**으로서 **공권력의 행사 또는 그 거부**와 그 밖에 **이에 준하는 행정작용**에 해당한다. (O) **[22 2차]**

> 유제 ▶ 인터넷 포털사이트의 **개인정보 유출사고**로 주민등록번호가 불법 유출되었음을 이유로 주민등록번호 변경신청을 하였으나 **관할 구청장이 이를 거부**한 경우, 그 거부행위는 처분에 해당하지 않는다.(X) **[19 국가9]**

275 ㉠ **교통경찰관의 수신호**는 행정청이 행하는 **구체적 사실에 관한 법 집행**으로서 **공권력의 행사 또는 그 거부**와 그 밖에 **이에 준하는 행정작용**에 해당한다. (O) **[22 2차]**

  ㉡ **교통신호등에 의한 신호**는 행정청이 행하는 **구체적 사실에 관한 법 집행**으로서 **공권력의 행사 또는 그 거부**와 그 밖에 **이에 준하는 행정작용**에 해당한다. (O) **[22 2차]**

> 유제 ▶ **교통순경의 신호행위**는 명령적 행정행위이다.(O) **[95 국가9]**
> 유제 ▶ **행정의 자동결정**의 예로는 **신호등에 의한 교통신호**를 들 수 있다.(O) **[16 사복9]**

276 경찰청장의 횡단보도 설치 기본계획 수립은 행정청이 행하는 구체적 사실에 관한 법 집행으로서 공권력의 행사 또는 그 거부와 그 밖에 이에 준하는 행정작용에 해당한다. (X) **[22 2차]**

> 유제 ▶ **행정계획**이 행정활동의 지침으로서만의 성격에 그치거나 **행정조직 내부에서의 효력**만을 가질 때는 항고소송의 대상으로서의 **처분성을 갖지는 않는다**.(O) **[14 서울7]**
>
> ▶ 경찰청장의 횡단보도 설치 기본계획 수립은 교통행정을 위한 내부지침으로서, **상대방 또는 기타 관계자들의 법률상 지위에 직접적인 법률적 변동을 일으키지 아니하므로** 항고소송의 대상이 되는 행정처분이 아니다.